本书为"海峡两岸文化发展协同创新中心"成果

闽台教育的交融与发展

■ 黄新宪/著

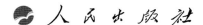
人民出版社

前　言

我们把这套书,献给关心两岸文化发展的朋友们。

两岸和平发展,是萦系海内外中华民族子孙心上的一个最牵动民族感情的大事。中国几千年历史上,曾经出现过多次分裂,或南北对峙,或东西抗衡,但历史最终都走向民族和国家的重新统一。其重要的原因之一,是中华文化巨大的民族凝聚力。同样,在近一百多年来,台湾与祖国大陆也处于被割据和相对峙的疏隔状态。但无论是日本帝国主义的殖民统治,还是延续国内战争造成的两岸政治对峙,纵使有某些别怀居心的异国势力介入和岛内分离分子的鼓噪,台湾始终是祖国不可分割的一部分,没有、也不可能从祖国分离出去。其重要的原因之一仍是,台湾同胞和祖国大陆同胞一样,都是中华民族的伟大子民;台湾社会和祖国大陆社会一样,都是奠立在中华文化基础之上建构和发展的。共同的文化,是一股潜在的、巨大的力量,无论过去、现在,还是将来,都是维系台湾与祖国大陆不可分割的深厚文化基因。正如江泽民在《为促进祖国统一大业的完成而继续奋斗》的讲话中所指出的:"中华各族儿女共同创造的五千年灿烂文化,始终是维系全体中国人的精神纽带,也是实现和平统一的一个重要基础。"

台湾与祖国大陆的文化亲缘,最先、也最直接地就体现为台湾与福建的文化亲缘关系。这是因为,福建与台湾同处于台湾海峡的两岸;福建社会与台湾社会都是以中原南徙的移民为主体先后建立起来的社会,稍有不同的是:中原移民南徙福建,大约到宋代已基本完成;而在台湾,则是由定居福建之后的中原移民后裔,自明末至清中叶,才再度大规模迁徙入台。随同移民的携带,中原文化经历在福建的本土化发展之后,也以闽(主要是闽南)文化的地域形态,再度传入台湾,成为台湾社会建构的文化基础,并与福建社会一样,经历了一个共同的内地化、文治化,也即中原化的过程。因此,闽台(亦即台湾海峡两岸)被视为一个共同文化区,皆因其文化有着历史形成过程中先后承递的文化亲缘关系。追寻台湾文化的来路,便不能不追根到闽(闽南)文化二度传递的汉民族文化的源头。作为闽籍文化学者,我们无论是在进行福建文化研究,还是在探询台湾文化的存在和发展,都会触及闽台文化关系这个寓意深远的敏感神经,也会为闽台(两岸)文化这种共同源于中原汉民族文化而又呈现出多样形态的魅力所感动,也深感有责任揭示闽台(两岸)文化这种同根共源的密切亲缘关系,以更有利于促进两岸和平发展,推动民族和国家的最终统一。

为此,我们组织撰写了"海峡两岸文化发展丛书·闽台文化关系篇"。顾名思义,是以"文化"为讨论对象,以"关系"为切入点,在闽台背后,涵盖的其实是两岸,所涉及的问题也不仅止于文化。它是以闽台为中心,以文化为重点,来论析两岸关系的一套系列研究论著。

文化是一个庞大、复杂而丰富的现象。就文化的形态而言,有所谓"俗民文化"(或称俗文化、常俗文化等)和"精英文化"(或称雅文化、士人文化等);就文化的过程看,有文化的历史形成,也有文化的现代发展,等等。"闽台文化关系篇"侧重的是文化形成过程中的历史关系,对于文化的现代发展与当下的存在状态,相对着墨较少。而在文化形成的历史关系讨论中,主要以俗民文化为对象,包括方言、民俗、民间信仰、民间戏曲、民间音乐、民居建筑等,也略为涉及诸如教育与文学等一般划属精英文化范畴的论题。这是因为俗民文化是随同移民与"身"俱来的底层的基本生存经验,是最早、也最大量地存在于闽台民间之中的一种基础性文化。显然,由于诸多原因,列入"闽台文化关系篇"的这些专题,无论是俗民文化层面还是精英文化层面,都只是很少的一部分,远非全面,还有很多专题,有待我们今后以及更多的同行继续努力。

两岸文化问题是当今社会不断有人提出并给予关注的问题,但却少见有专门性的研究论著行世。我们这套丛书仅是个初步的尝试,肤浅、不足和失误之处,当所难免。我们诚恳地期待关心两岸文化发展的学界先进和读者朋友们给予批评。

感谢福建师范大学海峡两岸文化发展协同创新中心对丛书的出版给予的支持。

刘登翰　林国平
二〇一三年七月

目　录

绪 论

　　福建与台湾关系之密切，超过了祖国大陆其他任何一个省份与台湾的关系，这是一个客观存在的事实。在漫长的历史岁月中，福建与台湾除在政治、经济、文化等方面存在着密切的联系与交融之外，在教育方面也存在着密切的联系与交融，这也是一个客观存在的事实。

　　从明郑时期到清末，可称为福建与台湾教育的完全交融期。日据台湾时期，交融虽然暂时中断，但联系并未停止。抗战胜利后，在政治一体化的大格局下，两地的教育关系有了新的发展，可称为新的基础上的交融期。从20世纪50年代到80年代，两岸完全隔绝，在教育上没有任何联系。从20世纪80年代至今，两地教育交往日趋活跃，人员往来不断，尽管由于受某些因素的影响，交往有时不能正常进行，但大趋势是十分明显的。同时，两地的教育交融范围广、层次分明，既有教育制度的交融、教育理念的交融、选官制度（如科举考试制度）的交融，也有各级各类学校的交融，以及师资之间的互派等等。举凡教育的各个层面，两地都有密切的互动。两地教育结缘对福建和台湾的社会都产生了积极的影响，从某种意义上说，对台湾社会的影响更为深刻。仅就清代而言，两地教育的交融，有力地促成了台湾有影响力的士绅阶层的形成，维护国家统一的意识在爱国知识分子中深入人心。

　　探讨福建与台湾在教育方面的交融，不可不分析这种交融产生的原因。

　　两地教育的交融与地缘有着密切的关系。福建与台湾仅一水之隔，据地质学家考证，在远古时代台湾与福建是连在一起的。那时，从台湾西部的平原到澎湖浅滩，再经海峡中部的台湾浅滩，直到福建的东山岛之间，存在一浅滩带。当海水下降时，这条浅滩带便露出海面，成为一座长长的浅桥，人们称之为"东山陆桥"。考古学家断言：祖国大陆的远古人类便是通过这座浅桥向台湾迁移的。随着地质的演变,这座浅桥早已不复存在,取而代之的是一条台湾海峡。但是,这条海峡没有也不可能将两地分隔开来。蒋毓英在《台湾府志》中谈及福建与台湾地理环境之密切时指出:"台湾为闽、浙外障,其山皆向内地,所谓障百川而回狂澜者也。北路之后垄港,与兴化港口南日对峙;后垄而上一百二十里,乃竹堑社,与海坛镇对峙;竹堑而上一百五十里,乃南嵌社,与福州闽安镇港口关潼对峙;自南嵌至上淡水七十里,与北沟相照;淡水至鸡笼三百里,与沙埕烽火门相照。"① 南日、海坛、闽安、北沟、沙埕等分别属福建省的莆田、平潭、连江、福鼎等县市,与台湾的后垄、竹堑、南嵌、淡水、鸡笼等隔海遥遥相对。台湾海峡长约300公里,宽不足200公里,最窄处仅130公里。两地间地理环境关系之密切,用曾担任过台湾文献委员会主任一职的林衡道的一副对联来加以形容,那就是:"淡江水连闽江水,龟山云接鼓山云。"② 福建与台湾如此密切的地缘关系,不可能不对两地间教育的交融产生一定的影响,这种影响主要表现在教育人员往来的便利,教育信息传播的快捷等方面。

两地教育的交融是在统一的政治制度与教育制度的规划、引领下进行的。台湾历来是中国领土不可分割的一部分。三国时期,吴主孙权派遣将军卫温、诸葛直率万名甲士到达当时被称为夷洲的台湾。隋唐时称台湾为流求,隋政府曾3次派遣官兵渡海前往招抚。南宋时,在澎湖设置驻军。元代,元政府设置澎湖巡检司,管理澎湖和台湾事务。明末,郑成功驱逐荷兰殖民者收复台湾,建立了与祖国大陆地区相一致的郡县制度。1683年,清政府派大将施琅攻占台湾,明郑政权灭亡。之后,在两百余年的时间里,台湾一直是福建省辖区的一部分,以闽台合称。直至光绪末年,刘铭传主政台湾时,清政府批准台湾单独建省,闽台始分治。由于特殊的历史原因,福建与台湾的渊源十分深厚。在行政体制方面,清代先是在台湾设立台厦道,管理台湾及厦门两个行政区。雍正年间,改台厦道为台湾道。厦门与台湾的关系十分密切,一度形成"厦即台,台即厦"的格局,所以有人形象地将这两地比喻为鸟之两翼。与此同时,清政府每年还派出巡台御史直接加强中央与台湾的行政联

---

① （清）蒋毓英撰、陈碧笙校注:《台湾府志校注》,厦门大学出版社1985年版,第22页。
② 郑宗乾主编:《寻根揽胜话福州》,海风出版社2000年版,第31页。

系。这一制度历经康熙、雍正、乾隆3朝,约有47名御史到过台湾。这些御史在前往台湾和返回北京时均要在福建省城福州逗留,拜会督抚,了解或通报台湾的社情民意,为更好地治理台湾提供依据。同治年间,为了进一步加强对台湾的治理,实行福建巡抚冬、春两季驻台湾、夏、秋两季驻福州的制度,两地的行政关系更为密切。康熙年间,清政府在台湾设立1府3县,由福建巡抚直接管理。光绪初年,台湾设2府11厅县。无论行政体系如何演变,在两百余年的时间里,台湾始终属福建管辖,是福建的一个重要组成部分。在一个统一的行政体系管理下,台湾建立了与祖国大陆相一致的教育体制,闽台教育一体化的格局逐渐形成。其主要特征是:首先,两地具有完全一致的教育宗旨。清代,皇帝和礼部经常颁布"圣谕"、"上谕"、"圣训"、"规训",作为办理教育的指导思想和制定教育方针政策的依据。同时,要求全国的教育官员、学校教职员和学生均应遵守。福建与台湾的各级各类学校都把组织学生学习历朝"圣训"、"上谕"视为最重要的教育活动。如顺治九年(1652)清政府颁布了《学宫卧碑文》,指出教育的目的是养成"上报国恩,下立人品"、"以供朝廷之用"的"贤才"。为此,提出:"生员立志,当学为忠臣、清官";"生员不可干求长官,交结势要,希图进身";"生员当爱身忍性,凡有司官衙门,不可轻入";"军民一切利病,不许生员上书陈言";"生员不许纠党多人,立盟结社";"为学当尊敬先生……为师亦当尽心教训,勿致怠惰"。福建与台湾都将《学宫卧碑文》刊刻于文庙的明伦堂,要求师生共同遵守。又如雍正元年(1723)颁布钦定《圣谕广训十六章》,福建、台湾与祖国各地一样将之刊刻于府县乡村的各级各类学校,要求生童诵读,每隔一段时间地方官员还要亲自出面逐条宣讲。其次,两地同属一个教育行政体制。清代,省设提督学政,各府置提调官,分别管理省与府两级的教育行政事务。同时,设教授1人,掌管府儒学事务;州置学政1人,掌州儒学事务;县置教谕1人,掌管县儒学事务。府、州、县学设置训导若干人,以辅佐教授、学政、教谕。各府、州、县学受知府、知州、知县之节制,并由提督学政监督之。这是就常制而言,台湾情况略有不同,教育行政事务通常由在台湾的地方官员兼管,兼管者或为道员,或为巡台监察御史,甚或福建巡抚自兼之,建省之后则由台湾巡抚兼任之。这种安排主要是由于特殊的地理环境使得提督学政往来台海不便所致,没有别的用意。现今的一些台湾学者强调,早在清代台湾就是一个特殊的区域,具有很强的独立性。这不符合历史事实,因为不论以何种方式管理,台湾的教育行政事务都是隶属于福建的行政体制的。台湾作为福建的一个区域,教育行政事务的实施以及教育官员的任命,均要经过福建主要教育行政官员的认可。此外,福建为台湾官立学校的办学提供了充分的条件。如清代台湾各类学校的教师大都是从福建派去的。台湾的府学教授、训导大都是福建人,台湾各县学的教授和训导也大都是福建人。办学经费由福建一体统筹,有的学校的修缮费用由福建补贴,所需教材由福建调拨。由此可见,海峡两岸教育的交融以福建教育向台湾移植为主。长期以来,福建的教育比台湾发达,而在教育传播史上教育总是由先进地区向落后地区延伸,因此无论是学校种类、教育思想、教学方法,台湾无不受到福建教育的影响。这使得台湾地区的教育具有福建教育的基本属性,福建教育的动向也直接影响着台湾教育的发展。晚清,包括福建在内的祖国大陆兴起兴办新式学堂、大力变革教育的热潮。一水之隔的台湾也立即闻风而动,在巡抚刘铭传的主持下,设立了西学堂、电报学堂等,教授西方的语言文字和科学技艺,为台湾的建设培养人才。台湾新式教育的产生受到祖国大陆教育变革思潮与实践的影响,是确定无疑的。

传统思想文化的影响和熏陶促成了两地教育的交融。闽台文化是一个统一的区域文化,闽台文化又是中华文化的优秀组成部分,共同的思想文化的影响和熏陶促成了闽台文化教育的交融。台湾教育深受福建思想文化的影响,主要表现在推崇闽学和崇奉朱熹上。朱熹一生主要在福建讲学,他创立的理学在全国影响很大,人称闽学派。台湾教育界十分推崇朱熹,这与福建地方官员和学者的倡导是分不开的。清代,台湾各儒学除主祀孔子以行释典之外,还附设朱子祠,不少书院也规定应主祀朱熹神位。台湾府学的朱文公祠是1713年由台厦道陈璸倡议兴建的。此后,奉祀朱熹的风气日益深厚。在传播理学方面,台湾书院向福建书院借鉴甚多。如福州鳌峰书院与台湾书院的关系十分密切。鳌峰书院主讲蔡世远是一位学识丰富的学者,在海峡两岸教育界具有很高的声望。1715年,重修诸罗县学成,陈璸托人请山长蔡世远撰写碑记。康熙六十一年(1722),巡台御史黄叔璥赴台途经福州时,计划聘蔡世远到台湾任教谕,并协助他将一些理学著作"广其传",但蔡世远已被聘为鳌峰书院主讲,为此黄叔璥惋惜不已。显然,福建作为思想文化较为先进的区域,在某种意义上负有向台湾学校传播理学的责任。闽台思想文化的交融还与福建派往台湾的地方官员的大力倡导密切相关。杨廷理担任台湾知府时,致力于宜兰地区的开发,同时不忘兴办教育。嘉庆十七年(1812),他创办书院,鉴于龟山先生为闽学之宗,而且宜兰海中一屿也称龟山,遂将书院取名为仰山书院,以示对龟山先生之景仰。该书院虽然只建三楹,且不久则废,然而噶玛兰风气为之一变,兰阳文风盛极一时。在兴办教育的过程中贯串理学思想,是许多闽台地方官员的共同特征。这样做使得台湾与福建的教育思想一脉相承,既阐扬了闽学的精神实质,又有助于培养"明义理以修其身"的忠臣、孝子。毫无疑问,传统的思想文化是两岸教育交融的纽带,传统文化在两岸教育发展中起着十分重要的作用,以儒家思想为主导的传统文化以多种形式在台湾广泛传播。从 17 世纪中叶开始,台湾的学校里便开始实行正统的儒家教育,随着封建教育体制大规模移植台湾,传统文化在台湾教育中更是居于重要的位置,各级各类学校均祭祀孔孟,尊崇理学,灌输儒家思想。两岸教育以传统文化为纽带,在长期的交融中产生了巨大的社会效应。就台湾地区而言,最直接的成效是形成了一代又一代台湾同胞自强不息的精神、恋土归根的意识、内聚外合的情感和心向统一的愿望。

　　闽台教育的交融,还得益于移民中的知识分子和游学、仕宦之士的努力。有学者研究了 70 余部福建族谱,发现这些族谱中所记载的迁台者(时间跨度大致在明郑时期至清末)达 4000 人之多。其中,农民始终是移民大军的主体,也有一定数量的商人、官吏、士兵、城市贫民、医生、店员、手工业者、僧侣,还有不少知识分子,如"国学生、童生、秀才、佾生等有 61 名,处士有 3 名,贡生有 8 名,举人有 1 名,塾师有 5 名"[1]。据台湾 1926 年的统计,全岛汉族居民共 375.1 万人,其中闽籍移民达 310 万余人,占 83%强。时至今日,台湾有80% 的人讲闽南话,泉州籍的后裔有 800 多万人,漳州籍的后裔有 600 多万人,其中自然包含了众多的知识分子。知识分子以移民身份赴台定居,对促进两地教育交流和发展台湾的文教事业有很大的帮助。闽籍知识分子移民到了台湾以后,在文化方面和祖籍地保持着密切的联系。在早期移民传入下层的民俗文化的基础上,他们也将精致文化传入了台湾。在他们的努力下,

---

① 　庄为玑、王连茂:《闽台关系族谱资料选编》,福建人民出版社 1985 年版,第 12 页。

台湾社会逐渐趋向与祖国大陆相似的文治社会。在教育方面,他们借鉴祖国大陆(尤其是福建)的学校教育制度,兴建了各级各类学校,并不断提升层次和质量。经过他们的努力,在台湾形成了与福建相似的教育体制。如台湾书院的祭祀、学规、讲学内容以及建筑风格等都与福建相似,府学、县学也是如此。上述事实清楚地表明:"随同汉族移民携带进入台湾的中原文化,较之当时还处于部族生活的原住民族文化,无疑是先进文化。因此,代表着先进生产力和生产关系的汉族移民,很快就成为推动台湾社会发展的主要动力。汉族移民社会的确立,实际上就是以中原文化为代表的汉族文化传统的确立。广义地说,这一传统包括中原当时已经进入高度发展的封建社会的生产方式和经济关系,以及建立在这基础之上的价值观、伦理观和政治体制、教育体制,还有因因相承的民族心理、思维特征和行为方式。因此,中原文化既是汉族移民社会形成的存在方式,也是汉族移民的精神方式。"① 从福建派往台湾的地方官员大都重视兴办教育,为两地教育的交融作出贡献。施琅率军平定台湾明郑政权,完成了将台湾归入中国版图的大业后,即在台南府治西定坊兴办书院,尽管这所书院的规模不大,规制尚不完备,实际只能算为义学,但它首开台湾兴办书院之先河。康熙四十年(1701)九月,陈瑸由福建古田县知县任上调任台湾县知县。上任伊始,他根据其察访之所得与县民之请命,条陈治理台湾县之要务 12 条,将之归纳为振兴文教、改善风俗、充裕民食、鼓励通贩与确保治安 5 个方面。其中,振兴文教是陈瑸治理台湾县的首要工作。他认为,台湾新辟于海宇,登版图才二十余年,还需施行教化。他捐俸银300 两,用于修建文庙,作为士子读书、学圣的地方。雍正十三年(1735),刘良壁任漳州海防同知,立义学,延名师教之。通过兴教育,鼓励向学,提高百姓道德文化水准,平息了当地一度惨烈的械斗。乾隆五年(1740),刘调任台湾知府后,仍一如既往地关心教育。当时,台湾府城的海东书院是全台最高学府,但院舍破损不堪,刘会同巡台御史杨二酉重修海东书院作为"兴贤育才"之用。他带头捐俸倡修,并亲自为海东书院制定"学规五条"。同治年间,吴大廷任福建盐法道时就注意在当地兴办教育,赴台任台湾道后,亲自拜访台湾名士施琼芳,聘其主讲海东书院。每月 11 日,增开《诗学》一门,吴大

廷亲为指导，发银奖赏优等生员，从此台湾诸生诗学大进。吴大廷还亲定《义学章程》，鼓励兴办义学，并到各个义学视察，要求幼童好学、上进。

在探讨闽台教育交融的历史成因的同时，我们应该指出：闽台教育交融是一个变异与交融并存的历史进程。"一个制度的移植，除了承袭原有的传统以外，尚需配合当地环境与人文因素，即植根于当地后，经过当地的风土人情之培养，逐渐发展出适合于当地的有效制度。所以，制度是深化出来的，而不是表面移植得来的。"①　确实，福建教育制度在移植台湾的过程中也产生了一些变异，形成了与福建教育不尽相同的某些特殊性。这与台湾特殊的历史进程、地理环境与人文条件有着密切的关系。台湾面积小、人口少、开发时间短，孤悬海外，历史上又曾受到荷兰和日本殖民者的长期占领，文化生态环境较之福建地区更为复杂，多元文化的冲突一度比较激烈。殖民教育（如日据时间的皇民化教育）也在一些台湾人的意识中留下了印记。但是，从总体上看台湾教育并没有脱离祖国大陆的教育体系，从福建传来的教育以其兼容性适应了复杂的环境。两岸的教育一直呈现出一体化的格局，一段时间的"逸出"和"背离"在长期的交融史上并不是主流。由于特殊的历史和社会经济条件，台湾的教育文化也具有特殊性。但是，这并不意味着台湾的教育文化与中华文化是两种完全不同的文化，只是表明："台湾文化在移植、演化进程中，同时表现出极强的兼容性和适应性。它一方面通过'融合'，摄取不同文化因素；另一方面通过'调适'，使移植文化与新土相适应，把根深植于台湾社会经济的土壤中。"②　还应该指出，闽台教育具有互补性。随着教育的交融和中华文化的不断普及，台湾逐步演变成与祖国大陆相似的定居社会。社会文明程度的不断提高，两岸文化联系的日益加强，又形成了民族文化认同的思想观念。台湾教育具有时代性和地域性，但与福建地区一样，都是以民族性为共同基础的。在共同的文化背景下，台湾教育在一定程度上丰富了中华教育的内涵。如清代台湾地区独有的原住民教育便是一例。当时，台湾地方当局在东部原住民地区，通过构建初级教育网络，实施了普遍的初级启蒙教育。在此基础上，又在台北等地设立了层次较高、设备较完整的"番学堂"，为

① 王启宗：《台湾的书院》，台湾台北"行政院文化建设委员会"1999 年印行，第 42 页。
② 吕良弼、汪毅夫：《台湾文化概观》，福建教育出版社 1993 年版，第 44 页。

原住民地区的学校培养师资。台湾地区还于清末设立了社会教育机构——教化堂,对成年原住民实施文化教育和思想教育。这些,对于福建的初级教育和成人教育都具有一定的借鉴意义。此外,不少台湾人士对福建地区的教育发展也作出了重要贡献。除了台湾知识分子赴福建担任教职外,台湾的一些士绅还以各种形式支持福建地区的兴学。如清代台湾士绅吴洛,捐资修建泉州的泉郡学宫,又购良田作为泉州清源书院的经费;台湾士绅林尔康之妻陈氏秉承夫志,捐助巨资给筹办中的全闽师范学堂,使之顺利开办。凡此种种,都证明了在教育关系上,台湾与福建呈现出一种相互依存,相互支持,彼此借鉴的共同发展的关系。

　　闽台教育交融的最直接成果,是促进了台湾知识分子对故土家园的向心力。如澎湖人蔡廷兰年轻时要到厦门的书院读书,结果在渡海时遭遇风暴,漂到安南。历经种种周折,从陆路步行经镇南关、两广,最后到达厦门。绕了这么大一个圈子,才圆了求学梦。蔡廷兰在福建苦读后于道光二十四年(1844)中进士。由于他是澎湖历史上的第一位进士,故被誉为"开澎进士"。闽台教育的历史渊源还直接体现在台湾读书人对科举的迷恋上。由于考试要到福州来,所以科举考试是闽台教育交往的重要纽带,一些台湾人以考中功名为荣。光绪年间,台湾的李应东、李祥奎、李应辰先后考中武举和文举。由于他们同为一族之人,故被誉为"兄弟叔侄举人",一时轰动台湾。后来,叔侄都回祖籍地福建同安的李厝,在李氏家庙前树立两对旗杆,标示文武举人同时光宗耀祖。一些有成就的商人虽然不能考取功名,但也热衷于用钱买功名。他们最感满足的事情是,穿着儒者的服饰,留着长指甲,最后成为非生产性的富绅。如板桥林家的林维源,就是靠捐款得到了科举功名的。但是,中日甲午战争后,台湾被割让,他们的命运发生了翻天覆地的变化。"在他们眼中是那么重要的一些东西,比如功名,竟然在台湾无处可求。"[1] 移民们重视功名还体现在对获得功名者均载入家谱或族谱,以示尊崇。据《蓬岛郭氏家谱》记载:"南安蓬岛郭姓移居台湾的家族,从十九世至二十三世,约当十八、十九世纪的一百多年中,共有十九人在台湾进学为秀才。"[2] 日本占领

---

① 　魏秀堂:《话说台湾人》,时事出版社1997年版,第42页。
② 　庄为玑、王连茂:《闽台关系族谱资料选编》,福建人民出版社1985年版,第12、13页。

台湾时期,大肆进行思想控制,实行奴化教育。即便在这种情况下,许多台湾人依然秉承中华民族的传统文化,坚持民族意识。蔡子民回忆他在台湾上小学时,台湾人与日本人上不同的小学,于是他开始意识到台湾人与日本人的差别。上中学时正值日本发动侵华战争前后,日本对台湾加紧殖民统治,推行皇民化运动,在公开场合禁止使用台湾话,家里的祖先牌位要换上日本"天照大神"神位,在学校每天早上要向"皇居遥拜"。在社会上台湾人受差别待遇,日本人还骂台湾人是"支那人"、"清国奴"等。"这些给我们种下了反日思想的萌芽。""我从我父亲的文书柜中找到我家的族谱,才知道我家的祖籍在福建泉州府晋江县石狮子苦宅村,属朗山衍派蔡家。我知道了我的根,碰到被日本人欺压,就暗暗背诵我的祖籍,想总有一天要去找祖厝,认同中国人。"① 寻根意识的产生源于民族意识的觉醒,而这又与长期以来存在的闽台教育的一体化格局及传统的乡土教育有着密切的关系。

台湾在单独建省以前,一直隶属于福建省,台湾和厦门还曾经同属一个行政单位——台厦道。台湾居民多数是从福建等地迁移过去的,台湾和福建的关系是十分密切的。从这一角度看,将闽台教育联系起来进行考察显然是适当的。同时,探讨闽台教育的历史交融,对于正确认识中华文化与闽台区域文化的内在联系,增强中华民族的主权意识、维护祖国统一,也有着一定的意义。

---

① 蔡子民:《台湾史志》,台海出版社1997年版,第238页。

第一章　明郑时期闽台教育的内在联系

　　1661 年 4 月,福建南安人郑成功率大军经浴血奋战,驱逐占领台湾达 38 年之久的荷兰殖民者,收复台湾,建立了明郑政权。明郑政权存在了二十余年时间,历经四世而亡。在这一短暂的历史时期,郑成功、郑经父子在移植并推行祖国大陆的封建生产方式的同时,还在台湾兴学校、开科举,大力发展文化教育,促进了台湾社会的进步与繁荣。明郑政权的执政者(如郑成功、郑经父子)和主要官员(如陈永华)都来自福建,而且早年都在福建接受过教育。传统的福建教育十分重视儒家学说的传授和理学思想的弘扬,这不可能不对他们产生重要的影响。他们在开辟台湾教育新纪元的时候,毫无例外地以福建教育为中介,参照明代的教育制度和考选制度,设计并规划了明郑时代台湾教育的蓝图。

第一节　郑成功、陈永华与台湾学校教育的发展

　　荷兰殖民者统治台湾时期,不遗余力地灌输基督教的教义。他们派传教士深入边远地区,散发用各种方言写的宗教问答之类的宣传品,鼓励当地百姓信教。至 1654 年,已有 5400 余人受洗入教。与此同时,盘踞在台湾北部的西班牙殖民者也步荷兰殖民者的后尘,在其占领区内设立了名为"学林"的学校,设有教理、拉丁语、神学等课程,招收少数民族子弟入学,接受系统的宗教教育。据记载,一位名叫加尔施亚的传教士,在三貂角地区传教仅 8 日,便吸收了 186 位 16 岁以下的少年儿童入教。

　　郑成功收复台湾后,立即致力于清除荷兰和西班牙殖民教育的遗毒。他重视对山胞的抚化,宴请山胞代表,并赠送正副土官袍帽靴带,一时"南北路土社闻风归附者接踵而至"。他还于百忙之中视察了土番四大社:麻豆、萧垅、目加溜湾与新港,"土民男妇壶浆迎者塞道"。与此同时,郑成功下令设立学校,吸收土著子弟入学读书,授以中华传统文化。

　　明郑政权的权力结构有军、政两个不同的系统,但其核心和主要的部分是按照军事体制来建立的。实行这种体制,是为了适应抗清斗争的需要。在这种体制下,台湾的社会结构主要呈现为:郑氏家族、文武官员、明宗室、海商、乡绅地主、士兵、农民、渔民、手工业者、小贩、雇工、土著民众等这样一种关系。① 教育主要为哪一个阶层的人开放呢? 考察这一时期台湾教育的发展,我们不难看出教育具有一定程度的普遍性。即既有为郑氏家族子弟和文武官员子弟设立的正式学校,也有为平民子弟及土著子弟设立的私学等教育机构。不同阶层的子弟享受的教育是不一样的。

　　早在永历八年（1654）10 月,郑成功就在福建设立了储贤馆和育胄馆这两个教育机构。根据杨英《从征实录》记载,储贤馆的学生是选自"诸生之优行者";育胄馆录取的是阵亡将士和忠臣之后人。储贤馆的招生标准侧重于道德品行,由此可以看出郑成功十分注重青年学子的品格。育胄馆主要以查"录"先辈的功绩大小来决定是否录取,个人的才能在入馆的取舍上没有太大作用。两馆的出发点不同,而入馆后的"授"与"训"则是相同的,两馆诸生的出路大体上也是相同的。永历九年（1655）5 月,郑成功选拔二馆的一些学生随军征战,负监督之职。以此推断,明郑政权在台湾应当有为宗族和文武官员子弟所设的专门学校。

　　有人认为,郑成功在台湾仅一年多时间,还来不及设立学校。其实,这一提法并不准确。正式的官办学校是在郑经时代设立的,但在郑成功时代已经出现了为土著子弟设立的简易学校,以及为数不少的私学。

　　龚柴在《台湾小记》中指出,郑成功收复台湾后,与其所管辖的金门、厦门二岛相犄角,以陈永华为谋主,务屯垦,修战械,制法律,定职官,兴学校,起池馆,并优待前来投奔的明宗室成员。同时,以红毛城为都会,置天兴、万年

---

　　① 邓孔昭:《郑成功与明郑台湾史》,台海出版社 2000 年版,第 71 页。

县,招徕泉州、漳州、惠州、潮州之百姓,于是,管辖范围日益扩大。这里,将兴学校视为郑成功治台的一项主要业绩,将之与其他方面的重要举措相提并论,足见在当时历史条件下,兴学校意义之重大。

郑成功收复台湾后不久即因病去世。郑经一秉其遗风,任用陈永华,大力推进教化工作。陈永华生于明崇祯七年（1634）,卒于清康熙十九年（1680）。在去台之前,曾入储贤馆就读,受教于名儒曾樱和徐孚远,是位具有传统儒家理念的知识分子。陈永华的父亲陈鼎为明末的同安教谕,清军攻城时因拒降而自缢于明伦堂。国破家亡,使得陈永华义无反顾投入抗清事业。他先是在郑成功处任参军之职,郑成功逝世后又辅佐郑经。陈永华举止翩翩,有经裘缓带之风,是郑氏集团中不可多得的帅才。郑氏父子对他甚为倚重。郑成功曾经对郑经说,陈永华乃当今名士,以他来辅佐你,你应当尊其为师。郑经在陈永华的协助下,进一步完善府县制和官制,建立乡里保甲制,致力于垦荒拓地,兴修水利,又教民种蔗、制糖、晒盐、开矿、烧瓦、建房、广储、兴贩,百姓日以殷足。同时,对犯罪量刑比较公正,以道德教化为主,"民皆悦服,相率感化,路不拾遗者数岁"。经过一段时间的经营,台湾的农业、手工业、商业有了很大的发展。其生产的粮食,除供应本岛军民食用外,还以所余运往漳州、泉州贩卖。昔日人迹罕至,满目荒凉的岛屿,变成了人畜兴旺、物产丰饶的富庶之区。

陈永华的建树是多方面的,其中最重要的建树是将大陆的教育制度移植入台湾。台湾的教育能在短期内取得一定的成就,与陈永华的贡献是分不开的。他本人深受儒家思想的熏陶,重视学校教育在社会发展中的作用,并将施行科举制度视为选拔人才的一种方式,加以推广和应用。

康熙四年（1665）,陈永华鉴于台湾的政权建设与屯垦事业有了较大进展,社会逐渐趋于稳定与繁荣,建议郑经大力发展教育事业。在与郑经的一段对话中,他极力劝说郑经重教兴学。针对郑经提出的荒服新创,地方局促,人民稀少,不宜马上发展教育的观点,认为这些都不是兴办教育的障碍。他指出:"昔成汤以百里而王,文王以七十里而兴。岂关地方广阔,实在国君好贤,能求人才以相佐理耳。今台湾沃野数千里,远滨海外,且其俗醇,使国君能举贤以助理,则十年生长,十年教养,十年成聚,三十年真可与中原相甲乙。何愁其局促稀少哉?今既足食,则当教之。使逸居无教,何异禽兽?须择地建立圣庙,设学校,以收人才。庶国有贤士,邦本自固,而世运日昌矣。"① 这些主张是他重视文教,培养人才,富国强兵的教育观念的具体体现。为陈永华的执著所感染,郑经终于同意设庙兴学。于是,在陈永华的主持下,于台南征地鸠工,大兴土木,建孔庙于承天府的鬼仔埔上,称为"先师圣庙",又择宁南坊面对魁斗山方向建明伦堂。次年春正月,孔庙落成,郑经率文武百官亲临举行祭祀至圣先师的典礼,前往观者达数千人,一时盛况空前。台湾首座孔庙和明伦堂的建成,标志着大陆封建教育制度和体系向台湾移植的初步成功,这在台湾教育发展史上具有重要的意义。同年三月,明郑政权在东宁设立了"学院",以陈永华为"学院"主持,以礼官叶亨为国子助教辅佐陈永华。叶亨也是储贤馆生员,受教于徐孚远,著有《五经讲义》行世。在陈永华和叶亨的教导之下,学院诸生得到良好的教育。他们大都精通经学,学有所成。与此同时,明郑政权在承天府设立府儒学,在天兴、万年两州设立州儒学。府儒学设教授 1 名,训导 2 至 4 名;州儒学设学正 1 名,训导 2 至 3 人。教授和学正系分别主持府州儒学教务工作的主要学官。明郑时期的重臣洪旭赞扬陈永华:"虽土荒芜,赖复甫才干,勤督开垦,集众煮海,调度井井,业已就绪。兹又建圣庙,设学校,大兴文教。将来之昌盛,可指日而待也。"② 这段话是对陈永华在发展经济的同时,重视文教事业的肯定。

　　对于少数民族的教育,明郑政权也很重视。在郑成功时代设立学校,吸收土著子弟入学读书,授以中华传统文化的基础上,郑经大力招聘来自中国内地的知识分子赴各番社,设立学塾以教育书童,使之知书达理,获得初步成效。清人郁永河在《裨海纪游》中称,台湾的新港、目加溜湾、殴王(萧垄)、麻豆,是当时的四大社,明郑政权令这四大社的子弟能就乡塾读书者,蠲其徭役,以渐化之。这说明,明郑政权不但有要求原住民子弟读书的政策,而且还实行了一些特殊的照顾,可以免其父母的徭役。教山地儿童读书,致力于对山胞的汉文教育,其举动在很大程度上促进了对少数民族子弟的启蒙教育。这使得原本比较闭塞落后的少数民族地区,也有"能句读"以及"能通漳(州)、泉(州)语者"。文化的进步促进了经济的发展,四大社"嘉木阴森,

_____

① 江日升:《台湾外记》,福建人民出版社 1983 年版,第 191 页。
② 同上书,第 192 页。

室宇完洁,不减内地村落"。这里的原住民"亦知勤稼穑,务蓄积,比户殷富"。

明郑政权中的文人士大夫原本崇奉理学,常以明朝遗民自居。到台湾后,他们中的不少人在传授诗书经史时,自然不忘对生徒授以"先王之道",要求保持仁义忠孝之道德操守。这些避难缙绅多属鸿博之士,怀挟图书,奔集幕府,横经讲学,诵法先王,其声势之大,盛于一时。在他们的努力下,台湾教育逐步发展,受教育面扩大,儒家思想文化在短时期内确立了自身的主导地位。早在永历四年(1650),金门和厦门成为反清复明的重要基地,郑氏政权在军事上进入鼎盛时期。它遥奉西南永历帝为正朔,接纳各地汇集而来的大批明臣遗老,明确提出"抗清复明"、"恢复中兴"的政治主张,从而使儒家以忠、孝、礼、义、节、悌为主导的人文教化得以推广。收复台湾后,这种趋势进一步发展。如连横所述:明季诸臣,怀忠蹈义,崎岖海上,功克台湾之后,奉冠裳而渡鹿耳门者,有八百余人。此处所言八百人之数,或者略有夸张,但说明迁台文人不在少数。其中,载于史料的著名者有:徐孚远、沈佺期、辜朝荐、纪石青、曹从龙、叶亨、黄臣以、陈元图等。到台湾后,他们中的不少人在传授诗书经史时,不忘对生徒授以"先王之道",要求保持仁义忠孝之道德操守。

浙江鄞县人沈光文,在明末科举考试中名列副榜,曾官至工部郎中,加太仆少卿。参加抗清斗争失败后,辗转经福建至台湾从事文教工作。沈光文初到台湾时,岛上除台南等少数地方外,多数地区的农业处于刀耕火种状态,人民生活极端贫困,文教更是落后。在《台湾赋》一文中,他描述了这种落后原始的状况:居住在海边的人们以捕鱼为生,依山而居的人们唯知逐鹿。他们处于未开化的状态,"伏腊岁时,徒矛未节,冠婚丧祭,争好虚名。"生病了则求助于神灵而拒绝吃药,导致巫术横行。"贫则为盗而赤身,豺狼肆毒。娈童若女,傅粉涂朱,少妇常耕,蓬头跣足。"有鉴于此,沈光文在台湾目加溜湾寓居时深入民间,以四书五经教习子弟。郑成功收复台湾后,沈光文前来依附,并继续授徒讲学。其作品《台湾舆图志》、《草木杂记》、《流寓考》、《台湾赋》、《文开诗文集》等,是爱国忧民之作,为后人撰修台湾方志提供了珍贵的资料。所以,沈光文被誉为"海东文献初祖"。全祖望的《斯庵公传》、连横的《台湾通史》等对此都有记载。

福建南安人沈佺期,崇祯年间中进士,被授予兵部郎中。明亡后起兵反清,后投奔郑成功,并不顾年老体弱前往台湾。他到达台湾后,见当地缺医少药,疾病蔓延,死者甚多,遂凭过去所学医术,为军民治病。他翻山越岭,采撷草药,熬制药汤,施送救治,使众多百姓得以病愈,被誉为活神仙。同时,他还带授生徒,从事教育工作。有学者考证,沈佺期从事的教育工作不是传统意义上的教学生读经,而是致力于医学教育。"沈佺期又配合大陆来的名医,尽心尽意在台湾带授学徒,悬壶上堂,行医济世,既传祖国的中医药学,又为台湾的医疗卫生事业奠定基础。20多年间,沈佺期边治病救人边钻研医术,以及培养医徒,使中医药学在台湾得到重视和发展。"① 一位出生于进士的儒家学者能够以行医及培养医学人才为业,这在当时是难能可贵的。

除沈光文和沈佺期外,明郑时期在台湾从事私学教育的还有几社成员以及一些来自福建的知识分子。几社是明末著名的文学团体,其领袖徐孚远随郑成功到台湾后,续倡"海外几社",与叶后绍等结为"方外七友"。他们著书立说,收徒讲学,传授儒学,有《鹅草五经讲义》等著作传读于世。福建同安人郭贞一,崇祯年间中进士,明末曾任监察御史,后随郑成功东征台湾。在台湾期间,也曾授徒讲学。

这类知识分子有一定的数量,对台湾的政权建设和文教事业的早期发展起了重要作用,有的后来还直接参与了兴办学校、恢复举业的工作。在他们的努力下,台湾教育逐步发展,受教育面扩大,儒家思想文化在短时期内确立了主导地位。

明郑时期建孔庙,倡儒学,教生徒识字学文化,把中国传统文化的核心——儒学精神灌输到台湾民众之中。朱熹于宋末在福建同安任过地方官,在闽北一带讲学多年,其理学思想对闽台两地的影响极为深刻。诚如台湾学者所言,"儒学在明郑时期传入台湾。明郑历史乃南明史的一部分,主导明郑历史的郑成功也与南明的儒学有深厚的渊源。因此明郑时期的台湾儒学,虽刚萌芽,却是上承南明诸儒,下启清代台湾儒学。台湾儒学的另一来源是福建朱子学,广义言之,即闽学。闽、台仅一衣带水之隔,荷据时代台湾之汉移民以闽人为主,明郑之时自郑成功迄下属亦多闽人。清代台湾在1885年建省之前,也一直是福建辖区。因此,闽学传入台湾乃顺理成章的事"② 。同时,

① 杨恩溥:《沈佺期以医术济台人》,《福建乡土》1998年第1期。
② 陈昭瑛:《台湾儒学的当代课题:本土性与现代性》,中国社会科学出版社2001年版,第1页。

各级文教官员来自闽南的居多,以明遗民自谓。他们在传授诗书的同时,不忘教诲"先王之道",强调树立忠孝的人品操行。通过开办教育,确立和巩固儒家思想文化的统治地位,为促进汉族与原住民在这种思想文化主导下的进一步融合,奠定了基础。

第二节　郑成功、陈永华与台湾科举考试制度的萌芽

在明郑政权时期,台湾已形成初步的科举考试制度。

明郑政权是否在台湾开科取士,以往学术界曾有过争议。随着近年来研究的深入,学者们已基本达成共识,即其确实在台湾实行了科举考试制度,而这一制度的萌发和奠定与闽人的开创性努力是分不开的。

奠定明郑政权开科取士基础的是两位闽人——郑成功和陈永华。探讨闽台科举考试的历史渊源,不可不追溯他们在这一方面的历史性贡献。

郑成功收复台湾后不久便英年早逝。迄今为止,并未发现郑成功在台湾建立科举考试制度的历史记载。但是,现今的一些研究者仍坚持将明郑政权的开科取士与郑成功联系在一起,这种联系具有一定的历史合理性。

郑成功于明天启四年(1642)出生于日本的长崎,7岁时回国,在家乡南安接受传统的儒家教育。他曾在南安县学就读,年仅11岁便能背诵四书五经,会做八股文章。15岁考中秀才,成为廪生。他曾到福州参加过乡试。当时,郑成功的家乡闽南地区的海商文化已经出现并得到发展,海商文化渗入了长期以来处于主导地位的儒家主流文化之中。同时,海商势力以某种形式对闽南地区的政治格局和民众的生活产生影响。由此,闽南社会出现了新的活力,闽南文化中尚武任勇的特点进一步凸显,近代式的冒险、进取精神开始出现。这种社会大背景对闽南的教育产生积极影响,地方文风兴盛,教育的总体环境较好,明天启、崇祯年间,泉州府在每届科举考试中,平均能考取举人约40名,进士约14名,均成倍高于全省其他地区,当地倾心向学的风气极其浓厚。郑成功从小在这一特定的时空环境中接受系统的教育。21岁时,进入南京国子监成为一名太学生,并拜江南名儒钱谦益为师。郑成功跟钱谦益

学过诗,《延平二王遗集》中刊载的郑成功的诗作中有 3 首诗就是问学钱谦益时的习作。这 3 首诗有人怀疑是否郑成功所作,还作文考证。经将各诗诵读玩味,怀疑似乎是多余的。诗作表现郑成功游历江南时的心境,雅多吟咏。到此时,他还是集中精力在科名上以博取前程,所以夏琳在《海纪辑要》中用"锐意场屋"四字去形容他。① 从其早年的生活轨迹看,他接受的是传统的儒家教育,走的是科举入仕的道路,个人具有明显的科举背景。只是后来由于清军入关,明王朝覆灭,其母死于战乱,郑成功才告别举业,焚青衣而誓师起兵,以金门和厦门为根据地,展开了长达十余年的抗清斗争。王忠孝在《延平王百字像赞》中赞扬郑成功"自为秀才便以天下为己责"。清末的台湾巡抚唐景崧曾为台湾的延平郡王祠撰写了一副楹联,联曰:"由秀才封王,挂挣半壁旧山河,为天下读书人顿生颜色;驱外夷出境,开辟千秋新世界,愿中国有志者再鼓雄风。""自为秀才"、"以秀才封王",明白无误地点明了郑成功曾拥有过的科举功名。

郑成功对科举考试十分重视,还在占据金门、厦门两岛期间,对于那些愿赴广西参加永历帝举办的科举考试的诸生,"皆给花红、路费遣之"。"这是一种奖学制度,鼓励效果,比诸设馆招生更能提高社会向学的风气,因之'(厦门)岛上衣冠济济,犹有升平气象'。"②

郑成功的科举背景使他注意网罗出身科举的知识分子到台湾参加政权建设和从事文教事业。

浙江鄞县人沈光文,在明末科举考试中名列副榜,曾官至工部郎中,加太仆少卿。因抗清失败,辗转经福建至台湾从事文教工作,被誉为台湾文化的"初祖"。郑成功对其一直很尊重。

福建同安人郭贞一,崇祯年间中进士,明末曾任监察御史,后随郑成功东征台湾。

福建南安人沈佺期,崇祯年间中进士,被授予兵部郎中。明亡后起兵反清,后投奔郑成功,并不顾年老体弱前往台湾。

这类知识分子有一定的数量,对台湾的政权建设和文教事业的早期发展

---

① 黄典权:《郑成功史事研究》,台湾商务印书馆 1996 年版,第 11 页。
② 同上书,第 25 页。

起了重要作用,有的后来还直接参与了兴办学校、恢复举业的工作。他们普遍受到郑成功的礼遇,其中的一个重要原因显然是郑成功的"科举情结"在起作用。

若再从郑成功复台初期采取的一系列政策措施来考察,将有助于进一步理解郑成功与明郑政权开科取士之间的内在关系。当时,他在台湾推行了与祖国大陆相同的府县制度,较多地沿袭了明朝在政治、经济和文教方面的制度,开科取士这一重要规制的恢复自然也在出身科举的郑成功的考虑之中,只是由于过早逝世,未能在生前得以实现。但是,在他的支持下,一批出身科举的知识分子参与到台湾的开发之中。同时,由于明郑政权的早期规制的确立,为科举制在台湾的最终实行创设了良好的基础。在这方面,郑成功的作用是无形的,我们不能因为在他生前未能开科取士而否认其特殊的也是巨大的历史性作用。

明郑政权考选制度的设计者和具体执行者是陈永华。据江日升的《台湾外记》记载:1666 年时,陈永华与郑经"议两州三年两试,照科、岁例开试儒童。州试有名送府,府试有名送院,院试取中,准充入太学,仍按月月课。三年取中试者,补六官内都事,擢用升转"①。这段话是关于明郑时期建立考选制度的最重要的佐证。两州指台湾的万年和天兴,府指承天府,太学即是国学。在"议两州三年两试"的过程中,陈永华的作用是显而易见的。在陈永华的设计下,万年和天兴每三年举行两次岁科试,合格者移承天府参加府试。府试合格者还要参加一个特定机构——学院的考试,试以策论,通过者准其进入太学学习。在太学学习期间,每月考试一次,三年经过大考合格者,按成绩优劣分派到明郑政权的吏、户、礼、兵、刑、工等部门任职。

陈永华在设计和执行考选制度的过程中,主要借鉴了明代的考选制度,考试的内容和评判标准也有所沿袭。如考试内容一般为四书、五经和五言六韵诗。考试结果以等级评分:一等"文理平通",二等"文理亦通",三等"文理略通",四等"文理有疵",五等"文理荒谬",六等"文理不通",这些都与明代相似。在他主持下,台湾的考生经过学院三年学习考试合格即可分派官职,实际上是以学院取士代替了明代的三级考试,这是根据台湾特定的政治和文

---

① 江日升:《台湾外记》,福建人民出版社 1983 年版,第 192 页。

化状况所作出的一种合理变更。

应当指出的是,明郑时期的考选制度存在时间较短,开科也较少;当地人口少,考试者亦少,中额无多;由于文教还比较落后,从科第中产生的博学人物自然也不多。虽然明郑时期的考选制度不够完善,但当时确已开科取士则是不争的事实。科举制度这时在祖国大陆已成为一种刻板的制度,但在文教事业初兴的台湾,科举制度的推行对中华传统文化的传播却有一定的促进作用。在台湾建立考选制度的过程中,郑成功的作用是潜在的,陈永华的作用是具体的。这一事实本身雄辩地表明,即使在仅存了二十余年的明郑政权时代,福建和台湾在科举考试方面已具有了密不可分的历史渊源。

明郑时期开科取士的效果直至清初才显现出来。高拱乾等人撰修的《台湾府志》中说:"郑氏……法令严峻,盗贼屏息,民间秀良子弟,颇知励志诗书。"清初台湾取中之科第人物,差不多都是明郑时代培养出来的。例如,王忠孝的侄孙王璋等人于康熙三十二年中举人,陈永华的儿子陈梦球于康熙三十三年中进士,他们科第成名的时间距离明郑政权灭亡最多不过 10 年,他们在科名上取得的成就与在明郑时期所接受的教育是分不开的。

第三节　明郑时期兴办文教事业的简要分析

在郑氏父子和陈永华等闽人的努力下,台湾形成了一个粗具规模的包括初等教育(社学、书塾)— 中等教育(府学)— 高等教育(学院)在内的教育体系,并建立了考选制度,为日后清政府继续发展台湾的文教事业奠定了良好的基础。明郑时期,台人知学、教化大兴、人文蔚起的景象,给清初的一些官员留下深刻的印象。康熙年间的台厦兵备道周昌曾指出:"本道自履任后窃见伪进生员犹勤藜火,俊秀子弟亦乐弦诵。"[①] 这话无疑是对明郑时期教育成效的客观写照。

明郑时期,台湾的文教事业之所以能够得到一定的发展,是以生产力的发展为基础的。明郑政权曾把闽粤沿海数以万计的百姓移入台湾从事垦殖,

---

① 　周昌:《详请开科考试文》,见《台湾府志三种》上册,中华书局 1985 年版,第 1001 页。

在台湾推行封建土地所有制和采用先进的生产技术,又实行寓兵于农的屯田制度,大大促进了台湾经济的发展,生产的农副产品逐渐能够满足岛上军民的需求。同时,修造大型商船,大力发展其所擅长的海外贸易,与葡萄牙、西班牙、日本、越南等国家和地区建立贸易关系,从中获取大量军需物资和巨额利润。郑经时代,台湾成为发展海外贸易的稳固基地。郑经曾说:台湾东连日本,南蹑吕宋,人民辐辏,商贾流通。王侯之贵,固我所自有,万世之基已立于不拔。在开垦方面,至郑经时代,垦拓的耕地面积比荷兰殖民者占据时期增加了一倍。在郑氏开发之前,台湾大部分地区“人烟稀少,土地荒芜”。经郑氏开发之后,“烟火相接,开辟荒土,尽为膏腴”。同时,社会面貌发生了很大的变化。以台南为中心,南及恒春,北及诸罗、彰化平原,已基本开发,并出现了云林、彰化、新竹等市镇。当时的台湾,已是沃野土膏,物产利溥,耕桑并耦,渔盐滋生,满山皆属茂树,遍地种植修竹,硫黄、山藤、蔗糖、鹿皮以及一切日用之需,无所不有。

连横在《台湾通史》中指出,每当他经过台湾的曾文溪时,都临流感叹,追怀郑成功父子的兴亡之迹,未尝不扼腕也。曾文溪源自内山,水大势急,奔流而西,以达于海。曾文溪的两侧是万亩平畴,禾黍芄芄,为台湾人民提供了衣食之源。如果没有郑氏父子的开创之功,这个地方还是豺狼出没的蛮荒之地。“在郑氏政权治台二十余年中,经过郑氏官兵以及高山族人民的共同努力,辛勤耕耘,惨淡经营,开荒辟土,悉心教化,促进了台湾经济的迅速发展,使高山族人民从落后的原始公社跨入封建社会的门槛,为日后清政府统一台湾继续经营台湾提供了良好的基础。”① 显然,所创造的一定的物质经济基础,为台湾教育的发展提供了条件。

尽管明郑政权在经营台湾时,在政治、经济、文化、教育等方面都采取了不少积极的措施,但最终却遭到失败,重要原因在于与大陆相比,强弱过于悬殊。当时的台湾,农业、手工业、商业、对外贸易、文化教育事业已有很大的发展,但和内地相比,财力仍然有限,教育的总体水准仍然较低。明郑时期,包括军队和招抚沿海因“迁界”而流离失所的乡民,台湾人口最多时发展到10万以上。有大陆学者推断“可能达到15万人左右”。台湾学者曹永和在

---

① 　张振玉:《郑氏政权治台民族政策述略》,《福建史志》1997年第4期。

《郑氏时代之台湾垦殖》一文中认为,明郑时期"大陆移民数,似约在 15～20 万之间,衡之以荷兰时代及清康熙中叶的台湾人口,这似为一最近似的数目"[①]。20 万以内的人口数量与大陆当时的人口相比显然太少了,与之相适应,教育的规模以及接受教育的人数都是有限的。

　　明郑政权在教育与科举方面实行了积极的举措,也取得了一定的进展,这值得肯定。由于其只是地方政权,存在时间较短,以及表现出种种的局限性,使得文教建设的总体水平还不高。台湾教育的进一步发展,是在康熙年间施琅收复台湾之后了。

---

① 　曹永和:《台湾早期历史研究》,台北联经出版事业公司 2002 年版,第 277 页。

第二章 闽台府县儒学的历史渊源

清代的府县儒学是地方官府直接创办并主管的官立学校,是古代学制系统中最重要的组成部分,也是施行教化、培育人才的重要场所,统治者对府县儒学的教育教学一向给予极大关注。闽台两地的府县儒学虽然创办时间不尽相同,一些具体的规制也不完全一样,但从总的方面来考察,两者存在于一个统一的教育格局之中,具有深刻的联系,历史渊源十分悠久。

第一节 闽台一体化的儒学教育格局

根据《大清会典》的规定,各省府县均应设立官立学校,其主要任务是祭祀孔子等先师,招收生徒以实行教化,即"时肄习以广术业,勤训迪以储人才"。明郑时期,台湾已在承天府设立府儒学,在天兴、万年二州设立州儒学,沿用的是明代的儒学教育制度。康熙收复台湾后,明郑时期的儒学制度被迅速改造,并纳入了祖国大陆地区儒学教育的体系之中。台湾府县儒学的设立和分布由福建的地方官员一体统筹办理。在台湾单独建省之前,福建省含台湾共有 9 府 2 州 65 县,其府县数比明代有所增加,府县儒学也相应的有所增加。在增加的府县儒学中,福建的大陆区域只有数所,而台湾却高达 13 所。

清代福建新设立的府县儒学主要集中在台湾地区的原因是:福建早先已普遍设立了府县儒学,增设几所不过是充实调剂而已。台湾地区则不同,其在明郑时期设立的儒学不合清朝的规制,而且数量少,无法满足当地士子求学的需求。所以,在闽台一体统筹的前提下,福建适时调整府县儒学的布局,集中力量在台湾地区设立儒学,这对于当地经济的开发和社会进步,乃至于维护国家的统一,都具有积极的意义。

2-1 清代福建新设府县儒学一览 [①]

安平县学	康熙二十三年（1684）
凤山县学	康熙二十三年（1684）
台南府学	康熙二十四年（1685）
嘉义县学	康熙二十五年（1686）
南澳县学	康熙五十六年（1717）
彰化县学	雍正四年（1726）
霞浦县学	乾隆元年（1736）
屏南县学	乾隆元年（1736）
福鼎县学	乾隆六年（1741）
峰市儒学	乾隆十八年（1753）
新竹县学	嘉庆二十二年（1817）
宜兰县学	光绪二年（1876）
恒春县学	光绪三年（1877）
淡水县学	光绪五年（1879）
台北府学	光绪六年（1880）
台湾府学	光绪十五年（1889）
苗栗县学	光绪十五年（1889）
云林县学	光绪十六年（1890）

　　台湾府县儒学从设立的时间顺序和区域而言,依次是南部地区首先设立,然后扩展到中部地区,再扩展到北部地区,这和台湾各地政治、经济发展的历史趋向密切相关。在 13 所府县儒学中,康熙年间设立的有 5 所,均集中在台

[①] 见《福建省志·教育志》讨论稿中的"官学"部分。

南一带,表明当时台南是整个台湾政治经济文化发展最为迅速的地区。设于光绪年间的有 7 所,集中在北部地区以及台湾的最南端。这表明经过近两百年的开发和治理,台湾北部和最南端地区的政治、经济、文化有了长足的进步。儒学的设立与否不但关系到当地的文教是否兴盛,而且也能在很大程度上验证当地的社会、政治、经济是否发达。

在台湾府县儒学设置和演变的过程中,从福建派去的地方官员发挥了重要作用。如安平县儒学便是由知县沈朝聘创建的,6 年后继任的知县王兆升予以重修。凤山县儒学由知县杨芳声创建,20 年后由继任的知县宋永清予以重修。有些府县儒学甚至是在福建最高地方官员的直接干预下才得以设立的。清代时,台湾北部地区开发较晚,新竹地区长期没有儒学,士子都要到彰化去求学,路途远、花费多,存在着诸多不便。当地士绅多方奔走请求设学均无结果。嘉庆十五年(1810),闽粤总督方维甸到台湾巡视途经新竹时,张薰、郭菁英、王士俊等生员呈文恳请设立儒学,并表示愿意负担办学经费,得到方维甸的认可,交由巡道张志绪查议。嘉庆十九年(1814),再经继任的巡道糜奇瑜详议,总督汪志伊、巡抚张师诚批准,遂于嘉庆二十一年(1816)开始进行筹建,次年建成。福建地方官员之所以重视在台湾地区设立和发展儒学具有深层次的原因。台南府学是巡道周昌和知府蒋毓英于康熙二十四年(1685)在原明郑时期旧学宫的基础上改建的,康熙三十九年(1700),分巡台厦兵备道王之麟予以重修,并扩大规模。工程完工后,王之麟撰写了《重修府学新建明伦堂记》,详细叙述了设学的由来及其意义。他先是指出,当今天子圣明,重道崇儒,文教兴盛。台湾处在东南海外,从古未沾王化,自回归清朝版图后,置郡县,立学宫,凡取士之典皆与内地相同,始彬彬称治,为海滨邹鲁矣。继而又指出,他受命到台湾来任职,一下车就到孔庙和学宫探访,看到的却是破败的景象,"于是急谋修举,缺者补之,圮者葺之,以次兴工"。他认为,培人心以厚风俗首重学校,这是主政者的第一要务。康熙四十九年(1710),陈瑸出任台厦兵备道,他深感培育人才的重要,于是也像王之麟一样,致力于台南府学的扩充。他不动公帑,不藉民力,自捐资费,修葺增建学舍。在《重修府学碑记》中,他勉励台湾士子要发奋读书,以便将来济世行道,不负国家设学育才之美意。由福建派往台湾任职的地方官员将发展儒学教育视为倡导地方教化、弘扬中国传统文化,以及将台湾建成海滨邹鲁的重要途径。在这种思想的指导下,历任的多数官员都重视设立新的儒学,或对旧的儒学加以修葺。

闽台府县儒学一体化的格局还体现在,清朝的中央政府在台湾府县儒学师资和学生名额配备方面完全根据福建地方官员的提请而加以确定。

同祖国大陆其他地区一样,闽台的府儒学由知府统一管理,受学政监督,设立专职教授主持日常的教育教学工作,配备训导协助;县儒学由知县统一管理,设教谕主持日常的教育教学工作,配备训导协助。闽台府儒学教授一般要求进士出身,正七品,这一教职多由年龄较大的知县改任;学正和训导从举人考进士连考三科以上落第者中挑选;教谕和训导由举人及五贡出身者充任,从八品。台湾地区府县儒学学官的配备和调整均需经福建主要官员转请中央政府确认。据《清实录》记载:雍正十一年(1733),清政府决定"添设福建台湾府学及台湾、凤山、诸罗、彰化四县学训导各一员"。这一决定是根据福建巡抚赵国麟的请求作出的。同治十一年(1872)7月27日,清政府决定"改福建淡水厅儒学训导为教谕,定学额八名,永广二名。增设噶玛兰厅儒学训导一缺,定学额五名,永广一名"。这一决定则是根据兼署福建总督文煜的请求作出的。光绪十六年(1890)三月十七日,福建台湾巡抚刘铭传请求朝廷将凤山县训导移设云林县,台南府训导移设苗栗县。同年七月十一日,吏部行文表示同意刘铭传的意见。①

清朝规定,府县儒学生员的入学资格仅限于经过学政主考及格的秀才。每三年举行一次入学考试,考生须经县考、府考、院考三次考试及格后,方得入学肄业,通称入泮生员。每年考试一次,成绩优等者,官给廪膳费(公费),叫做廪膳生,略称廪生。成绩次等的,录取为增广生,略称增生。遇廪膳生出缺时,就其中递补。廪生和增生皆有定员,叫做泮额。儒学中除设置一定数量的廪生和增生外,还可以在成绩达到某个分数段的生员中附加录取若干人,称为附生。台湾府县儒学生员学额的增设与否也要经由福建地方官员向朝廷奏报后得到确认。主要依据是辖区人口的数量,交纳钱粮的多寡,以及当地的教育状况。雍正十三年(1735)六月九日,根据福建巡抚卢焯的请求,"设福建台湾府属彰化县学廪生、增生各10名"。乾隆四十五年(1780)五

---

① 张本政主编:《清实录台湾史资料专辑》,福建人民出版社1993年版,第111、996、1175页。

月,福建巡抚富纲就澎湖厅儒学生员的有关问题请示礼部:"澎湖一厅,孤悬外岛,所有澎湖童生县府两试,请归并该厅就近录取。至该厅现有廪生1名,现在厅试,即令认保,此后或无廪生,即照各省卫学之例,责成该厅增附各生,互相保送。再,该处新旧各生,府学教官不能就近督课,亦即令该厅督率约束。"同年五月十五日,礼部下文批准了富纲的建议。嘉庆十二年(1807)五月,闽浙总督阿林保等请求:"增福建台湾府至字号举人中额1名,以该府学原设廪生增生20名,专归闽籍生员充补。增设粤籍廪生增生8名,府学闽、粤两籍与台湾、凤山、嘉义、彰化四县学,各加学额1名。并准各学生员报优,册送学政,与内地优生一体考试。"当年五月十五日,清政府批准了这一请求。此外,光绪十一年(1885)二月十五日和光绪十六年(1890)三月十七日,闽浙总督杨昌濬和福建台湾巡抚刘铭传分别就台湾府县学新设学额的分配问题上奏朝廷,均得到清政府的批复。[①]

闽台府县儒学间深厚的历史渊源还体现在相当数量的闽籍生员在台湾府县儒学中就读。清初,有大量的福建人移居台湾。在当时的台湾总人口中,福建人所占的比例相当高。他们重视子弟的教育,不遗余力地将子弟送入当地的府县儒学就读。福建南安县诗山镇的霞宅村陈氏家族,在清初至民国初年的两百余年间,前后移居台湾的人数近2000人,是泉州府各姓氏中移居台湾最多的一个分支。霞宅陈氏最早移居台湾的是第九世的陈孟燕、陈孟康、陈孟角、陈庚元、陈情元等人。他们于康熙年间到台南的田厝社一带结庐开发,繁衍生息。此后,从十世至二十世,陈氏每代都有数十人乃至数百人到台湾各地繁衍生息。其迁台族人及后裔,功成名就者为数不少。如十一世的陈奕明,乾隆癸亥科试取进凤山县学第3名;十二世的陈家登,乾隆甲午科乡试取进台湾府学第4名;其弟陈家科,乾隆乙巳科取进凤山县学第4名;十三世的陈公安,乾隆甲午科乡试取进台湾府学第11名;十四世的陈醇许,道光庚子科试取进彰化县学第5名;十五世的陈贻鹏,嘉庆庚申科取进凤山县学第16名;十六世的陈玉谋,同治甲子补壬戌科岁试,取进凤山县学第13名;十七世的陈宏棋,同治甲子补壬戌科岁试,取进嘉义县学第7名,陈宏笃于光

---

① 张本政主编:《清实录台湾史资料专辑》,福建人民出版社1993年版,第1157、257、684、1128页。

绪庚辰岁试取进台湾县学第 7 名。^① 虽然府县儒学的名额有一定的限制，但在很长一段时间内，台湾府县儒学的学额几乎被闽籍子弟所占据。有意思的是，福建的地方官员对这种现象并不以为怪，反而给予某种程度的鼓励。康熙二十五年（1686），台厦道周昌指出："台湾户口，尽属南闽之人；天姿多有聪慧，机智多有明敏，一经学问，化同时雨。惟广其功名之路，鼓舞作与英才，不难乎济济也。"^② 确实，来自漳州和泉州的闽南人后裔受到汉晋古风和宋明文化的熏染，聪慧、明敏自是不难理解，其自身的优势使得他们在早期的台湾府县儒学中占尽风光 。下表中所列的台湾府县儒学名额几乎全为他们所囊括即是明证。

表 2-2　康熙二十六年（1687）台湾府县儒学名额分配表 ^③

学　名	取进定额	廪生数	增广生数
台湾府学	文武生 20 名	20 名	20 名
台湾县学	文武生 12 名	10 名	10 名
凤山县学	文武生 12 名	10 名	10 名
诸罗县学	文武生 12 名	10 名	10 名

从雍正年间开始，广东人开始大批向台湾移民，到乾隆初年形成了一个数量可观的群体。当时，在广东人子弟中有资格参加生童考试者已达 700 余名，这并未对闽籍移民子弟的入学构成威胁。乾隆五年（1740），清政府在台湾府学增设 8 个名额给广东籍的儿童，但在台湾府县儒学中闽籍子弟仍然占据相当的数量，这种状况一直维持到清末。

---

① 陈晓亮、万淳慧：《寻根揽胜话泉州》，华艺出版社 1991 年版，第 196 页。
② （清）蒋毓英撰、高拱乾等修：《台湾府志》，见《台湾府志三种》上，中华书局 1985 年版，第 1012 页。
③ 林再复：《闽南人》，台湾三民书局 1985 年版，第 291 页。

表 2-3　乾隆五年（1740）台湾府县儒学名额分配表 ①

学　名	籍　属	学　额	廪生数	增广生数
台湾府学	闽　籍 粤　籍	文武 28 文 8	20	20
台湾县学	闽　籍	岁进文武各 12 科进文 12	10	10
凤山县学	闽　籍	岁进文武各 12 科进文 12	10	10
诸罗县学	闽　籍	岁进文武各 12 科进文 12	10	10
彰化县学	闽　籍	岁进文武各 8 科进文 8	10	10

表 2-4　光绪十一年（1885）台湾府县儒学名额分配表 ②

学　名	籍　属	学　额		廪生数	增广生数
		常　额	永　广		
台南府学	闽　籍	文 11 武 13	文 5 武 6	20	20
	粤　籍	文 3 武 2	文 1 武 1	4	4
	澎　湖	文 2			
安平县学	闽　籍	文 15 武 12	文 2 武 2	15	15
凤山县学	闽　籍	文 15 武 12	文 2 武 2	15	15
嘉义县学	闽　籍	文 12 武 9	文 2 武 2	12	12
台湾府学	闽　籍	文 10 武 7	文 4 武 3	20	20
	粤　籍	文 3 武 2		4	4
台湾县学	闽　籍	文 10 武 9	文 2 武 2	10	10
彰化县学	闽　籍	文 10 武 8	文 1 武 1	10	10

---

① 林再复:《闽南人》,台湾三民书局 1985 年版,第 296 页。
② 同上书,第 294 页。

续表

| 学 名 | 籍 属 | 学 额 | | 廪生数 | 增广生数 |
		常 额	永 广		
云林县学	闽籍	文6武3		4	4
苗栗县学 台北府学	粤闽籍	文2武2		2	2
	闽籍	文13武7		20	20
	粤籍	文5武2	文1武2	4	4
	番童	文1			
淡水县学	闽籍	文5武3	文1武1	4	4
新竹县学	粤闽籍	文4武3	文1武1	4	4
宜兰县学	闽籍	文5武3	文1武1	4	4

需要指出的是,不仅在台湾的府县儒学中对学生的名额分配加以规定,在福建的府县儒学中对学生的名额同样有着明确的规定。乾隆八年(1743)规定,南靖县学的廪生和增生名额各20人,附生234人。顺治五年(1648)规定,兴化府学3种类型的生员共120人,莆田县学195人。咸丰年间,因各地向朝廷捐纳军饷以镇压太平军,学额普遍得到增加。南安县学由原来的20人增为25人,武生由原来的15人增为18人。尤溪县学由20人增为30人,武生由15人增为25人。

闽台府县儒学的生员享有免征差役和丁粮税等特殊待遇,廪膳生员还享有食饩,每年发给一定数量的生活补贴。生员在政治上具有某种程度的特权,当地官员均需以礼相待,不得对之用刑。若犯了事,须经学政审定奏准革去功名后,才可以由司法部门审理。乾隆六十年(1795),寿宁县一位叫叶维枢的生员状告知县那福对未革去功名的生员施加刑罚,结果导致那福被撤职查办。

清代闽台府县儒学生员的学习内容也是相同的。他们主要学习以御纂、钦定形式颁行的各种按朝廷旨意注解的儒经和程朱著作,包括方苞编的《钦定四书文》、李光地等人编的《性理大全》、《朱子全书》,以及各种遗规、《御制平定金川碑文》等官定参考书。清初,闽台府县儒学的生员要受学官的教育和考课,考课有月课和季考之分,成绩分为若干等第。嘉庆以后,讲学和考课渐停。师生每月于明伦堂见面一次,点名收束修,读卧碑文。生员名义上是在学习,实际上只是取得仕进的资格,以便将来可以参加乡试和会试。那么,闽台府县儒学如何鉴别生员的学业呢?这主要通过学政来进行。清代规定,生员必须参加学政主持的三年两次的岁科考试。学政实行任期制,任期三年,大比之年由京城简派赴任,下一个大比之年卸任。台湾的学政初由台厦兵备道兼理,雍正五年(1727)起由巡台御史兼理,乾隆十七年(1752)复由台厦兵备道兼理,光绪三年(1877)改由福建巡抚兼理。由此,亦可见闽台府县儒学关系之密切。学政上任第一年对生员进行的考试为岁考,第二年举行的考试为科考。同时,生员还要参加乡试的预考。考试成绩分六等,前三等者受奖,后二等者受罚,缺考五次者革去生员资格。

闽台府县儒学的生员还须遵守学规。清顺治九年(1652)颁布卧碑文八条,要求生员立志将来做忠臣清官,告诫生员不可"迁求官长,交结势要;不得轻入衙门,干预他人诉讼"。此外,不得上书陈言,不得纠党结社,刊刻文字,违者治罪。康熙二十年(1681)和乾隆十年(1745),又先后颁布《训饬士子文》,重申重道育人的教育宗旨,要求生员恪守封建道德。同时,禁止生员充当地方上的社长、乡长、保正等杂差。乾隆年间,福建寿宁县生员叶宗学因当社长,亏欠仓储,被革去功名,受到审讯。学政将这一典型事例在闽台地区进行通报,并重申了遵守学规的必要性。乾隆五十五年(1790),福建学政吉梦熊奏报,在闽台的府县儒学中开除了不守卧碑规定的条文,以及不安本分的文生14人、武生28人。可见,在对生员进行封建道德准则灌输及严格管理方面,闽台府县儒学和祖国大陆其他地区的府县儒学都是一致的。

闽台府县儒学的办学经费有可靠的保证。一般由地方官府或当地士绅通过购买一定数量的学田,收取租谷作为办学经费。如福州府学,顺治五年(1648)派定学租17两8钱。康熙二十一年(1682),总督姚启圣为府学捐置学田57亩6分;康熙五十六年(1717),巡抚陈瑸为府学捐置学田110亩9分。台湾的府县儒学也是如此。彰化县儒学的学田收入为:外新庄田1甲,年收租银30元;万斗六庄田80甲,年收租谷数十石;吴厝庄东半水田5甲7分,年收租谷44石,庄内还有房屋1处可供出租。淡水儒学的学田共有6处,由知名乡绅林平侯购买后捐出,其分布如下:奶姑山八张犁庄田1所,年收租谷43石;黄泥塘庄田1所,年收租谷22石;四方林庄田1所,年收租谷

28 石。此外,还有 3 处庄田,面积不详,分别收谷 15 石 5 斗、42 石 9 斗、21 石。这 6 处庄田每年扣除各种开支,实收租谷 140 石零 5 斗 8 升。[①] 除了学田收入外,闽台府县儒学还接受地方官府一定数量的拨款和地方士绅的赞助。

有学者认为,清代台湾的府县儒学并不景气,这导致了书院的兴盛。其根据是,台湾儒学长期处于设施不备、人员不齐、职能不全的状况。如光绪三年（1877）新设恒春县后,该县儒学不建署,仅于城内的某个湖心亭祀孔子神位,并祀先贤以代学宫。光绪十五年（1889）新建之台湾府学,更是空有其名,一无所有。是年新设之苗栗县儒学,也不建署,仅备教谕 1 员。光绪十六年（1890）新设云林县儒学,亦不建署,仅备训导 1 员,以上所言当是这些府县儒学初创时的情形。从总体上看,清代台湾府县儒学的发展还是很迅速的。"台湾由最初的一府'四学',二百十余年中发展成为三府'十三学',发展速度之快,数量之多,在有清一代,纵非独步,亦属少有。"[②] 这与闽台府县儒学一体化的教育格局有着密切关系。这种格局的存在,使得闽台府县儒学成为培养闽台地区优秀人才的主要摇篮和科举预备的场所,成为当地士子上升流动的合适途径。

第二节　台湾府县儒学中的闽籍师资

在闽台教育关系史上存在着一个有趣的现象,那就是台湾各府县儒学的教授、教谕、训导等师资大都来自福建的人文繁盛的地区,尤其是来自闽南和闽江流域地区。这可以从台湾府学以及台湾各厅、县儒学自康熙至光绪年间教授、教谕、训导的籍贯、出身及有关情况的 3 个表格中窥见一斑（见书末附录"台湾府儒学的教授与训导情况一览表"、"台湾县级儒学教谕的籍贯表"、"台湾厅县儒学训导的籍贯表"）。这 3 个表格从一个侧面印证了闽台府县儒学之间深厚的历史渊源。

这 3 个表格是根据《重修台湾省通志》所列整个清代（含单独建省后）

① 陈庚金监修:《台中县志卷五·教育志》,台中县政府 1989 年印行,第 109 页。
② 林再复:《闽南人》,台湾三民书局 1985 年版,第 296 页。

台湾府儒学教授及各厅县儒学教谕、训导的简要情况加以归纳整理的。需要说明的是，台南府儒学教授的情况该书未列出，台南府儒学的训导仅列出了杨克彰1名（台湾淡水人）；台北府儒学教授仅列了沈绍九等6名，其中台湾籍1名，其余全为闽籍；台北府儒学的教谕等情况该书未列入。由于区划调整等原因，台湾有些厅县存在时间不长，故教谕、训导的数量也相对较少。尽管如此，这3个表格仍具有一定的代表性。从中我们可以看出，两百多年间，台湾府儒学的教授中，除李中素为湖北麻城人氏，郭鄂翔等3人为台湾人氏，其余全为福建人。李中素是以台湾知县身份兼理，并非专职。郭鄂翔等3人都是台湾单独建省后任职的，似与清政府着重选拔地方学官的举措有关。在台湾府儒学训导中，除邓承修为广东揭阳人氏，张忠侯等3人为台湾人氏，其余也全为福建人。在为数不多的台湾籍教授和训导中，有些人的祖籍就在福建。如张忠侯虽是台湾淡水人，但其祖籍为福建同安。在厅县一级儒学的教谕和训导中，闽籍人士也占了绝大多数。为什么会出现这种状况呢？除了在很长一段时间里闽台同属一个行政和文化区域之外，还由于清政府曾明确规定，台湾府学的教授应由祖国大陆人员中调补，台湾府学的训导以及台湾县等4个县的教谕、训导遇缺，应从福建泉州府的晋江、安溪、同安，漳州府的龙溪、漳浦、平和、诏安等儒学师资中选拔任用。倘若仍然不敷使用，还可于福建全省的教职内一体挑选调补。这就使得实际上进入台湾府县儒学的福建师资除来自上述地区外，还来自闽江流域的广大地区。清政府的上述要求后来列入了清道光年间的《吏部例则》，成为一项意义十分明确的政策性规定。除了这一规定在起作用之外，还与福建各级儒学的师资较为成熟有关。从台湾府儒学的教授与训导的情况看，他们大都有过在福建的府儒学担任相应教职的经历，且几乎全部具有科举功名，加之语言相通、习俗相近、交通便利，使得他们到台湾府县儒学任职具有其他省份学官所不具有的特殊条件。他们在台湾工作一段时间后，不少人回到福建的府县儒学任职，有的甚至后来再度被选派到台湾府县儒学中任职。

　　清代闽台地区对府县儒学学官的考绩较为严格，这有助于促使两地学官忠于职守，勤于教学。清初规定，每6年应对学官进行1次考察，内容包括实力、志行、学识、教规四项，由知府考察后报学政会同总督、巡抚核定。考核结果分为6个等第。4等以上留任或升迁，5等令学习再试，6等革职。雍正以后规定,凡 4 等和 5 等者都要去学习。乾隆十年（1745）二月,闽浙总督与福建学政奏报全省甄别教职情形：松溪、政和、莆田、福安、德化等县儒学的 5 名教谕和泉州、晋江、南安等府县儒学的 11 名训导,因年已 70 岁以上,精力不济,劝令退休。乾隆二十六年（1761）,闽浙总督与福建学政奏报：上杭县儒学教谕和永春州儒学学正 2 名已任满 6 年,兴化府儒学教授、诏安县儒学教谕,以及漳州府儒学训导任满,这些人均系壮年,才学优秀,教学勤奋,建议予以留任。台湾凤山县儒学教谕已任满 8 年,建议归调台人员案内办理。可见,闽台地区对师资管理有严格的制度,实行一体管理,并且以常规考核作为管理的杠杆,这在很大程度上对在台湾府县儒学中任学官的闽籍人士起着督促和激励作用。[①] 一些闽籍学官表现优异,任满后迅速被提拔为知县等。由于台湾在清代被视为开化程度不高的地区,工作条件相对艰苦,故这些被提拔者往往能派放到条件相对好些的祖国大陆县份任职。这或许算是对他们辛劳的一种补偿吧。

闽籍教官在台湾府县儒学中勤于教学,大力发展当地的文教事业,为提升台湾的文化品位做出了自己的贡献。台湾府儒学的首任教授、长乐人林谦光,在台期间文辞纯雅,诲人无倦色。闽县人董文驹于乾隆五十六年（1791）调任台湾府儒学教授。他坚持月课生童,严格考试,认真修改学生的习作,得佳文,则优赏以鼓舞之,与诸生言,必本忠义诸大节,虽切磋严惮,而和气仍予人以可亲之态。台湾府儒学的首任训导、建阳人袁宏仁,上任伊始即捐修朱文公祠,筑草亭,与诸生朝夕讲学于其中。他还捐俸购买古今典籍六百余部,藏于学舍,供诸生稽览,从而解决了当地图书资料缺乏的问题。诸罗县儒学的首任教谕、福州人陈志友,教学以德行为先,受到当地学子好评。同安人刘瀚,曾先后在福建的建安、龙溪等地县儒学任教谕,后再调到台湾彰化县儒学任教谕。他为人端重,执教有方,学子们都尊他为楷模。台湾县儒学教谕、建宁人陆登选在教学中不事浮华,每日召集诸生讲解程朱理学的精蕴之处。他极重个人操守,在台数年,淡泊自持,恪守古训,非道不取,见义必为。当地的明伦堂宅地被附近居民侵没,影响了县儒学的发展,即将离任的他慨然曰：“此吾事也,不可以烦后人。”于是他极力奔走,终于使之得以归还,尔后又加

---

① 福建省地方志编纂委员会编：《福建省志·教育志》,方志出版社 1998 年版,第 24 页。

以整修,焕然一新。凤山县儒学教谕、晋江人黄赐英,以培育人才为己任,不但勤于对诸生训课,还捐资购买了两处学田共 40 甲,以租谷作为文庙的香火费及诸生月课的费用。当地士子感其德行,将之祀于学宫。德化人郑兼才,嘉庆三年(1798)参加福建乡试获第一名,后于嘉庆九年(1804)和道光二年(1822)两次出任台湾府儒学教谕。他兴学重教,扶植人才。教学之余,还与嘉义县儒学教谕谢金銮一起重修台湾县志。当他离开台湾时,当地百姓争相送之北郊,香案旌鼓,堵塞街市,数里不绝。闽县人王元稚,从 1881 年 6 月至 1883 年 3 月任台湾凤山县儒学教谕,1884 年至 1885 年以及 1888 年两度任台湾府儒学训导,1892 年任苗栗县儒学训导,1893 年 5 月至 6 月任台湾县儒学教谕,1893 年 10 月至 1895 年 3 月任台北府儒学教授。王元稚在台任教时间长达 20 年。因教育成绩突出,当局拟提拔其为县丞,但他矢志从事教育而不就任。日本占领台湾后,王元稚回到福建,任武平县儒学教谕。

　　来自福建的台湾府县儒学的一些学官,在台任职期间还撰写了不少赞美台湾人文景观的诗歌和散文,抒发他们对第二故乡台湾的热爱。崇安人董天工于雍正十一年(1733)到台湾的彰化县儒学任教谕,此后撰写了《台湾见闻录》,详细描述台湾的风土人情,被研究台湾文学史的学者视为台湾风土笔记中的佳作。“董天工《台湾见闻录》记台湾民俗事象,文字简洁,无一赘语,又引他人诗名为之添色,诗文俱佳,可读可诵。”[①] 建宁人朱仕玠,乾隆年间任台湾凤山县儒学教谕,在台期间著有《小琉球漫志》、《溪音集》等。其诗作长于抒情,对台湾的人文景观多有描述。如《海中观日出》、《澎湖》、《鹿耳门》、《赤嵌楼》、《鲫鱼潭》、《半屏山》、《打鼓山》、《大冈山》、《渡安平》,以及《台阳八景》、《凤山八景》等。尽管这些诗作多是老题材,未能写出与众不同的新意,但字里行间流露出的对台湾的感情却是十分真挚的。侯官人刘家谋,道光年间任台湾府儒学训导。他教学之余采风问俗,显微阐幽,写了大量的风土人情诗,内容涵盖台湾山川文物、岁时年事、风俗礼仪、历史人文,乃至饮食服饰、方言俚语、气候物产。其《台海竹枝词》和《海音诗》具有很高的民俗学和文学的价值,显示了清代台湾竹枝词创作的最佳状态和最高水平。侯官人马清枢于光绪元年(1875)任台湾府学教授,其创作的诗歌《台

---

① 　汪毅夫:《中国文化与闽台社会》,海峡文艺出版社 1997 年版,第 13 页。

阳杂兴》30 首,在台湾文学史上亦有一定的影响。

一些来自福建的台湾府县儒学的学官,在革除民间赌博、械斗陋习等方面也作出了自己的贡献。在这方面较为突出的是从福州到嘉义县儒学任教的陈上恭。台湾一度赌风甚炽,一些赌徒甚至在学宫中聚赌。陈上恭到任后,下令将赌徒全部赶走,同时整肃学规,悉除陋习。清代台湾的械斗也很严重,大致有省对省的械斗,如闽籍移民后裔与粤籍移民后裔的械斗;府对府的械斗,如漳州籍移民后裔与泉州籍移民后裔的械斗;县对县的械斗,如晋江、南安、惠安籍移民后裔与同安县籍移民后裔的械斗;姓与姓的械斗;行业团体之间的械斗。械斗是清代台湾的一大社会问题。一次陈上恭以科试到郡上,正值民间械斗,引发白昼劫掠,郡中实行戒严,试事尽停。陈上恭为制止械斗,夜晚登上城墙巡查,彻夜不寐,遂积劳成疾。

早在康熙年间,即有将在福建任职的官员调任台湾的事例。雍正七年(1729)以后,闽台两地互换官员成为一种惯例,学官的调配也是如此。尽管在台湾府县儒学中,闽籍学官居绝大多数,但也有一批来自台湾的学官在福建的府县儒学中任职。"据台湾方志不完全统计,在清领台湾期间,全台共有80 名科举人物被派任福建任职,其中进士 1 名、举人 18 名、贡生 61 名。"[①]他们中的相当一部分人在福建的府县儒学中任教。如台湾举人庄飞鹏曾任浦城县儒学教谕,台湾县举人张源俊曾任松溪县儒学训导,台湾县举人李维梓曾任闽县儒学教谕,彰化县举人刘大业曾任福州府儒学训导,彰化县举人郑捧日曾任大田县儒学教谕,彰化县举人曾作霖曾任闽清县儒学训导,淡水厅举人黄延祐曾任侯官县儒学教谕等。除上述人氏外,另有其他一些文人到福建担任教职。如淡水县陈维英于 1845 年渡海出任闽县儒学教谕,时陈维英尚未中为举人(他是 1859 年中举的)。又如嘉义县优贡陈震曜曾任建安县儒学教谕、闽清县儒学教谕,又曾监理过福州的鳌峰书院。台湾府岁贡黄元倬曾任清流县儒学教谕,台湾府岁贡林萃冈曾任清流县儒学训导,台湾县岁贡蔡复旦曾任闽清县儒学训导、永安县儒学教谕,台湾县岁贡王弼曾任松溪县儒学训导,诸罗县岁贡蒲世趾曾任古田县儒学教谕等。[②] 他们一如闽籍人

---

① 杨彦杰:《闽台文化关系的形成及其历史作用》,《现代台湾研究》1994 年第 7 期。
② 汪毅夫:《中国文化与闽台社会》,海峡文艺出版社 1997 年版,第 3 页。

士在台湾府县儒学任职那样,在福建的府县儒学中兢兢业业,尽心尽责地负起教育和培养当地士子的职责。陈维英任闽县儒学教谕时,对于学中的事务多有振兴。他还发挥自己在楹联撰写方面的专长,撰写了一些具有广泛影响的楹联。如"受孔子戒,近圣人居","心曾明白水,志不坠青云"等,既教育了当地士子,又令闽县人士对来自台湾的学官刮目相看。有些在福建府县儒学任教的台湾学官,不但执教有方,诲人不倦,而且还积极为当地百姓造福。陈鹏南于康熙五十八年(1719)被选为台湾岁贡,后任福建连江县儒学训导。当时该县境内的一条河淤积已久,他到任后即捐银600两予以疏通。遇有荒年,还慷慨捐米向灾民施粥,并协助地方官府开展赈灾工作。为此,连江百姓刻碑记载了他的功劳,并建祠祭祀。

第三节　闽台的庙学规制

有人认为,早在东晋孝武太元十年(385年)即已出现当时称为"庙屋"的庙学。但迄今为止,人们对"庙屋"的性质与功能知之甚少。比较一致的意见是庙学正式出现于唐代。其依据是,唐代文学家韩愈在《处州孔子庙碑》中,赞颂处州刺史邺侯李繁修建孔庙的功绩时曰:"惟此庙学,邺侯所作。"韩愈可能是中国历史上最早推出"庙学"一词的人物。从唐代开始,中国的各级官立儒学都祭祀孔子,凡有孔庙的地方一般都附设有学宫,形成"庙"与"学"紧密结合,由学尊庙,因庙表学的格局。总而言之,所谓庙学指依孔庙而建学,学庙合一,其特点是"庙"与"学"紧密结合,由"学"尊"庙",因"庙"表"学"。在唐代以后的封建社会里,包括福建在内的各区域在设立孔庙的同时,大都在孔庙内或周边地区设置一定规模的教育机构,形成独特的庙学合一体制。同全国一样,福建各府有府学,州有州学,县有县学,呈现层级分明的儒学体系。由于庙学合一,而在称谓上出现庙学、学庙、学宫、儒学等不同说法,其实均为孔庙或学校的别称,二者关系十分密切。同大陆一样,台湾的庙学制度也是封建社会中传统学制的基本形态。

一、闽台庙学沿革

有台湾学者认为，"一部中国教育史的特质，可说是由'学'到'庙学'的发展过程。庙指孔子庙，一般而言，传统时代除孔家祭孔的孔子庙（主要在曲阜）以外，其余县级以上的孔子庙可说都是属于学校园地的一部分，所以今日东亚地区所见到属于 19 世纪以前的县级以上孔子庙，一般说来都是学校。讨论传统的学校教育，应该先要有这样的学校园地或说学校空间的理解。也就是说传统的孔子庙，应该由教育的角度去理解，而不是用一般寺庙的宗教系统来看待。在'庙学'教育制度设置下，有其独特的教育活动，包含教育目的与理想，传统东亚教育有别于同时代的西方，其故在此"[①]。台湾兴建孔庙，始于郑成功驱逐荷兰殖民者之后。1665 年，郑成功的儿子郑经在台南兴建孔庙，于第二年建成，并在孔庙前设置了明伦堂，作为教育机构——学院的办学地点，这被视为是台湾庙学的早期雏形。清政府治理台湾后，更加注重发挥孔庙的综合功能，在大陆地区发展较为成熟的庙学体制被正式移植到台湾。此后，在府县儒学中产生了一批较有影响的庙学，如台湾府儒学、台湾县儒学、凤山县儒学、诸罗县儒学、彰化县儒学、新竹县儒学等。据统计，日本占领台湾前夕，全台有三府、十一县、四厅，总共设置了 9 座庙学。

在现今的彰化孔庙、台南孔庙，以及左营旧城国小内的孔庙，都完整保存着清顺治九年（1652）颁布，此后历朝刻制的卧碑。彰化孔庙于道光五年刻的卧碑明确指出"朝廷建立学校，选取生员，免其丁粮，厚以廪膳，设学院学道学官以教之，各衙门官以礼相待，全要养成贤才以供朝廷之用，诸生皆当上报国恩下立人品"。同时，明确提出"军民一切利病不许生员上书陈言，如有一言建白以违制论，黜革治罪"。"生员不许纠党多人，立盟结社，把持官府，武断乡曲。所作文字不许妄行刊刻，违者听提调官治罪。"[②] 这些规定清楚地表明，兴庙学的目的在于培植合乎封建道德的人才，这使得庙学成为典型的封建官吏养成所。也正因如此，地方官员对兴建庙学倾注了较高热情。通过所谓推行文治，披文风于台地，广文明于蛮鄹，使得庙学成为统治者开化异地的场所。庙学也凭借着科举取才、教化明伦的功能，改变士风，为传统官方意

---

① 高明士：《圣域与教育：东亚庙学制的建立与发展》。 http://web.nchu.edu.tw/~libidochen/school_in_history.doc.

② 黄耀东：《明清台湾碑碣选集》，台湾省文献委员会 1994 年印行，第 183 页。

涵下文治社会的形成创造了条件。

"庙学"这一名称早在康熙年间就已在台湾出现。陈璸在撰于康熙五十四年的《重修台湾孔庙》中指出："凡庙学，非作新之为难，而能默体作新之意为难；亦非作新于始之为难，而能继继承承葺于后之为难。"在乾隆八年撰写的《重修台湾县学碑记》又提及："憶予以康熙壬午春，调任台令，台邑庙学……已就倾圮。……每以庙学未成为一憾事也。"蒋元枢于乾隆四十二年（1777）撰《重修台湾府孔子庙学碑记》，碑题冠以"庙学"，碑记曰："夫既设学，必立庙。……海表庙学，典略备矣。"①次年，又撰《重修台湾县庙学碑记》，其碑题乃称"庙学"，碑铭曰："矧夫学以教养士，而庙者所以崇礼先师，报本始而示景行也。我朝儒术昌明，庙学并重，薄海内外，靡有阙遗。"撰于康熙四十七年（1708）的《重修凤山县庙学碑记》，其题亦称曰："庙学。"乾隆十二年（1747），凤山县的一批官绅在《新建明伦堂碑记》中指出"大成殿外必有明伦堂，以为敷教之地，通郡邑皆举为法，所以养士之制甚备"，赞扬陈璸苦心经营，"迄今两庑有六艺斋为诸生肄业之所，庙与学乃以无缺，蓋兴学立教类非俗吏之所能为也"。②在他们看来，庙与学完整无缺是孔庙建设的最高境界。

清代，台湾孔庙曾有过多次重修。以台南孔庙为例，历经康熙、雍正、道光、咸丰、同治等朝代，前后大修十余次，尽管每次名目不一样，但一些大修项目直接标明系重修庙学或重修庙学及府学。③

表 2-5 清代孔庙重修一览表

项　目	时　间	倡修人
重修大成殿，增建明伦堂	康熙三十九年	巡道王之麟等
重修启圣祠，增建名宦祠、乡贤祠、大成坊及朱子祠	康熙五十一年	巡道陈璸
增建文昌阁	康熙五十二年	巡道陈璸
开浚泮池	康熙五十四年	巡道陈璸

---

① 黄耀东：《明清台湾碑碣选集》，台湾省文献委员会，1994年，第309页。
② 同上书，第503页。
③ 沁芬：《台南文庙与台南文化》，《台南文化》1953年第2期。

续表

项　目	时　间	倡修人
改建棂星门	康熙五十七年	知府王珍
改建正庙	康熙五十九年	巡道梁文煊
改启圣祠为崇圣祠	雍正六年	奉诏改制
重修正庙	乾隆十年	巡道摄事庄年
改建正庙，增置两庑等	乾隆十四年	巡抚杨开鼎等
重修庙学	乾隆四十二年	知府蒋元枢
重修大成殿	乾隆五十六年	知府杨廷理等
重修庙学及府学	嘉庆二年	巡道周昌等
重修大成殿	道光十五年	巡道刘鸿翔等
重修孔庙	同治元年	失考

　　庙与学的密切关系从建筑格局中亦可得到验证。蒋毓英在《台湾府志》中指出，康熙年间的台湾府学设在台南宁南坊，系根据明郑时期的孔庙改建而成，前后有三层，两庑矮屋 24 间。先师殿设至圣先师孔子神位及四配，堂左右列十哲暨先贤和先儒姓氏牌。最前一进为棂星门，泮池、明伦堂、启圣殿尚未建成，规模隘陋，彩绘不施。圣殿只有一间，以樑阁壁，不设旁柱。在这种情况下，作为郡守的他在原址上捐俸进行修整。陈培桂在《淡水厅志》中写道："厅儒学，在厅城内东南营署左畔，中为大成殿，东西两厅，前为棂星门。崇圣祠在殿后，左为文昌宫；又左为明伦堂，为学廨旧址。"这两则事例表明，孔庙系崇奉孔子之所，黉舍则为士子课读之处，两者性质并不相侔。

　　尽管庙与学的联系十分密切，但二者仍有区别。清代，规定在各府县所在地的孔庙旁必须建立明伦堂。平时儒学教官高坐堂上，以课士岁科考，成为学使训士讲经之地。由于各地或因明伦堂邻于孔庙之侧，或因明伦堂之未建置，权藉孔庙等祠殿为儒学廨址，都易令人产生孔庙即儒学，儒学即孔庙之错觉。按蒋元枢在写于乾隆四十二年（1777）的《重修台湾府孔子庙学碑记》一文中的说法，"学"与"庙"二者是相辅相成的关系，但不是同一回事，即不可视孔庙为儒学，或将儒学视为孔庙。当代台湾学者也认为"儒学固然设之于明伦堂，而明伦堂例建于文庙之侧，惟儒学与文庙本质并不相同，设将文庙视同儒学,则不免混淆其实……"①。确实,庙学合一并不表明孔庙和儒学是一回事,严格来说只是表明两者具有紧密的联系,实质上还是两个机构。

闽台庙学体制一脉相承,源远流长。历史上金门归同安管辖,朱熹出任同安县主簿后,金门文风大兴,科甲鼎盛。明代,同安县出进士115人,其中金门籍进士有38人,占三分之一,更有祖孙父子兄弟伯侄一并登科的记录。有识之士认为,金门能在历代科举中取得优异成绩,与同安孔庙秉承的儒家思想对金门学子的深刻影响分不开。"金门学子向来对同安孔庙怀有崇敬之情,由于历史上形成的礼制,金门作为县邑,虽科甲鼎盛,却无由自建孔庙。从前在科考时,县考在同安举行,而举人、贡生考试则在泉州举行,但无论在哪里科考,金门的学子都要穿着整齐的服装,特意从金门来到这里祭拜孔子,除了显示他们对'至圣先师'的尊重,更重要的是虔心祈求考试顺利,得以高中,由此可见同安孔庙在金门学子心中的重要地位。"②

二、地方官员与闽台庙学

庙与学之间的关系是怎样的呢？众所周知,孔庙是崇奉孔圣之所,府县儒学为士子课读之处。闽台官员大都认为,儒学与孔庙的联系十分密切。"学"者以教养士,"庙"者主要崇礼先师,报本始而示景行也。"夫既设学,必立庙。海表庙学,典略备矣。"显然,二者是相辅相成的关系,但不可视孔庙为儒学,或将儒学视为孔庙。

闽台地区的府县儒学大都具有庙学的性质。福建于唐代时即已设立庙学。据乾隆年间问世的《泉州府志》记载:约开元年间泉州建了孔庙,泉州州学便设于庙内。中唐以后,州县儒学设立较多,设学地点大多在当地的孔庙内。庙学合一的体制使福建的儒学教育具有正统性、权威性。同时,利用孔庙设施普遍兴学,解决了校舍问题,节省了办学支出,使得福建的儒学发展极快,受教育的面扩大,科名接近全国先进地区。宋、元、明、清时期,福建的庙学体制日臻完善,在推行教化、培育人才等方面都发挥了积极的作用。台湾的庙学规制形成时间较晚,迟至明郑时期,才于1666年在承天府（今台南）

---

① 詹德隆:《清代台北文庙与台北府城、府学关系之探讨》,《史联杂志》1990年第17期。
② 林泽贵、周长锋:《同安2000万元整修厦门惟一孔庙》,《东南早报》2008年9月2日。

创建了孔庙,并在庙左设立儒学。清代的地方官员大都重视庙学的建设。康熙二十五年（1686）,分巡台厦兵备道周昌将建学校行考校视为海天第一要务。他在《详请开科考试文》中要求台湾的一府三县应照内地成例,建立四座孔庙,以崇先圣。同时,在孔庙旁边设立衙斋四所,作为讲堂,以培养和教育士子。康熙五十四年（1715）,巡道陈瑸以北京的庙学规制是右庙左学、前殿后阁,要求在台南府儒学的文公祠后建造文昌阁,并提出阁的高、广、宽、长要完全按照省城福州府儒学内的奎光阁的样式。此后,经历届官员努力,在台湾府县儒学中产生了一批较有影响的庙学,如台湾府儒学、台湾县儒学、凤山县儒学、诸罗县儒学、彰化县儒学、新竹县儒学等。

台湾在清初被人们看做是未沾王化的荒岛,或称之为"海外荒服"。为了使台湾融入以儒家学说为核心的封建文明之中,成为"海滨邹鲁",闽台地区的官员十分关注当地庙学体制的完善和儒家学说的弘扬,并将之视为实现国家养士教育理念的重要途径。在现今的彰化孔庙、台南孔庙,以及左营旧城国小内的孔庙,都完整地保存着清顺治九年（1652）颁刻的著名的卧碑。这一卧碑的存在清楚地表明,兴庙学的目的在于培植合乎封建道德的人才,庙学是典型的封建官吏养成所。也正由于此,闽台的主要官员都对兴庙学倾注了自己的热情。陈瑸在写于乾隆八年（1743）的《重修台湾县学碑记》一文中,回忆自己在康熙末年调任台令后,"每以庙学未成为一憾事也"。他认为,圣人之教与皇化应当并驰,在这一点上祖国大陆与台湾都是一样的,两地不存在差别。熊学鹏在写于乾隆八年（1743）的《重修府学崇圣祠记》中指出："台湾向为海外荒服,自立版图,设立学校,仰沐圣朝教化,养贤造士,迄今六十余年。"[①] 这话实际上是对庙学在培育人才中的作用的肯定。

历朝历代的闽台地方官员和有识之士对庙学的维护不遗余力。将乐县位于闽北山区,交通不便,经济落后,但人文底蕴较为深厚,不少在此为官者十分重视庙学建设。明代,将乐对庙学进行过多次维修,每次都由地方官员牵头进行。洪武五年（1372）,知县申文彝建明伦堂,并修建进德和修业两斋。洪武七年（1374）,知县王克刚建大成殿,前立两庑,外为戟门,内为棂星门,设敷教厅于东庑左。厅前凿以泮池,厅后立祭祀四位著名理学家的祠堂,两

---

① 　高明士:《中国教育制度史论》,台湾联经出版事业公司 1999 年版,第 154～155 页。

旁列诸生寝室；祠后有神厨，设馔堂于神厨之左，设廪仓于教谕廨之后。正统十二年（1447），训导王昌顺建崇文阁。成化二十一年（1485），知县金祯等人对大成殿进行维修。弘治十二年（1499）、嘉靖三年（1524）、嘉靖二十一年（1542）、万历十三年（1585），当地官员对将乐庙学进行多次维修，有的维修规模相当大。在维修的同时往往新建不少建筑，使得庙学建筑成为当地重要的文化景观。

陈瑸在写于康熙五十四年（1715）的《重修台湾孔庙》一文中指出："凡庙学，非作新之为难，而能默体作新之意为难；亦非作新于始之为难，而能继继承承葺于后，之为难。"[①] 这种对维护庙学规制的长期性与艰巨性的认识，应当说是较为深刻的。本着这一精神，闽台的教育界人士大都以自己的实际行动来维护庙学规制。

地方官员和有识之士之所以重视庙学建设，在于他们不约而同地看到了庙学所具有的重要功能。将乐知县王克刚便认为"凡今之人，得以君君、臣臣、父父、子子而知夫人道，吾夫子垂教之力也。今庙学不振，无以崇圣贤、兴文、育士，岂吾报本之道哉？"[②] 儒家认为，人有五种基本社会关系，即父母、君臣、夫妇、长幼和朋友。这五种社会关系概括了传统社会中基本的社会关系。维系不同的社会关系需要不同的伦理，但根本的德性是孝。父子关系是人出生后的第一种社会关系，爱父母被儒家伦理认为是爱人的基础。[③] 以弘扬儒家学说为己任的庙学，长期以来在维护封建伦理和统治秩序方面发挥着独特的功能，在某种程度上主导着中国传统文化的发展进程，因而具有显而易见的社会教育功能。据《漳州府志》记载，南宋绍熙元年（1190）朱熹知漳州，曾"每旬之二日必领官属下州学"。他前来"视诸生，讲小学，为正其义"，创宾贤斋，延请当地名士黄樵仲、施允寿、石洪庆、李唐咨、林易简、陈淳、杨士训及来自永嘉的徐寓等人任教。还曾设想以太学的制度来扩大漳州庙学斋舍的规模，后因离任而未能实现。朱熹做上述事情的地点都在漳州州学内，而当时的漳州州学和孔庙设在一起，是一种典型的庙学合一体制。联系到朱熹曾在《漳州教授厅壁记》中指出"当严先圣先师之典祀，领护庙学"，

① 高明士：《中国教育制度史论》，台湾联经出版事业公司1999年版，第155页。
② 黄仕祯：《将乐县志》，福建人民出版社2009年版，第62页。
③ 沈兆乾：《儒家的道德规范新论》，《教育评论》2009年第1期。

表明在朱熹心目中庙学合一是约定俗成的，也是不言自明的。康熙八年，唐朝彝在《修建漳郡文庙碑》中回顾了自宋代朱熹一直至明清时期，地方官员对漳州庙学建设的贡献，指出"文运之在天下者，视乎国都之学；文运之在一方者，视乎州郡之学。今圣天子崇儒重道，肇幸辟雍，国都之学郁郁称盛矣。而州郡之学将振兴而丕变之，非师儒之力其谁藉焉？漳之学宫，自庆历，而朱元晦诸君子实增辟之。历元而明，日以浸盛。崇祯间，郡守曹君荃复收拾其颓废。至我国朝，芹藻芬馥，媲美国学矣"①。1925年，在重修漳州学宫后，康有为写了《重修漳州学宫记》，对历史上漳州庙学取得的成就给予极高评价。他指出"都国州县，立庙置学，皆严孔子之祀，读孔子之经。漳州，朱子遗教地也。立学于宋庆历四年，迭修于宋嘉定癸未，元延祐三年，明成化三年，近乾隆八年，式廓宏备，上比太学，庙堂严清，俎豆苾馨，黉舍千楹，胄子横经。人知仁让与礼义，家知违邪而归正，儒贤辈出，理学炳盛，漳州盖海滨邹鲁矣"②。南靖县孔庙建于乾隆年间，历经多次重修。在民国年间的一次重修后，有名士撰《重修南靖县孔子庙碑文》，指出"南靖山川秀郁，东接漳郡，朱紫阳、陈北溪之流风犹存焉。其田壤沃腴，人勤耕垦。加庶富以教，尤合先圣人之意。庙貌一新，而士民之精神亦因以振"。同时，强调"圣人之道，虽不以庙宇而尊，然而一邑之士有所瞻拜崇仰，而起其诚敬之心。则是庙也，岂可以迹而废之？"③显然，不论是庙学的亲历亲为者，还是后世的有识之士，大都能从庙学体制中看到学运与文运的关系，因而或致力于维护这种体制，或对这种体制赞誉有加。

在封建社会里，闽台一些地区的孔庙重修后往往会请一些有名望的人撰写类似于《重修文庙颂》、《重修文庙碑记》之类的纪念性文字。这些文字在赞美维修孔庙举动的同时，无一例外地谈到了教育的重要性，并涉及了庙学的客观存在。明代晋江人庄用宾在《明令王渐造重修学记》中赞扬安溪县的王渐造重修当地学校，指出"文庙翼庑，伦堂斋舍，拓其规也；启圣、文公二祠，养正书院，鼎其新也；乡贤敬一亭，饬其旧也"④。在庄用宾看来，庙与学密

---

①　《漳州文史资料》第27辑，政协漳州市委员会，2002年，第17页。

②　同上书，第19页。

③　何振岱：《何振岱集》，福建人民出版社2009年版，第107页。

④　《安溪文庙》编写组：《安溪文庙》，2002年，第55页。

不可分,修学校就是修孔庙。相类似的文字还有明万历三十四年(1606)漳浦县卸任知县王猷等人撰写的《漳浦县儒学重修明伦堂碑记》。另有一些纪念性文字干脆将庙与学并列,如明代翰林编修蔡玄的《重建先圣庙学记》、明代副使林有年的《安溪县重修庙学记》等便是如此。清代安溪县令庄成邑在《重修安溪县文庙碑记》中,赞扬当地士绅李钟准、王忠辅等人慨然重修安溪县孔庙的举动后,指出"夫政治之得失,视乎学校;而学校之兴废,关乎人文,今李君等踊跃急公,始终不倦也如此,则此邦人士,其皆仰体朝廷崇儒重道之意,以培养菁莪棫朴之化,能无厚幸哉?"[1] 可见,在一些福建地方官员的概念中,修庙的过程也是兴学的过程,孔庙与学宫互为表里,也就是人们常说的"由学尊庙,因庙表学"。

三、闽台庙学构成

闽台庙学规制经历了很长一段时间的演变,经历代历朝有识之士的不懈努力才得以完善。

建于唐大历七年(772)的福州孔庙,在一千余年的岁月里,历经多次修葺乃至重建,现存的殿宇是咸丰初年所建。其中,大成殿前廊后堂,重檐九脊顶。殿内的大石柱厚重壮观,殿宇高居月台之上,庙堂坐北朝南。中轴除大成殿外,还有棂星门、仪门厅等,总共长约100余米。两侧为廊庑、官厅、乡贤祠等,宽约60余米,占地7552平方米。整个建筑群庄严、气派,是当时闽台地区最高,也是规模最大的木石结构的殿堂。其附属的"学"的部分,如十二斋舍、杏坛、射圃等亦有一定的规模。

泉州的孔庙是泉州府儒学的所在地,呈现典型的庙学合一的规制。历任重视教化的地方官员和士绅都对之加以修葺、改建、扩建、重建,其构成日益完善。顺治十五年(1658),知府陈秉直重修;康熙三十四年(1695),施琅重修;康熙五十年(1711),知府刘侃重修;雍正五年(1727),知府张无咎、知县叶祖烈重修;乾隆六年(1741),知府王廷诤修葺训导廨;乾隆二十六年(1761),当地官员和士绅又大修礼殿、大成门内外和两庑,建金声玉振门和崇圣祠,重建尊经阁等。到乾隆年间,其范围东至百源清池,西达泮宫门,南临

---

① 《安溪文庙》编写组:《安溪文庙》,2002年,第77页。

涂门街,北邻打锡巷,拥有文庙和明伦堂两大主体建筑群。大成殿是孔庙的中心建筑,东有海滨邹鲁亭、明伦堂、育英门、教授署、尊经阁等;西有泮宫及在庙学范围内的乡贤名宦祠、状元祠十余座。

台湾的庙学也是历经多次修葺才形成较大规模的。台南孔庙和台湾府儒学亦是庙学合一的关系。从明郑时期至清嘉庆八年(1803),经历了九次大修。每大修一次,庙学的特征便愈明显,教化的功能便愈突出。由于其是按府儒学的规格重修,故围绕大成殿,四周的东庑、西庑、戟门、崇圣祠等,都是房屋相连,形成一座完整的四合院建筑。主轴上自泮月池起,依次有棂星门,分置两边的礼门、义路,大成门及名宦祠、节孝祠、大成殿及两侧的东庑西庑,最后为崇圣祠。明伦堂另成一主轴,前落为入德之门,后进为文昌祠。朱文公祠亦成一主轴,前有围墙分隔,后有文昌阁。在这并列的三个主轴建筑前面各有围墙分隔,泮月池外有一半圆的弧形围墙封住,东西两侧各立有大成坊,东坊上悬有"全台首学"之匾额,并立有下马碑。外面另立一泮宫坊。[①]

从闽台庙学体制的发展来看,由学尊庙,因庙表学的过程也是建庙的过程。闽台地区的孔庙并非单独设立,而是在设立的同时以其为中心附设了一些文教机构,形成具有一定规模的建筑群落。其中,儒学的地位和建筑规模仅次于孔庙本身。在组群结构上,出现了孔庙与明伦堂、书院等配套建筑。这些建筑有的在孔庙组群结构之内的纵轴、横轴线上,如明伦堂;有的在孔庙的组群之外形成毗邻关系。在功能上,孔庙既有祭奠之仪,又为肄业之所,读经和尊孔有机结合。同全国一样,闽台各地庙学的设立大致有因学设庙、因庙设学、庙学同建等方式。地方官员的倡导,使得因学设庙较为普遍。因庙设学指先有孔庙,后为了适应设学的需要而在庙内设学。庙学同建,则存在于唐以后修建的庙学之中。

庙学是一个通透、开放的建筑群,学校与孔庙建筑之间彼此相通,师生在教育教学活动中可充分利用孔庙的建筑。浦城县在明正德年间由地方官员重修孔庙,其格局为中间是孔庙,东面为儒学,西面为关帝庙,此外还有启圣祠等建筑。儒学西邻孔庙大成殿,南沿万仞宫墙,北倚皇华山,东有射圃。"向东跨二米小涧(北源水渠),朝东开门,涧水至门西四米许纳入宫墙内流,

---

① 李乾朗:《台湾建筑史》,台湾雄狮图书股份有限公司1995年版,第110页。

门楣书'德侔天地',入门南侧临涧旁有每年春秋祀孔时用为宰牛场所,修广可五米,周栏栅碌漆闪丽,门楣额称'省牲所'。所前通道,初东西向,十米许转南北向,东侧有'魁星楼'。楼六角圆锥体三层木制建筑物,高可七八米,下两层空敞置梯盘升,四周窗棂,雕工精致。""楼后有'忠孝祠'。逾楼北行,'明伦堂'翼然临,堂为四排三直敞厅,面南向,东西长十三四米,纵深八米许,中有讲台,台后壁用白底黑字漆书《大学衍义》中序首。"① 浦城孔庙在福建孔庙中规模不算大,但读了以上描述,人们必然会对庙学建筑的密切关联留下深刻印象,而这又与庙学格局的严整性有关。

尽管闽台各庙学的规制有所不同,但大体上可以分为左学右庙、左庙右学、前庙后学等。综合明清时期福建各地的志书,可以看出采用左学右庙规制的有永春州、福州府、延平府、长汀县、福安县、南平县、浦城县、松溪县、沙县、瓯宁县、宁德县、同安县、平和县、建宁县、古田县;采用左庙右学规制的有龙岩州、龙溪县、顺昌县、福鼎县、崇安县、长泰县、建阳县、仙游县、建瓯县、晋江县;采用前庙后学规制的有福宁州、漳平县、永安县、尤溪县、宁化县等。在我国一些区域,甚至还存在中庙旁学的形式,以及官学和私学同时与孔庙连为一体,这在福建并不多见。"孔庙作为祭祀孔子的殿堂,规模宏大,气势雄伟,其主建筑大成殿大多采用抬梁斗拱。整个建筑均衡对称,以纵轴线为主,横轴线为辅。无论是左庙右学、右庙左学、前庙后学还是中庙旁学,总把庙、学作为一个整体。"② 不论哪种规制,其在庙制方面大都有棂星门、戟门、泮池、大成殿、东西两庑等,在附属庙宇方面有忠孝祠、名宦祠、乡贤祠等,藏书的建筑有魁星阁、尊经阁,学堂建筑有讲堂、明伦堂,以及供学官和生徒使用的斋舍,此外还有下马碑等。

从构成形态考察,闽台府县儒学中的庙学特质主要体现在以下方面:一是庙制,如棂星门、戟门、泮池、大成殿、崇圣祠、东西两庑。二是附属庙宇,如忠孝祠、节孝祠、名宦祠、乡贤祠,以及敬一亭、文昌阁、朱子祠、土地祠等。三是有关藏书功能的建筑,如魁星阁、尊经阁等。四是学堂,包括讲堂、明伦堂等。五是斋舍,包括学官宿舍和生徒宿舍。六是下马碑,上书"文武官员军

① 陈景清:《浦城学宫》,《浦城文史资料》1992年第13辑。
② 周聪:《孔庙与"庙学合一"》,《文史杂志》1999年第2期。

民人等至此下马"。以上是就完整的庙学体制而言的,具体到府州县儒学,因规格、条件的不同其构成有所不同,建筑物的功能也有所不同。

清代台湾庙学承袭了大陆庙学的特征,将孔庙与学校并置。庙学一般位于各府、州、县城中,其位置大多数在城东南或西南,建筑规模和标准在当地都是很高的,各地的地方志中绝大多数都有关于庙学的记载,并且附有学宫图。作为官办机构,其在很大程度上呈现出官方的特质,如建置随行政区划而调整,由当地官府予以照应和修缮,经费由地方财政提供,在学事、庙事方面,既为官方选拔人才提供教育准备,也代行国家祭仪职责。

同大陆地区一样,台湾的孔庙大都采用"左学右庙"、"左庙右学"、"前庙后学"等格局,有"全台首学"之称的台南孔庙采用"左学右庙"的传统格局。1777年,台湾知府蒋元枢大修台南孔庙,沿"左学右庙,前殿后阁"之制,建成四轴线。以圣庙为主轴线,两侧以"礼门"、"义路"为界;以明伦堂、文昌祠为内左轴线,奎星阁、朱子祠为外左轴线;以学廨为右轴线。"左学"包括了以明伦堂为主的建筑群,古朴典雅,花木扶疏,正面墙上嵌有以赵孟頫体书写的"大学"全文。明伦堂后方是文昌阁,为三层塔形,奉祀文昌帝君,兼做藏书之所。"右庙"则以大成殿为中心,是孔庙的主干部分,承担祭祀等重要功能。两个部分既互相联系,又有一定的区隔,通常于棂星门内以一定形式将大成殿和明伦堂隔开。

在台湾庙学的发展进程中,一些闽籍士绅发挥了积极作用。"乾隆十六年,举人陈连榜、贡生蔡器、廪生侯世辉等多人捐资请修台湾府学。乾隆五十六年,举人郭旁达、潘振甲,拔贡吴廷贵,及廪生、岁贡、恩贡等19人及生员张植树等74人,倡重修府学文庙。嘉庆二十一年至道光四年,竹堑士绅林玺、林绍贤、郑用锡、郭成金、吴振利、罗秀丽、陈建兴、吴金吉等士绅与众商号上禀捐建孔庙并参与监工。陈霞林协助建造台北孔庙。"[①]

四、闽台庙学功能

孔庙具有庙与学的双重功能是毋庸置疑的,不过在一般人的理解上会认为其庙的功能更为突出。但就台湾而言,不少孔庙的学的功能,也就是人们

---

① 刘姝芳:《闽籍士绅对清代台湾社会的影响》,《教育评论》2008年第6期。

常说的教育功能,则发挥得更为充分。早在康熙二十三年（1684）,清政府便将"台湾府学"设立于台南孔庙,到清末单独建省前,一直是台湾的最高学府。彰化孔庙建于1726年,在其附属教育机构中受教育者来自大甲溪以南到虎尾溪以北,涵盖台中县、南投县、彰化县及云林县的部分,其承担了该地区相当部分的教育职责是不争的事实。

台湾一些孔庙的原址曾是当地的知名教育机构,辟为孔庙后又延续了原先教育机构的职能。如位于马公的澎湖孔庙,其前身是文石书院,由通判胡建伟于1766年创建,因采用澎湖当地特产文石所建得名。堂中祀奉文昌帝君以及朱熹、程颢、程颐、周敦颐、张载等理学家,是澎湖唯一的学府,担负着兴盛儒学的重任。中法战争时,书院被炮火毁于一炬,重修后又改成孔庙,但其教育职能依然存在。此外,将书院改建成孔庙,并延续原先书院职能的还有屏东的孔庙等。

台湾府、县庙学由教授、教谕、训导等负责学务,学事方面的专责权并非由学政官掌理,而是由掌理军政的台厦兵备道或巡台御史兼任。庙学的学务包括儒学日常事务及孔庙祭仪。府、县学依照府试、县试、院试考选,以取进文、武生员;按廪、增、附生递补、行月课、季考,并举行岁、科考,督试生员。孔庙祭仪方面,按春、秋两季行释奠之礼,以祭祀先师先儒。祭孔之礼又称"释奠",为国之大礼,照规制只有庙学才可行此大礼。庙学有时也提供用作一般官员行礼、行事的场所。康熙五十年以前,地方行庆贺礼,庆祝万寿圣节、元旦、冬至,大都在孔庙的明伦堂举行。故有人认为,台湾庙学的职责在于办理官方教育,履行官方礼仪,亦作为官员开展公务活动的场所。

闽台府县儒学中庙学规制的成熟与完善是地方官府与士绅对人文教化重视的结果,表明教育的地位愈益重要。"庙"与"学"紧密结合,有助于通过利用"庙"中的人文设施和精神内涵来促进"学"的发展与深化。"学"的发展与深化又促成"庙"的精神内涵的进一步开掘。庙学这一特定的场所,既是祭祀圣人之处,也是学子效品励学的地方,还是当地文人切磋学问,交流修身养性心得,以及典藏文物之场所。庙学合一的规制,将有限空间内的功能发挥到了极致。

将庙与学设在一起有什么好处呢? 福建籍的台湾地方官员谢金銮在写于嘉庆十二年（1807）的《台湾县学夫子庙碑记》中,明白无误地点出,这样做可就近学习圣人的言与行。"圣人之为圣人,非如天如神,而其行至庸。凡圣人之所行,皆众所能行。众人之所行,不请圣人则不达,此吾夫子之所以师表乎万世也。"[1] 直白地说,就是"圣人可学而至者"。"这个说法虽是袭用宋儒的学说,也可反映台湾在清代的教育理想境界,与同时期的祖国大陆儒者并无二致。"[2] 学生朝夕学于孔庙之侧,近圣人居,便为达到"圣人可学而至者"的程度创造了极好的条件。毋庸置疑,清代注重儒术的结果,必然导致庙与学并重。

在封建社会中,庙学体制作为一种重要的教育体制,在培养人才方面发挥了积极作用。进入庙学便可享受优厚待遇,具有很高地位。不仅徭役、丁税均免,而且非经黜革不得笞刑,若有县官莅临乡里必须作陪,说明其不同于庶民。进入庙学学习必须经过严格考试,合格者方可入内。为取得生员资格,士子必须经过三级考试,头两关是县试和府试,及格者称童生,第三关是各省提督学官主持的院试,考中者为生员。科举考试是封建国家选拔官吏的重要手段,科举必由学校,随着参与科举者日益增多,入庙学学习成为时尚,成为入衙做官的阶梯。泉州府学紧挨着泉州孔庙,据说当地的府学生员考中秀才,必须谨守"入泮宫、出府学"的礼仪,即从孔庙的泮宫进入,经泮水桥,谓之"游泮水"。在拜庭拜谒孔子后,抵明伦堂,受学官训勉,领文凭,而后列队经"海滨邹鲁"亭,过洙泗桥,出府学大门,以示荣显。据统计,曾在泉州庙学学习后高中进士的,唐代 16 人,五代 11 人,宋代 872 人,元代 3 人,明代 684 人,清代不完全统计有 248 人。他们中有唐代文学家欧阳詹,宋代科学家苏颂、曾公亮,明代理学家和教育家蔡清、陈琛,史学家何乔远,爱国将领俞大猷,书法家张瑞图,以及清代理学家李光地等。"国家力量的导向,使得读书求仕的人生追求开始影响民间的'向学'心理,尤其是在南方经济比较发达的地区,'劝学'成为社会民众教化的重要层面。"[3]

在漫长的历史发展进程中,庙学与闽台的教化紧密联系在一起。有闽台最重要孔庙之称的福州孔庙,其前身系唐大历八年(773)由观察使李椅创

---

① 高明士:《中国教育制度史论》,台湾联经出版事业公司 1999 年版,第 154～155 页。
② 同上。
③ 李鹏辉:《"三字经"的劝学主题与宋代劝学文化生态》,《教育评论》2008 年第 5 期。

建的学宫。五代后梁龙德元年（921），闽王王审知在此设四门学，以招徕四方英秀子弟。宋太平兴国年间，转运使杨克让在此设立孔庙。北宋景祐元年（1034）在庙旁增设府学，隶属孔庙。此后不断扩展，有经史、御书、稽古三阁，养源、议道、驾说三堂，以及十二斋舍、杏坛、射圃等。像福州孔庙这样在建庙之前原址就是学校，建庙之后又将学校纳入其中的现象，在福建许多地区都存在。上杭于宋绍兴二十九年（1159）始营学舍并置学田，宋嘉定至清康熙称儒学，乾隆至同治年间称学宫，后来才改称孔庙。"先营学舍，后建孔庙"是其显著特色。民国时期，孔庙的功能有了很大改变，甚至本身的祭祀功能遭到废弃，但其教育功能却一直存在。不少地方在原址上设立了新式学堂，继续着薪火相传的事业。民国初年，泉州筹建平民小学，校址借用孔庙两庑及金声玉振门内的建筑。同一时期，浦城县立高等小学暨浦城初级中学先后以当地孔庙为教学场所，将其附属建筑作为教师住所。套用一句时新的话语，那就是孔庙的前世今生都与教育有着密切关系。

闽台庙学的人文气息十分浓厚，主要体现在注重周围文化环境建设上，如设置富有教育意义的匾额、楹联等来潜移默化地感染学子。在这方面，台湾的庙学尤为突出。从康熙年间开始，台湾的一些重要庙学便出现数量不等的匾额和楹联。台南的庙学鼎盛时期有12方之多，彰化的庙学也有10方，宜兰和台北的庙学少些，分别有2方和1方。综观这些匾额和楹联，除文化底蕴十分丰富外，还多层面地阐释了孔子的思想与学说，从而折射出封建道德的思想倾向。匾额中，赞颂孔子教育地位的，有"万世师表"、"有教无类"等；彰显孔子文化地位的，有"圣集大成"、"斯文在兹"；推崇孔子道德人格的，有"圣协时中"、"与天地参"、"圣神天纵"。此外，还有肯定孔子"道"的观念的。至于楹联，台湾的庙学虽然不多，但内容极富教育意义。如台南庙学内泮宫石坊的楹联为："集群圣之大成振玉声金道通中外，立万世之师表存神过化德合乾坤。"歌颂孔子在教育和文化方面的地位之崇高、道德修养之高深，体现对孔子的诚敬与钦佩。闽台庙学的匾额多以阳刻的方式制作，采用浑圆厚实、端正饱满的体势来彰显孔子圆融治世的精神，使学子在肃穆安详的环境中，能以一种谦卑的心态来瞻仰圣人典范。楹联则以阴刻形式刻于石材楹柱上，字体往往是楷书，端正厚重的字形，配上赞美孔子志行道业的楹联，产生了一种无形的教育力量。

祭祀是闽台庙学的常规性活动,因其庄严隆重而成为当地的一项文化盛事。在祭祀的过程中,很自然地彰显了庙学合一的典型特色。"在庙学时代,其校园是由教学与祭祀两个空间构成,从事教育者除被要求做经师外,更重要的还要做人师,其典范就在庙堂。孔孟之道的传授也是双途并用:经书的学习和祭礼的强化。孔庙祀典成为儒学体系中不可或缺的部分,二者相为表里"[①]。许多地方的孔庙举行祭祀时大都组织师生前往参加,这可以从传教士卢公明的回忆中得到验证。卢公明于 1858 年阳历 9 月 11 日参加了在福州孔庙举行的秋祭活动,头一天他与一位同伴先去观看祭祀仪式的彩排,并记录下当时的情景:"彩排在与文庙毗邻的学宫里进行。一群吵吵闹闹的少年人和一些矜持的读书人聚集在那里,在场的还有一些低级官吏,他们在进行仪式某些部分的预演。高级官员不参加排演,他们都有礼生个别指导在仪式上该怎么做。"[②] 就祭祀的器物而言,一般孔庙备有乐器、舞器、礼器等。乐器有编钟、编馨、吾、楬、笛、笙、琴、鼓、埙等整套的古乐器,舞器有干、戚、翟等,礼器有铜爵、铜尊、铜壶、铜豆、铜盘等。操持这些器物的大都是庙学的师生,或当地其他学校的师生。泉州孔庙的祭祀器物中有多件来自台湾,其中有铸刻"乾隆十一年台湾知府蒋元枢捐造,贡生蒋鸿皋监制"的器物和铸有"台湾北路淡水同知严金清谨制"的铭文编钟,这表明泉州孔庙与台湾有着深厚的历史渊源。"由于泉州与台湾特殊的地理和人文关系,泉州文庙因此成为台湾同胞尤其是知识分子回大陆瞻谒中华民族文化之根的一个重要象征载体。"

在福建,师生参与祭孔活动的传统一直延续到了民国。有人回忆早年随老师参加福清孔庙祭祀的情景,指出"祭典仪式非常隆重。主祭为县长,副主祭为教育科长和地方知名人士,同时也有各校部分师生参加。祭典开始,由司仪主持,按秩序单逐项进行。其程序如次:祭典开始,奏《咸平》曲,有乐无舞。初献时,奏《宁平》曲,有乐有舞。亚献时,奏《安平》曲,有乐有舞。终献时,奏《景平》曲,有乐有舞。彻馔时,奏《咸平》曲,乐作舞止。送神时,奏《咸平》曲,乐作舞止。凡与祭之人,在典礼结束之后,都凭条领取一

①　赵克生:《试论明代孔庙祀典的升降》,《江西社会科学》2004 年第 6 期。
②　卢公明:《中国人的社会生活》,陈泽平译,福建人民出版社 2009 年版,第 197 页。

份胙肉。"① 同样是在民国时期,将乐在教师节时"在文庙召开纪念大会,并分发各机关征得的慰劳信予教师,由主管教育科长阐述孔子教育学说、教学方法及其教学精神并表扬著有劳绩的优良教师;推选学生代表对教师致词,遴选学生家长代表对教师致谢词。中午 12 时会餐,兴高采烈,极一时之盛,改变社会人士对教师轻视的观念。下午举行'尊师盾'、'重道盾'篮球、排球比赛;晚上举行慰劳教师游艺会"②。虽然在民国时期,庙学已不复存在,但上述事例表明,庙学的传统仍以某种新的形式继续传承。

在台湾,民众历来崇尚礼乐,奉行"礼非乐不行,乐非礼不举"的传统。孔庙的释奠礼乐又称祭孔雅乐,为各级官府所重视。在清代的台湾,为应祭祀孔子的需要,在府学、县学中分别设置了"乐局",孔庙的祭孔与学校的活动紧密结合在一起。道光十五年,巡台兵备道兼提督学政刘鸿翔深感礼乐器破损,由乐局董事吴尚新与刘衣绍等人增补乐器,并往内地聘请乐师。同治年间,任台湾凤山县教谕的福建人郭咸熙履任不久即发现,凤山县开化未久,孔庙之礼器乐舞犹缺而不备。"先生既受事,则博考图说,参以省庙(福州孔庙)成制,平时率诸生演习,典礼秩然。台人士以是知兴文崇圣之为重也"。光绪八年(1882),巡抚邵友濂从福建招聘一批礼乐生到台湾,教当地士子学习礼乐。同时,还从福建购买了全套祭孔用的乐器、祭器等。光绪十四年(1888),台湾府学乐局改称台南府学乐局,首要职能是服务于当地孔庙的祭祀典礼。"乐局"负责祭品采买,礼器、乐器的购置与维护,执事人员冠服的购置,执事人员饮食的提供等。孔庙乐局成员均为秀才或童生,选拔较为严格。乐生习奏八音,称为"黉门雅乐"。乐器有钟(金)、磬(石)、箫笛(竹)、琴瑟(丝)、笙(匏)、埙(土)、鼓(革)、祝敔(木),以及三音、叫罗、双音等。在信息传播不发达的年代,台湾孔庙的释奠乐章仍能与京城钦颁的释奠乐章保持一致,这被认为是制度规范的结果,"乐局"是践行这一制度的重要保证。由"乐局"的设立及其功能的发挥,可以清楚看出庙学体制在台湾具有较高程度的依存性和稳定性。

---

① 吴学仪、倪朝铭:《福清孔庙琐忆》,《福清侨乡报》2007 年 3 月 22 日。
② 丁志隆:《近代福建社会掠影》,中国档案出版社 2008 年版,第 242 页。

五、闽台庙学的建筑风格

在大一统的封建国家体制下,台湾庙学沿袭了大陆庙学,尤其是福建庙学的建筑风格。东南沿海颇具盛名的泉州孔庙建于唐开元末年,历经多次重修。台南孔庙是台湾最重要的孔庙,建于康熙初年,也历经多次重修。将闽台这两座重要孔庙的建筑布局进行比较,可以从中发现"在文庙的建设中,也反映出闽台两地既严格遵循孔庙的基本建制,又能够在特定的历史背景、地理环境和社会经济条件下,表现出不同的民族性与地域性的文化特征。"[1]

表 2-6　泉州市与台南市文庙建筑布局比较

名　称	泉州府文庙	台南市孔子庙
庙宇选址	庙宇坐北朝南,泮池、学池与内河相连,沟通百源川地,伐石为桥以纳潮汐	庙宇坐北朝南,泮池与内河相连
布局形制	左学右庙,形成以大成殿、明伦堂为主的两条轴线	左学右庙,形成以大成殿、明伦堂、文昌阁为主的三条轴线
空间构成（以大成殿轴线）	由泮宫前导空间（南向）,露埕（露庭）大众祭祀空间,泮池官员拜庭空间,露台（月台）舞乐空间组成	由泮宫坊、泮池前导空间（东向）,露庭大众祭祀空间,"回"字形官员拜庭空间,月台舞乐空间组成
园林特征	空间突出大成殿"居中为尊"思想,拜庭院落古榕苍天,泮水波光相映,象征源远流长。植物有榕树、木棉、芒果、刺桐等	拜庭空间不种植树木,而以露庭院落组织游憩活动。植物有榕树、凤凰木、槟榔树、芒果、三角梅等

台湾庙学在修筑过程中所需的石料,一部分是从泉州经厦门运到台湾的。康熙年间,陈瑸重修台南孔庙时,在庙内朱子祠的后方,依"京邑之制,右庙、左学、前殿、后阁"而新建文昌阁一座,其建筑规制仿造"福州府庠奎光阁体式",并于福建"选匠办料","海运到台",由府学教授杜成锦、署台湾县学教谕郑长济等督工。这一建筑为三层楼阁,第一层为方形,内祀文昌帝君。第二

---

[1]　林从华:《闽台文庙建筑形制研究》,《西安建筑科技大学学报》(自然科学版)2003 年第 1 期。

层为圆形,第三层为八角形,均为藏书之所。其在台南城内的建筑位置较高,故"登兹阁也,睎焉四顾:东峙大山,波涛汹涌,风樯出没,变态不可名状"①。台南孔庙原有木构泮宫坊两座,于1719年前后建于泮池半月墙外。1777年,台湾知府蒋元枢认为"艮位奎阁既已杰然高峙,巽方亦应酌建坊表,以资镇应"。于是,从泉州"采取巨石,精择良匠,刻凿石坊",经厦门运至台南,置于孔庙所在的柱仔行街口。

台北孔庙采用曲阜孔庙的建筑格局,由建造万华龙山寺的泉州著名工匠王益顺按闽南建筑风格设计,木石材料大都由福建运来,其中有福州的杉木、泉州的白石及青斗石等,由于材质上乘,雕刻成品后十分精美。"仅就泉州白石(花岗石)之石柱而言,据专家估计,每根石柱的时价,小者亦有新台币数十万元,大者则在百万元以上,而这种大小石柱共有一百一十根,这是台湾地区其他孔庙所望尘莫及的。"

1978年,台湾孔孟学会理事长陈立夫在《重修彰化孔庙记》一文中指出:"彰化孔庙,肇建于清雍正四年。规抚闽省学宫体制。为当时台湾最完整之学府。中原文化由是植根滋长。彰化文风因之丕振,科名鼎盛。而县民民族思想亦随之增强。此可从全台反清抗日事件,多由彰化先贤策动而获得印证。盖孔庙为民族精神之所宗。其潜移默化之功,历久不衰,正由孔孟仁义之教,深植民心有以致之也。"②陈立夫在肯定彰化孔庙对弘扬民族精神和文化的贡献的同时,指出其"规抚闽省学宫体制",这表明彰化孔庙与福建孔庙之间存在着深刻的内在联系,其庙学体制之间的联系更是如此。

台湾学者林明德认为,台北的孔庙"其规制之完备、技巧之精良,堪称近代台湾最典型的泉州'木结构'风格"。③曾主持彰化孔庙修复工作的台湾学者汉宝德认为,"彰化孔庙大殿是闽南系统建筑,至少由台湾传统建筑观点来说,是做得最郑重的一座庙"。④

---

①　石万寿:《康熙以前台南孔子庙的建筑》,《台湾史田野研究通讯》1992年第25期。

②　康原:《彰化孔子庙》,彰化县文化局2004年印行,第18页。

③　林明德:《台湾地区孔庙、书院之匾联文化探索》,《台北文献》1995年第112期。

④　汉宝德:《彰化孔庙的研究与修复》,见张炎宪主编《历史文化与台湾》上册,台湾台北自立晚报社1988年印行,第133页。

表 2-7　台南孔庙规制变革一览表 ①

规制年代	自康熙四年（1665）至康熙五年（1666）	康熙二十三年（1684年）	康熙三十九年（1700）	自康熙五十一年（1712）至康熙五十四年（1715）	自康熙五十七年（1718）至康熙五十八年（1719）	自康熙五十八年（1719）至康熙五十九年（1720）	自乾隆十四年（1749）至乾隆十六年（1751）	乾隆四十二年（1777）	自嘉庆六年（1801）至嘉庆八年（1803）
修葺主持人	勇卫 陈永华	巡道 周昌	巡道 王之麟	巡道 陈璸	知府 王珍	巡道 梁文煊	御史 杨开鼎	知府 蒋元枢	孝廉 郭绍芳
规制 1		栅栏	栅栏	围墙 大成坊 官厅 朱文公祠 文昌阁		（龙门）（围墙）（大成坊）（官厅）（朱文公祠）（文昌阁）	洋宫坊 围墙 大成坊 官厅 朱文公祠 文昌阁 训导廨	洋宫坊（围墙）（大成坊）（官厅）（朱文公祠）文昌阁	（洋宫坊）围墙 大成坊 官厅 土地祠 朱子祠 文昌阁
规制 2	明伦堂	明伦堂 龙亭库		六艺斋（明伦堂）教官廨舍（龙亭库）		（六艺斋）（明伦堂）（教官廨舍）（龙亭库）	土地祠 明伦堂 教授廨 文昌祠	（土地祠）（明伦堂）（文昌祠）	明伦堂 文昌祠

① 范胜雄：《府城丛谈（一）府城文献研究》，台湾日月出版社1999年版，第22～23页。

续表

序号									
3	龙亭库 东庑 圣殿 西庑 启圣祠	大门 龙亭库 东庑 圣殿 西庑	棂星门 东庑 圣殿 西庑 启圣祠	洋池 照墙 礼门 义路 文昌祠 棂星门 土地祠 东庑 献官斋、宿房 圣殿 西庑 藏器库、庖湢所 六行斋 名宦祠 六行斋 名宦祠 启圣祠 乡贤祠 六德斋	洋池 棂星门 （礼门） （义路） （文昌祠） 戟门 （土地祠） 东庑 献官斋、宿房 （圣殿） （西庑） （藏器库、庖湢所） 六行斋 名宦祠 六行斋 名宦祠 启圣祠 乡贤祠 六德斋	（洋池） （棂星门） （礼门） （义路） （文昌祠） （戟门） （土地祠） （东庑） （献官斋、宿房） （大成殿） （西庑） （藏器库、庖湢所） （六行斋） （名宦祠） （六行斋） （名宦祠） （启圣祠） （乡贤祠） （六德斋）	洋池 棂星门 礼门 义路 名宦祠 戟门 乡贤祠 东庑 大成殿 西庑 礼乐库 礼乐库 崇圣祠 典籍库	洋池 棂星门 （礼门） （义路） （名宦祠） （戟门） 乡贤祠 东庑 大成殿 西庑 （礼乐库） （礼乐库） 崇圣祠 （典籍库）	洋池 棂星门 礼门 义路 名宦祠 戟门 乡贤祠 东庑 大成殿 西庑 礼乐库 礼乐库 崇圣祠 典籍库
4		栅栏	栅栏	围墙	（围墙） 云路	海东书院 （围墙） （云路）	崇文书院 大成坊 围墙 洋宫坊	学署 （大成坊） （围墙） 海东书院	学署 大成坊 围墙 （海东书院）

注:（ ）内为前制已备，建筑物尚新，致未修缮者。

　　在诸子中,孔子创立的儒家,以重血亲人伦、重现世事功,重实用理论、重道德修养的醇厚之风而独树一帜。它继承血缘宗法时代的原始民主和原始人道遗风,切合春秋战国时代谋求安定生活的普遍社会心理,为之设计了一套易行的实践手段,因而成为时代的"显学"。① 庙学是传承儒家学说的重要机构,封建社会大建孔庙,倡导建庙即设学,强调尊师重道,以求治国安邦,这表明庙学是封建政治的产物,是为封建统治服务的。设庙的目的在于推行儒家的教化,设学的目的在于完成孔庙的教化任务。孔庙直接参与教育活动,实际上是统治者借儒家思想统治民众,实现文治的一种手段,是孔庙政治教化作用的普及和延续。庙学在闽台地区的存在表明,孔庙作为儒学的载体,满足了统治者宣传儒家思想的需要,是历代王朝的精神象征,它包含了儒家思想的传统理念,其文化内涵反映了统治者治国安民的政治主张,庙学合一体系的确立,使它成为了中国传统教育的基础。② 在台湾,将"庙"与"学"紧密结合,通过利用"庙"中的人文设施和精神内涵来促进"学"的发展与深化,"学"的发展与深化又促成"庙"的精神内涵的进一步开掘。闽台各级庙学所传授和学习的内容均是儒家学说和儒家经典,通过庙学,儒家思想得以推而广之。庙学直接为科举服务,通过庙学培养造就了一大批深谙儒道的知识分子和官吏。庙学的普及性教育,使得三纲五常的宗法伦理观念成为封建道德标准,由此庙学起到了左右民众思想的作用。这些功能的存在,使得历朝历代均将建庙、修庙、尊孔、祭孔作为政治生活中的一件大事来办理。不过,在闽台文化教育史上曾经存在的庙学体制,其在尊崇儒学、弘扬教化等方面所发挥的作用,验证了庙学对于学校发展、人才培养,以及促进社会稳定等都起到积极作用。

　　综上所述,闽台的府县儒学呈现出一体化的格局,尽管在具体的规制方面有一些差异,但在大的制度上并无明显区别。众多的闽籍师资入台,为发展台湾的府县儒学教育作出了自己的贡献。庙学形态的客观存在,也使闽台两地的府县儒学在推行教化和培育人才方面不约而同地发挥了正统的官立学堂的作用。

---

①　沈兆乾:《儒家的道德规范新论》,《教育评论》2009 年第 1 期。
②　袁能先、孟琳:《中国孔庙的文化特征管窥》,《四川工程职业技术学院学报》2006 年第 3 期。

第三章 闽台书院的历史渊源

在封建社会里,书院是对士子施行教育的重要场所。早在唐代,书院已开始在祖国大陆地区出现。宋代时进入鼎盛时期,至清代持续发展。台湾,到了清代书院刚刚发端,但由于当时儒学数量少,未能满足士子求学的需要,而乡学所授内容又过于简单,仅相当于初等教育程度而已,故介于两者之间的书院在短时期内便迅速发展,成为清代台湾引导地方文运的一种重要的教育形式。台湾书院与福建的关系十分密切,主要表现在以下几个方面。

第一节 福建官绅与台湾书院的发展

台湾书院系由祖国大陆地区移植而来,人们对此没有异议,但对何时移植则存在争论。有人认为,康熙二十二年(1683)施琅在台湾创办的西定坊书院是台湾最早出现的书院。施琅(1621~1696),福建晋江人,曾是郑成功的部将,后降清,历任同安总兵、福建水师提督、内大臣、靖海将军等职,被清王朝封为靖海侯。康熙二十二年(1683)六月至八月,他先是率军攻克澎湖,后又推翻明郑政权,收复了台湾。在巩固海防、维护统一、防止外来侵略的同时,他十分重视发展台湾的文教事业,于当年设置了西定坊书院。迄今为止,没有发现有关这所书院的详细资料,我们无从了解当时的运作情况。"然由于施琅并未带来名重士林的硕学巨儒,所建书院能如颜习斋、李二曲等之讲论道德等的可能性很小。所以这所书院的运作可能已落在月课季考,近似后世的义学、社学,而不似宋朝的理学各书院,更不似批评时政的东林书院。"①

---

① 刘宁颜总纂:《重修台湾省通志》卷六《文教志·学校教育篇》,台湾省文献委员会1993年印行,第108页。

在此后的二十余年间,在台湾府治及其周边地区相继出现了多所书院。1690年,蒋毓英建镇北坊书院;1692年,王兆升建弥陀室书院;1693年,吴国柱建竹溪书院;1695年,高拱乾建另一个镇北坊书院;1698年和1704年,常光裕和王之麟分别再建了西定坊书院。这些书院以今天的眼光来审视,当属于义学性质,不是真正意义上的书院。不过,这些书院的创立者或是福建籍的官员,或虽是外省籍但长期在福建任官,有的还是当时在任的直接管辖台湾事务的最高官员——分巡台厦兵备道。这表明福建地方官员对在台湾兴建书院的关注,由于他们的努力,逐渐拉开了台湾书院教育的帷幕。

目前较为一致的意见是,康熙四十三年(1704),台湾知府卫台揆始建的崇文书院是真正意义上的台湾最早设立的书院。首先持这一主张的是台湾著名史学家连横。他指出:"康熙四十三年,知府卫台揆始建崇文书院,五十九年分巡道梁文煊亦建海东书院,各县先后继起,以为诸生肄业之地。内设斋舍,延师主席,设监院以督之,每月官师各试一次,取生童各二十名,每名给膏火银七钱。课外各四十名,每名三钱七分。而山长束修四百圆,加考小课一百二十元,监院月薪十两,扃试之日,别给饭膳五十元,均归学租支之。"[①] 连横的意见已得到当今研究台湾史的学者的普遍认同,因为从某种意义上说,西定坊书院只是一所义学,崇文书院才是名副其实的书院。从连横所介绍的书院的管理、考试、生童和山长的生活待遇等情况来看,均与祖国大陆地区的书院没有什么区别。卫台揆并不是福建人,而是山西曲沃人,但他曾在福建为官,任过漳州知府等要职。1701年赴台任台湾知府,当时的台湾府处于福建的管辖之下,故其也应是福建的官员。由此,我们有理由认为,从施琅等人创办名为书院实为义学的西定坊等书院,到卫台揆始建真正意义上的书院——崇文书院,福建地方官员为台湾书院的萌发与正式成型起了开先河的作用。

在整个清代,从福建派往台湾任职的地方官员不论是否属于闽籍,大多热心于创办书院,努力发展教育事业。其中较为突出者有刘良璧、胡建伟、徐宗干等外省籍的福建官员。

刘良璧　湖南衡阳人。雍正二年(1724)进士。雍正三年(1725),出任

---

① 连横:《台湾通史》上册,商务印书馆1996年版,第192页。

福建连江县令。雍正五年（1727）调任台湾诸罗知县。雍正九年（1731）任福建龙溪县令。乾隆二年（1737）调任台湾知府。乾隆五年（1740）升任台湾道员，成为全台最高行政长官。他一生主要在闽台两地为官，体恤民情，勤于政事，颇有官声。对于发展台湾的教育事业，更是殚精竭虑。他带头捐俸修复海东书院，并手定五条著名的学规，为台湾不少书院所奉行或沿用。

胡建伟　广东三水人。乾隆十年（1745）进士。历任福建闽县等地的同知。乾隆三十一年（1766）任澎湖通判。鉴于当时澎湖地区文教落后，学子独学无师，遂捐俸创建文石书院，并兼任首届山长。他延名儒掌教，月给膏火，还常为书院诸生讲为学做人之道，对他们授其业而传其道，教其行而解其惑，励其志而勉其进。

徐宗干　江苏南通人。嘉庆庚辰（1820）进士。道光二十四年（1844）任职福建汀泉龙道。任内对漳州的丹芝书院进行整顿，确定官师月课试诗文一次，为大课；试经平、诗赋等一次，为小课；学业列优等者赏给花红。道光二十八年（1848），徐宗干到台湾任兵备道后，仍一如既往地关注书院的教育教学。对海东书院诸生，他要求"旬锻而月炼之"，并将诸生所作的说经、论史之习作辑为两卷《校士录》。

福建地方官员为台湾书院的创建发挥积极作用，而一部分福建的士绅亦为此作出突出贡献。

康熙年间，台湾书院尚处于萌芽状态，到乾隆、嘉庆年间迅速勃兴，出现了一批有影响的书院。这与福建士绅的大力参与有着密切的关系。

福建永定人胡焯猷，以生员捐纳例贡，于乾隆初年（1736）〔一说雍正十一年（1733）〕离开家乡渡海到台湾淡水新庄，经当地官府同意，张榜招募佃农，建筑村落，修筑陂圳，进行开荒种植。在十余年时间里，开垦出田园数千甲，每年可收租谷数万石。在从事生产开发的同时，胡焯猷还捐田数千亩兴办义学，创建明志书院。据《台湾通志》记载："胡焯猷，念淡水文风未启，乡里子弟无可就傅，乾隆二十八年自设义塾，名曰'明志'。捐置水田八十余甲，以其所入供膏火，又延名师教之，肄业者常数十人。"为此，当时的彰化知县赞扬其以四十余年手创基业，不私于子孙。淡水同知胡屯翰奏请将义学改为书院。清政府为此颁发"文开淡化"的匾额，台湾府颁发"功资丽泽"的匾额。由于胡焯猷的努力，淡水、彰化一带教化大兴，民智大开。

除胡焯猷外，乾隆年间还有为数不少的福建士绅赴台湾为当地书院的建设出力。如福建晋江人吴洛于乾隆十五年（1750）定居台湾彰化后，热心文教事业，购置良田作为当地书院的办学经费，同时还分别向海东书院和白沙书院捐赠数百石稻米供师生食用。

与此同时，一些具有科举功名的福建士绅积极介入台湾书院的教育教学工作。福州人薛士中是著名理学家张伯行的弟子。雍正乾隆年间，他两次出任台湾府儒学的教授，后在海东书院讲学达六年之久。他亲自制定院规，严格管理，促进了海东书院的发展。福建南安人杨芳系举人出身，乾隆年间主讲台湾海东书院。他一改以往"视课期为具文"的现象，严立学规，对听讲者诲之不倦，对学生作业认真批阅，一时"士咸自励，文风大振"。福建龙溪人石福祚，于嘉庆五年（1800）以优贡捷北闱，后因数次考进士未成功而绝意功名，前往澎湖主讲文石书院。教学之余笔耕不止，著有《湖心亭新裁》、《稻香村杂著》等。

道光至光绪年间，台湾书院进入稳定发展的时期，除原有的书院规制日臻完善外，还涌现出一批颇具影响力的书院。书院教育的发展迫切需要高水平的山长和主讲，于是一批福建士绅纷纷应聘，跨海前往台湾的各书院任山长或主讲。当时台湾的著名书院，如仰山书院、海东书院等都由福建来的士绅主持或主讲。

道光年间，福建晋江人陈友松应聘主讲仰山书院。他除勤于教学外，还与书院诸生如杨德昭、李祺生、林逢春、蔡长青等编纂《噶玛兰厅志》，并将书院周边地区的八处风景分别命名为：龟山朝日、隆岭夕烟、西峰爽气、北关海潮、石港春帆、沙喃秋水、苏澳蜃市、汤园温泉。他还写下著名的"兰阳八景"诗，为台湾士子所喜爱。仰山书院与福建有着不解之缘。同治初年，福建建宁的贡生何云龙出任院长；同治五年（1866），福州举人林寿祺出任院长；同治九年（1870），福州秀才姚宝年接任院长。在不到十年的时间里，仰山书院便有来自福建的三位举人、秀才出任院长，实在是不同寻常。

台湾另一所著名书院——海东书院，长期以来也是由福建籍的士绅主持或任主讲的。道光年间，进士出身的原籍福建晋江的施琼芳主持海东书院的院务。道光二十八年（1848），施琼芳与徐宗干等在海东书院实行教学改革，"以赋诗杂作相与切磋"，鼓励学生联系台湾的民情民风进行创作，倡导以俚语方言入诗。这项教学改革的直接成果——海东书院课选录《瀛洲校士录》印行后,在台湾具有广泛影响,是台湾文学史上的重要作品。有意思的是,数十年后,施琼芳的儿子施士洁(进士)于1886年年底由当时的台湾巡抚唐景崧聘请出任海东书院山长。父子都是进士,且先后任同一所书院的山长,堪称中国书院发展史上的一段佳话。施士洁在海东书院"倡为诗古文词之学",后来在台湾文坛久负盛名的丘逢甲、许南英、汪春源、郑鹏云等人都曾随施士洁受教。"施士洁等海东书院师生在台湾有'东海文章'之称。这是一个有共同特点和相近风格的作家群,其成员的创作成就体现了台湾建省初期文学创作的最高水准,丘逢甲还是中国近代诗史上雄踞一席之地的著名诗人。"①

与海东书院具有深厚渊源的还有一位来自福建诏安的士子,他就是被誉为台湾美术开山始祖的谢颖苏。道光年间,他的书画作品便开始流入台湾,为官绅和文人雅士所收藏。从咸丰元年(1851)起,谢颖苏多次东渡台湾讲学作画。他先后在海东书院、艋舺青山宫和台北大观义学讲授绘画和书法艺术,对台湾书画艺术的发展起了启蒙和促进作用。连横在《雅堂文集》中谈到当时台湾的谈艺之士辄宗吕西村、谢琯樵,"琯樵名颖苏,诏安人,负奇气。擅画兰竹,山水尤佳。题诗作画,皆超脱不群。壮年游台湾,历主巨室,居于海东精舍"。

按清代规制,凡教授、教谕、训导三者俱属文职官员,故在方志之中其姓氏犹有备录,后来的研究者多不难从方志的职官志中检索到他们的姓名、籍贯、出生、任职时间。在书院任职者则不同,除极少数的行谊著称者或殉难者得以立传于方志外,其余各书院的历任山长姓名和事迹俱未能列表以传。尽管如此,经考稽有关史料,仍能查找到一些与台湾书院有关系的福建籍人士的情况。除以上所列外,兹将执掌台湾崇文书院、白沙书院等书院院务的部分福建籍人士的简况分述如下。

朱仕玠　福建邵武人。拔贡。乾隆二十八年(1763)任台湾凤山县教谕。第二年正月,接受台湾道觉罗四明的聘请,掌教崇文书院,但为时仅半年,夏天时便因丁内艰而辞职。

陈鹏程　福建侯官人。廪贡。乾隆二十八年(1763)十月任台湾府儒学

---

① 刘登翰等主编:《台湾文学史》上卷,海峡文艺出版社1991年版,第252页。

训导,同时兼崇文书院掌教,乾隆三十一年（1766）时尚在任。

梁上春　福建闽县人。举人。嘉庆十三年（1808）由福建安溪县教谕调任台湾县教谕,同时兼主崇文书院讲席。

蔡征藩　福建侯官人。进士。道光二十五年（1845）由当时的福建巡抚徐继畲推荐主持崇文书院的院务,在台时间约为两年。

柯龙章　福建长乐人。清道光和咸丰年间,掌教崇文书院数年。

俞荔　福建莆田人。进士。雍正年间曾在广东任地方官。乾隆三年（1738年）开始主讲海东书院。

黄佾　福建侯官人。举人。乾隆年间掌教海东书院。乾隆二十七年（1762年）时仍在任。

施昭澄　福建晋江人。优贡。曾在江南的建平、溧阳等地任教谕。咸丰初年赴台湾协助其兄施琼芳教授于海东书院。

陈楷　福建闽县人。进士。咸丰年间由台湾道陈懋烈聘其执掌海东书院,第二年返归故里。

郭成金　原籍福建南安,后迁居台湾淡水。举人。嘉庆年间曾主讲明志书院。

郑用锡　原籍福建同安,后迁居台湾淡水。进士。道光年间多次主讲明志书院。

郑用鉴　原籍福建南安,后迁居台湾淡水。为郑用锡的从弟。主讲明志书院达三十余年之久。

陈维英　原籍福建同安。举人。后迁居台湾淡水,曾办理团练以平定戴万生起义。同治年间任明志书院山长。

陈濬芝　原籍福建安溪。进士。后迁居台湾新竹,光绪年间掌教明志书院。

辛齐光　福建澎湖人。举人。晚年主讲文石书院。

林鹗腾　福建同安人。进士。曾主讲文石书院两年。

林豪　福建同安人。曾于同治和光绪年间三度主讲于文石书院。

曾光斗　福建莆田人。进士。曾历任湖北崇阳知县、安徽颍州知府、江西按察使等职。60岁时告老返乡,光绪初年应张梦元之邀赴台湾,任引心书院院长三年。

王式文 福建晋江人。进士。曾先后担任翰林院编修、兵科给事中、户部给事中等官职,后主讲台湾蓬壶书院。

张赞忠 原籍福建同安,后迁居台湾淡水。光绪年间曾任台湾府儒学训导,卸任后任明道书院山长。

江呈辉 原籍福建永定,后迁居台湾基隆。光绪十九年（1893）,负责筹建崇基书院,并任山长。

清代,在台湾书院从事教育教学工作的福建籍人士大都具有科举功名,有的任过地方官,有的以儒学教官身份兼掌书院,更多的则是专任。他们淡泊名利,以办教育为职志,为台湾书院的建设和人才培育作出了贡献。蔡征藩,"造士育才,恪尽心力"。柯龙章"培植人才,鼗不遗寒畯。每课文,评定甲乙,揭其尤者于壁,俾相观摩,或自作以为程式,台士称之"。俞荔作《复性篇》,以训诫诸生。郑用锦,"主明志书院讲席垂三十年,至老不倦"。辛齐光,"善引进后学,教人重实践,课诸生终日,谆谆不怠"。他们的教育成效是明显的。林豪主讲文石书院期间,当地文风大振。曾光斗主讲引心书院,"凡三寒暑,及门数百人"。郑用锦门下出了陈维英等杰出人士。即便不太有名的张赞忠,"一时负笈从其学者五十余人"。

值得一提的是,福建书院与台湾书院交往亦十分密切。以福州的鳌峰书院为例。其在清代被列为省城的四大书院之首,为台湾的官宪士绅所推崇。1715年,台湾诸罗县学重修工程完成,当时的台厦道陈瑸便托人请鳌峰书院的山长蔡世远撰写碑文以为纪念。鳌峰书院的另一位山长丁莲曾被邀至台湾讲学,其"倡明经术,海外化之"。台湾的一些士子也以报考鳌峰书院为荣。如台湾淡水厅的光绪乙亥举人李藩岳曾就学于鳌峰书院山长郭柏荫的门下,其间还向福州的一些大书院（如凤池书院）的山长请教。由于在福州鳌峰书院就读的台湾士子有一定的数量,该院于嘉庆七年（1802）订立章程时特规定:学生因事告假回乡,按路程远近给假,近则一月,远如台湾给五月。旬准假一日。凡告假者均在号簿上登记。此外,尚有一些台湾科第中人在福州的鳌峰书院任教,有的还负起监理书院日常教育教学活动之责任,如陈震曜和黄本渊。陈震曜,台湾嘉义人,少聪敏,博通经史,嘉庆十五年（1810）曾参加北京会试,后在台湾办理过团练,主持凤山的凤仪书院,在福建担任过闽清、平和等县的教谕和同安训导,又曾助修过福建通志等,晚年在陕西等地任官。在监理鳌峰书院期间,他眼看省城贡院破败,号舍狭窄,潦湿熏蒸,遂与当地士绅商量后决定募资扩建。他亲自指挥修建工作,结果在一年里"增号舍千余",为应考诸生提供了便利条件。这就是《重修台湾省通志》卷六中所记载的:"道光五年调省,监理鳌峰书院,助修通志,访刻先贤遗书,士论归之。任内募捐建省垣贡院,并董工役。"黄本渊,台南人,系嘉庆十八年(1813)的优贡生。他当过长汀县学教谕和福州府学教谕,后监理福州鳌峰书院。任职期间,对书院生员循循善诱,培养出大批人才,在教学上很有建树,当年福州一带的士子常将黄本渊的名字同书院联系在一起。为表彰他的贡献,当局拟提拔他任知县,他辞之不受,返回台湾过着耕读的生活。

据台湾王启宗统计,从康熙二十二年(1683)至光绪十九年(1893),台湾共新建、重建书院60所,各朝新设书院的数字为:康熙年间11所、雍正年间5所、乾隆年间10所、嘉庆年间8所、道光年间12所、咸丰年间3所、光绪年间10所,时间不详1所。有些书院建立不久就因经费、师资等原因而停办,实际长年坚持办学的约有30所左右。从地域分布来看,康熙年间所设书院都集中在台南,到乾隆时在中北部的嘉义、云林等地出现了一些书院,道光年间在台北、基隆等地也都设立了书院,至光绪年间全台书院的分布较为均匀合理,这与当时福建各府县均设有数量不等的书院的情况是一致的。从办学主体来看,雍正之前大都是奉文设立,此后随着土地的开发,经济的发展,祖国大陆地区文风的熏染,各方创办书院的积极性日益提高,官绅合办的趋势不断加强。这些都表明,在短时间内台湾在书院的创办和经营方面已经达到国内教育发达地区的相应水平,这与两百年间福建地方官员和士绅的支持、台湾地方官员和士绅的努力是分不开的。

表 3-1 清代台湾书院设置情况表 ①

书院名称	设置地点	现今地名	设置年代	备 注
西定坊书院	台湾府治	台南	康熙二十二年(1683)	靖海侯施琅建
镇北坊书院	台湾府治	台南	康熙二十九年(1690)	郡守蒋毓英建

① 详见王启宗:《台湾的书院》,台湾台北"行政院文化建设委员会"1999年印行,第27页。

书院名称	设置地点	现今地名	设置年代	备注
弥陀室书院	台湾府治	台南	康熙三十一年（1692）	台令 王兆升建
竹溪书院	台湾府治	台南	康熙三十二年（1693）	郡守 吴国柱建
镇北坊书院	台湾府治	台南	康熙三十四年（1695）	道宪 高拱乾建
西定坊书院	台湾府治	台南	康熙三十七年（1698）	道宪 常光裕建
西定坊书院	台湾府治	台南	康熙四十三年（1704）	道宪 王之麟建
东安坊书院	台湾府治	台南	康熙四十四年（1705）	将军 吴英建
西定坊书院	台湾府治	台南	康熙四十八年（1709）	道宪 王敏政建
崇文书院	台湾府治	台南	康熙四十三年（1704）	知府 卫台揆建
海东书院	台湾府治	台南	康熙五十九年（1720）	分巡道 梁文煊建
中社书院 （奎楼书院）	台湾府治	台南	雍正四年（1726）	分巡道 吴昌祚建
正音书院	台湾府治	台南	雍正七年（1720）	奉文设立
正音书院	诸罗县治	嘉义	雍正七年（1729）	奉文设立
正音书院	凤山县治	高雄	雍正七年（1729）	奉文设立
正音书院	彰化县治	彰化	不详	奉文设立
南社书院	台湾县治	台南	雍正年间	
白沙书院	彰化县治	彰化	乾隆十年（1745）	淡水同知 曾曰瑛建

续表

书院名称	设置地点	现今地名	设置年代	备注
凤阁书院	凤山县	高雄	乾隆十二年（1747）	
龙门书院	彰化县	云林	乾隆十八年（1753）	贡生 郑海生等建
玉峰书院	诸罗县治	嘉义	乾隆二十四年（1759）	知县 李俵改建
明志书院	淡水厅	台北	乾隆二十八年（1763）	贡生胡焯 猷设义学， 淡水同知改建
南湖书院	台湾府治	台南	乾隆二十九年（1764）	知府 蒋允焄建
文石书院	澎湖厅	澎湖	乾隆三十一年（1766）	通判 胡建伟建
奎壁书院	诸罗县	台南	乾隆四十六年（1781）	赵家创建
明志书院	淡水厅	新竹	乾隆四十六年（1781）	同知成 履泰移建
螺青书院	彰化县	彰化	嘉庆八年（1803）	
引心书院	台湾县治	台南	嘉庆十五年（1810）	拔贡 张青峰等建
主静书院	彰化县治	彰化	嘉庆十六年（1811）	知县 杨桂森建
仰山书院	噶玛兰厅治	宜兰	嘉庆十七年（1812）	知府 杨廷理建
萃文书院	凤山县	高雄	嘉庆十七年（1812）	
凤仪书院	凤山县治	凤山	嘉庆十九年（1814）	岁贡生 张廷钦建
振文书院	彰化县	彰化	嘉庆十九年（1814）	董事生员 廖澄河筹建
屏东书院	凤山县	屏东	嘉庆二十年（1815）	岁贡生 郭萃等建

续表

书院名称	设置地点	现今地名	设置年代	备　注
兴贤书院	彰化员林	员林	道光三、四年间 （1823～1824）	贡生 曾拔萃建
文开书院	彰化鹿港	鹿港	道光四年（1824）	同知 邓传安建
凤岗书院	凤山县	高雄	道光十六年（1836）	绅民 刘维仲等建
罗山书院	嘉义县治	嘉义	道光九年（1829）	刑部郎中 王朝清建
兰田书院	彰化南投	南投	道光十一年（1831）	县丞 朱懋等建
登云书院	嘉义笨港	嘉义新港	道光十五年（1835）	邑人 鸠资兴建
朝阳书院	凤山县	屏东	道光二十一年（1841）	
文英书院	彰化县	台中	道光年间	邑人 吕世芳等建
学海书院	淡水厅	台北	道光二十三年（1843）	同知 曹谨等建
修文书院	彰化西螺	西螺	道光二十三年（1843）	贡生 詹锡龄等建
鳌文书院	彰化县	彰化	道光二十五年（1845）	
奎文书院	彰化县	云林	道光二十七年（1847）	职员 黄一章捐建
登瀛书院	彰化县	南投	道光二十七年（1847）	
玉山书院	台湾县	台南	咸丰元年（1851）	邑人创建
道东书院	彰化县	彰化	咸丰七年（1857）	
树人书院	淡水厅	台北	咸丰年间	陈维英 等建

续表

书院名称	设置地点	现今地名	设置年代	备 注
正心书院		日月潭	光绪二年（1876）	
雪峰书院	凤山县	屏东	光绪三年（1877）	职员 兰登辉等建
登瀛书院	台北府治	台北	光绪六年（1880 年）	知府 陈星聚建
明新书院	台湾府治	台南	光绪八年（1882）	陈长江 等建
启文书院	彰化	彰化	光绪九年（1883）	同知 傅若金建
蓬壶书院	台湾府治	台南	光绪十二年（1886）	知县 沈受谦改建
磺溪书院	彰化县	台中	光绪十三年（1887）	
英才书院	苗栗县治	苗栗	光绪十五年（1889）	谢维岳筹建
宏文书院	台湾府治	台中	光绪十五年（1889）	知县 黄承乙建
明道书院	台北府治	台北	光绪十九年（1893）	布政使 沈应奎建
崇基书院	基隆厅	基隆	光绪十九年（1893）	江呈辉筹建

第二节 闽学对台湾书院的影响

宋代，朱熹在闽北招贤纳士，传授儒学经义，先后创办武夷精舍、考亭书院、云谷书院、寒泉精舍和同文书院等，培养了一批又一批的儒学门人，受业于朱熹门下的学生更是数以千计。宋元两代，仅福建的理学家便有一百五十余人，有"朱子门人半天下"之说。朱熹集儒、道、释之大成，将传统的中国儒学加以发展，形成新儒学——闽学。

闽学传入台湾的确切时间已不可考,但大规模的传播则是在郑成功时代。郑成功东渡入台时,随同前往的士大夫有八百余人,这些人大多是受程朱理学熏陶的饱学之士,入台后很快便成为明郑政权传播中华文化、倡导闽学的中坚力量。

书院历来是闽学传播的重要场所,台湾的书院也不例外,闽学和书院之间具有紧密的内在关系,这可从台湾书院的祭祀和富有理学意味的学规、理学书籍的收藏等方面来进行探讨。

一、祭祀

祭祀是书院的一项重要教育活动。在封建社会里,书院的主持者往往通过祭祀来扩展师生的精神空间,提升书院的文化品位。各地书院祭祀的对象不一样,但多以大儒或对当地人文有突出贡献的学人为祭祀对象,反映了对某一思想家及其思想流派的认同与尊崇。以朱熹理学思想为代表的闽学在清代具有较高地位,福建的士子对朱熹十分景仰,在福建的书院中大都祭祀朱熹。这一传统通过移民中的读书人传入台湾,于是台湾地区的书院也大多祭祀朱熹,从而进一步促进闽学在台湾的传播。

在祭祀朱熹方面,台湾的文开书院尤为典型。道光二年(1822),福建闽县知县邓传安调任台湾,先后任台湾府北路理番鹿港捕盗同知、台湾知府、福建分巡台湾兵备道等职。在鹿港同知任上,他倡议建立了纪念台湾文化开基始祖沈斯庵的文开书院。所谓“文开”,即文化开基之意也。沈斯庵,名光文,浙江人。清顺治八年(1651)入台,除教授生徒以弘扬传统文化外,还以医药济人,是台湾早期开发史上的一位重要人物,影响十分深远。在这样一所纪念沈斯庵的书院里却以朱熹主祀,其意义非同一般。配祀者八人,分别是沈斯庵、徐孚远、卢若腾、王忠孝、沈佺期、辜朝荐、郭贞一、蓝鼎元,大多是闽籍学者。显然,这样做的用意在于将朱熹思想与台湾的开发及文明的产生紧密联系在一起。邓传安认为:“书院必祀朱子,八闽之所同也。”又谓:“闽中大儒以朱子为最,故书院无不崇奉,海外亦然。”邓传安的话客观地反映了以朱熹思想为代表的闽学对闽台两地书院的影响。

应当指出的是,台湾的书院与儒学在祭祀方面有着明显的区分。儒学奉孔子为先圣,以孔子为主祀,以孟子、朱熹等先师从祀;书院则多祭朱熹。这种区分表明儒学与书院在教育方面的任务和分工有所不同,儒学着重通过祭祀突出孔子在中国思想史上的正统地位;书院则通过祭祀朱熹,强调并认同朱熹的"正学统、寄章教"的理念。祭祀分春、秋两祭,每月朔望日行香,开散馆行礼。

在整个清代,台湾地区形成一种"紫阳(朱熹)儒宗,海隅仰止"的浓烈社会氛围,这与书院主祀朱熹有着密切的关系。连横在《台湾漫录》中指出:"台南风俗纯古,多沿紫阳治漳之法。数十年前妇女出门,必携纸盖障面,谓之'含蕊伞'。"刘家谋在《海音诗》中也有"张盖途行礼自持,文公巾帽意犹遗。一开一合寻常事,不觉民风已暗移"的诗句。这些都表明了由书院肇其端的对朱熹及其理学思想的崇拜,对台湾社会乃至民风民俗所产生的潜移默化的深刻变化。

二 、学规

朱熹手订的白鹿洞书院学规直接体现了闽学的教育观念,闽台书院多以白鹿洞书院学规为圭臬,秉承古昔圣贤的教人为学之意,强调通过学规讲明义理,以修其身,然后推己及人,而不在于让学生务记览,为辞章,以钩声名,取制禄。康熙五十九年(1720),台厦兵备道梁文煊按福州鳌峰书院的规制,在府学的西面设立海东书院。随后,台湾道刘良璧制定了《海东书院学规》六条,依次是:明大义、端学则、务实学、崇经史、正文体、慎交游。对于明大义,他的解释是:圣贤之教,不外纲常,而君臣大义,为达道之首。乾隆二十四年(1759),台湾道兼提督学政觉罗四明制定海东书院学规八则,依次是:端士习、重师友、立课程、教实行、看书理、正文体、崇诗学、习举业。乾隆三十一年(1766),澎湖通判胡建伟为文石书院制定学规十条,依次是:重人伦、端志向、辨理欲、励躬行、尊师友、定课程、谈经史、正文体、惜光阴、戒好讼。上述各书院的学规条目尽管不一样,但其主要精神都源于以朱熹为代表的闽学,都是从朱熹的五教之目、为学之序、修身之要、外事之要、接物之要演变而来的。这些学规属于封建礼教的范畴,对读书人的思想有一定的束缚,但其中也含有合理的因素,对于继承和发扬中华民族的优良道德传统和风尚,对于振纲纪、励风俗,提高闽台社会文明的程度都具有积极意义。

三、藏书

闽学对台湾书院的影响还体现在台湾书院大量收藏了反映朱熹理学思想的典籍上。台湾书院对收藏理学典籍十分重视,地方官员常强调书院生员学习这些典籍的重要性。康熙五十四年(1715),台厦道陈瑸在《新建朱文公祠碑记》中便要求书院生员对朱熹的著述应当做到:信之深,思之至,切已精察,实力供行,勿稍游移坠落到流俗边上去。福建的地方官员赴台湾巡视时,往往也携带这类书籍赠送给台湾的书院。道光六年(1826),福建巡抚孙尔准赴台湾巡视时,从福州的鳌峰书院调拨了一批理学典籍赠给仰山书院,总数约45种166部之多。其书目俱存于《噶玛兰厅志》,为目前仅存的清代台湾书院藏书目录。从该书院藏书目录中,可以获知当时仰山书院生徒的读书内容。兹特抄录书目、册数如下:

> 《史记》三十二本、《诸葛武侯集》二本、《陆宣公文集》二本、《韩魏公集》六本、《司马温公集》六本、《周濂溪集》四本、《二程文集》四本、《二程语录》五本、《二程粹言》二本、《张横渠集》四本、《上蔡语录》一本、《重编杨龟山集》三本、《重编罗豫章文集》二本、《李延平集》二本、《朱子文集》十四本、《朱子语类》六本、《朱子学的》二本、《读朱随笔》二本、《张南轩文集》三卷、《黄勉斋集》四本、《陈克斋集》二本、《真西山文集》二本、《道统录》三本、《伊洛渊源录》四本、《道南源委》一本、《濂、洛、关、闽书》五本、《文文山集》二本、《谢叠山集》一本、《重编熊勿轩集》一本、《许鲁斋集》二本、《方正学集》二本、《重编薛敬轩集》四本、《居业录》四卷、《陈剩夫遗稿》一本、《罗整庵存稿》二本、《困知记》一本、《学部通辨》四本、《杨椒山集》一本、《张阳和集》一本、《思辨录辑要》四本、《读礼志疑》二本、《问学录》一本、《陆稼书集》二本、《学规类编》六本、《养正类编》六本。①

上述除《史记》等少量典籍外,大多是理学典籍。这些典籍丰富了台湾书院的藏书,扩大了闽学的影响,推动了台湾文化教育事业的发展。

　　闽学之所以能在台湾书院中居主导地位,并迅速在台湾传播,原因是多方面的。如清朝统治者笃信程朱理学,独尊闽学,有意进行宣传和推广。从

---

① 黄秀政:《书院与台湾社会》,《台湾文献》1980年第31卷第3期。

康熙开始,清代闽学的正统地位愈来愈牢固,成为一种公认的、社会成员都须遵守的社会规范。无论是祖国大陆地区还是台湾地区,对此都不能例外。又如,台湾历来是福建的一个府,岛内居民大多是从福建移居的汉人,与福建的传统文化有着天然的联系。加之闽学对台湾的社会开发、文化进步有着实际的利用价值,从深广精微的闽学思想中可以寻到台湾社会需要的内容。举凡开启明智,增强社会成员的民族意识和维护统一的自觉性,发展社会生产力等,闽学都可提供相应的理论支持。

应特别强调的是,在清代闽台两地的书院中还产生了一批较有影响的闽学学者,他们对闽学在台湾书院的传播起了重要的作用。如前所述,福州鳌峰书院位列清代闽台书院之首,该书院也吸纳台湾士子前来就读,是闽台地区教学和研究闽学的重镇,先后涌现出蔡世远、童能灵、雷铉、孟超然、陈震曜等来自闽台两地的知名闽学学者。蔡世远,福建漳浦人,对清初台湾的治理曾提出:选贤任能,奖励垦荒,加强兵民合作以防日本、荷兰等国入侵等主张。他少承家学,稍长受业于朱子学家张伯行,曾主讲于鳌峰书院,对传播闽学不遗余力,著有《二希堂集》和《朱子家礼辑要》等。童能灵,福建连城人,早年游学于鳌峰书院,中年居武夷山,晚年回家乡连城冠豸山下讲学著述,并应邀主讲于漳州的芝山书院。他精于经术性理,尤嗜朱子学,立言能综罗百家,贯穿诸儒,著有《朱子为学次第考》、《理学疑问》等书。雷铉,福建宁化人。自幼承家教,穷究义理,17岁肄业于鳌峰书院,老师是著名的朱子学者蔡世远。在学术思想上,他注重探明精史疑义,辨析学术源流,强调道德践履,著有《读书偶记》、《经笥堂集》等。孟超然,福建闽县人,乾隆二十五年(1760)中进士,历官翰林院庶吉士、吏部郎中、广西典试、四川督学等,42岁辞官归隐,后主讲于鳌峰书院。他于学无所不窥,而以朱子学为归宿,后人辑有他的作品集《亦园亭全集》。陈震曜,台湾嘉义人,曾在福建闽清、平和等县任学官,道光五年(1825)主持鳌峰书院,协助纂修《福建通志》。其精经术,好宋儒学,著有《海内义门集》八卷,其中颇多宋元以来学者所未发之言论。清代,仅鳌峰书院便出现多位名重一时的理学家。该书院与台湾书院的关系十分密切,是闽学向台湾书院传播的一个重要通道。有意义的是,在清代的著名理学家行列中,也有一些台湾书院的学者,较为著名的是杨克彰。其生卒年不详,系台湾著名理学家黄敬的学生,曾担任过学海书院和登瀛书院的监督,著有《周易管窥》一书。他对易学有独到的见解,其中关于消长的理论、存亡的来由理论等,与众说迥然不同,是闽学在台湾的重要传人之一。

闽学是封建时代的一种学术思潮和学术流派,具有官方哲学的地位。作为一种思想体系,已不适应新时代的要求,但它承载了华夏民族的许多优秀的文化思想成分和优良传统,对复兴东方优秀文明有着积极的意义。对于闽学向台湾书院传播并产生的影响,以及崭露的实际价值,我们应从这一角度加以考察和评价。

第三节 闽台书院主要制度之比较

从清代闽台书院的发展轨迹看,两地既有许多共同点,也存在不少差异。福建的书院创办时间早,发育较为成熟,体系较为完备。台湾书院的历史较短,具有逐步演化的过渡色彩,其规制虽然不成熟,但却呈现出一定的活力。

一、行政管理制度

清代书院根据不同的等级和规模可分为三类,即会城大型书院、府州书院和乡邑小型书院,其行政组织也相应有所区别。会城大型书院指设在省会的大型书院,如福州的鳌峰书院,其负责人员由官府任命,属朝廷命官,待遇参照地方学官的标准提供,内设监院和院长各一名。监院负责总务,下设院役、号房、书办、斋长以协同管理院务。院长则负责教导事宜,下辖文科分校、理科分校、史科分校、经科分校。照清代惯例,这种书院一般每省只有一所,设在省会所在地,是该省的代表性书院。清代台湾因其大部分时期仅是福建的一个府,且地理位置偏僻,因此只有府州书院和乡邑小型书院,而没有会城大型书院。尽管如此,由于台湾孤悬海外,具有相对的独立性,故虽然只是福建的一个府,但其将海东书院位比省会书院,而为台湾之首席书院,院长与监院均由道台任命。这种位比最早源于乾隆五年(1740)。当时,朝廷根据杨二酉的奏请,同意海东书院照省会书院之例,每学各保数人,择其文堪造就者送书院肄业,命台湾府学教授兼任该书院的教授。这种位比,明显反映了朝廷对台湾书院的特别关注。闽台两地府州书院一般由官府直接管辖,内设监院和院长各一人,二者权力相当,与会城大型书院相似。所不同的是,其下属的管理层次则相对简约。监院所辖范围大体与前者一样,但人数却相应减少,院长管理的人员也有一定的限制。台湾的崇文书院往往被研究书院史的学者视为这类书院,其"置院长一名,综理考试事务,监院一名,处理庶务,院丁若干名,担任杂役。院长及监院由知府任命,经费由府礼房拨给监院,由监院经理"。至于闽台的乡邑小型书院,一般仅设院长,全盘负责管理书院。院长之下设学长,由学长管理院务和学生的课试。有的书院(如台湾屏东书院)则不设院长,临时聘请一位主持来考课。院长又称山长,是书院的主讲人,为书院行政组织中最重要的职务。

闽台书院的院长大都由有一定功名的学者担任,如福州鳌峰书院的历任院长蔡壁、林枝春、朱仁琇、孟超然、陈寿祺都是进士出身,为品学兼优之士。福州正谊书院的首任院长林鸿年甚至还是状元出身,陈宝琛、林纾、陈衍等晚清思想文化界的风云人物都出自其门下。台湾的许多书院也都由举人、进士担任院长。

注意聘请名师任院长,这是闽台两地书院的共同点。略有不同的是,按清制院长之职必须专任,福建书院对此大都严格执行;台湾书院由于各方面的原因,院长一职常请当地儒学的教授、教谕、训导等兼任。如乾隆二十九年(1764),凤山县教谕朱仕玠便曾兼掌崇文书院。登瀛书院的院长一般由台北府学教授兼任,学海书院的院长则往往由淡水县儒学教谕兼任。这种儒学与书院主持人合二为一的做法与福建地区的书院有所不同,但也能得到清政府的认可,《大清会典·事例》中便有首肯台湾府学教授兼掌海东书院的记载。这样做,有利于使儒学教育与书院教育更好地衔接起来,从而提高书院教育的质量。不足之处在于一身二任,难免分心。

在监院和院长之下,闽台书院还设有负责不同事务性工作的各种职务,如总董、首事、管事、当事、礼书、礼房、炉主、会东、倡首者、租赶、租差、传代、财帛、斋长、值董、院丁、院夫、书丁、拾字纸等。书院等级不同,设置的职务数量不同,相互之间所负的责任也存在着交叉现象。甚至同样的一个职位,在不同书院其职责也不一样。如同样是庶务,在台湾的罗山书院由监院负责,龙门书院则由首事负责。同样是会计,仰山书院由礼书负责,龙门书院由礼房和财帛负责。在台湾,炉主是以杯筊法的方式选任的,任期一般一年。炉主可以雇用数名书丁从事杂役,但其职责各书院也大不相同。如奎壁书院的炉主所负责的庶务中最主要的是办理考课的一切事务,而萃文书院和雪峰书院的炉主则主要办理祭祀事务。行政人员的编制也视规模和经费而定,全台书院并无划一的要求。这即使各书院在行政管理上具有较大的独立性,能根据自身的条件和需要设置职位,但也出现某种程度的混乱。相比之下,福建书院在事务性人员的称谓、职责、职数、待遇等方面都有较详尽明确的规定,反映了前者尚处在演进之中,而后者已进入相对成熟的阶段。

二、入学考试、讲学与考课制度

闽台书院的入学考试大都比较严格。福州鳌峰书院每年二月上旬以悬牌出示的形式公开举行入学考试,在全省九府一州(包括台湾)范围内招收品学兼优的生员、监生和童生入学。福州正谊书院也是每年二月上旬开始招考,招收对象限于举人和五贡生员,每年前来报考者约 400～500 人。规模较大、级别较高的书院往往由当地最高行政长官监考。正谊书院由总督或巡抚亲临监考,福州的越山书院则由督粮道主持甄别考试,再由布政使会同考核,表明其规格稍低些。考试的管理亦很严格。正谊书院的入学程序是:上午 8 时许出题,考生点名接卷作答,题目为试制艺 1 篇,试帖诗 1 篇,当晚缴卷,不得逾限或“续烛”,中午则在院内午餐。经评定甲乙等后,录取内课(超等)85 名,每名给膏火银 4 两;外课(特等)85 名,每名给膏火银 3 两;附课(一等)100 名,不给膏火银。越山书院录取名额比正谊书院要多些,一般为 500 名左右,但要求“果系才堪造就者,方准留院肄业”。台湾官立书院的入学考试一年举行一次,考试时间的确定以不影响岁科考试为前提,由地方官出面主持。海东书院的入学考试,由兼学政的台湾道主持,崇文书院由知府主持。一些县属的书院则由知县主持,如蓬壶书院为县属书院,其入学考试便由县令来主持。县属书院只有本县籍者才可报考,其他书院则不论生员或童生均可报考。所以,一位生员或童生可以同时报考几所书院,并有可能被几所书院同时录取。同福建的书院一样,被台湾书院录取的学生也分为内课生、外课生、附学生等三级,每一等级中生员与童生又各居一半。至于私立书院,就读的人不多,且多为一宗一族或几个宗族联办,只要是宗族内的子弟均可入学,所以没有入学考试。

表 3-2　海东、崇文、蓬壶 3 书院录取人数表 ①

	内课生数	外课生数	附学生数	合　计
海东书院	40	80	120	240
崇文书院	24	48	120	192
蓬壶书院	32	48	120	200

讲学,是清代闽台书院最重要的内容,其目的在于阐发儒经意蕴或学派的要领,一般都由院长亲自讲授,如遇到重要的讲学活动,当地的地方官员还会前来听讲。在讲学过程中,院长要随时答疑解惑,了解学生读经、读史、读文等方面的情况。同时,抽查学生的功课簿或日程簿,以了解其学习进展情况。闽台书院和当时祖国大陆的许多书院一样,贯彻教学相长、自由论难的原则,提倡学生独立思考,师生平等切磋,以探求经书精义。书院的主讲大多曾在书院就读,取得功名后以从事教育为己任。如丘逢甲中进士后未就兵部主事之职,而返回台湾担任崇文书院的院长,着力于培养人才。有人在书院中担任主讲的时间甚至长达数十年。难能可贵的是,一些开明的地方官也常亲临书院讲学。徐宗干在台湾为官时,白天公务繁忙,但常于晚上到书院去,除讲学外还与诸生问难,训之以修身立志之方,勉之以读书作文之法。

清代闽台书院都建立了考课制度。所谓考课主要指月课,通常每月进行两次。其中官课一次,师课一次。官课由政府官员主持。台湾的海东书院,因其位比省会书院,故由兼学政的台湾道主持。崇文书院则由台湾知府主持。福州的越山书院则由督粮道、福州知府、海防同知、闽县和侯官知县轮流出题考试。师课则由各书院院长主持。台湾书院举行月课时,通常提前五天告知考题,以便让学生着手准备。考课内容都是八股文和试帖诗,部分师课加试古文、经解、史论、策论与杂体诗赋,但视为附加,并不受重视。月课完毕,凡官课试卷理论上应由地方官评卷,实际上这类工作多由书吏代劳,拟好等级送官圈阅即可。师课则由院长评卷。为了使月课具有权威性,能引起学生的高度重视,各书院往往将月课成绩与膏火费的发放紧密联系在一起。台

①　刘宁颜总纂:《重修台湾省通志》卷六《文教志·学校教育篇》,台湾省文献委员会 1993 年印行,第 113 页。

湾的书院在月课后,根据学生的答卷优劣分出等第,并依等第高下给予膏火。其等第,生员分超等、特等、一等,童生分上取、中取、下取。福州的越山书院月课之后评出一等 30 人、二等 70 人、三等 90 人,依次给膏火钱 800 文、600 文、400 文。成绩一般的给得很少,最后 5 名不给膏火。由于月课直接与学生的膏火挂钩,所以书院的经费若不足,月课就自然减少,而月课太少便不成其为书院。显然,月课已成为闽台书院检验学生学习质量的最重要的途径。学生参加月课,直接的好处是可以了解自己掌握知识的程度,为将来参加科举考试做准备,同时可以领取膏火以维持生活,但也带来一些弊端。清代闽台书院多规定官课决定学生的升降,而且每一等级之间膏火的差距很大,故参加者十分踊跃,而师课成绩不作为升降的标准,膏火较少,所以不少学生不参加。另外,官课的试卷一般要当天交,师课的试卷则可以带回去做,第二天交。官课的试卷多由书吏代阅,容易打通关节。师课由院长阅卷,其个人的好恶也往往决定取舍。一些书院师课的试卷甚至完全抄袭他人的文章。但是,从总体上看月课毕竟对闽台书院的发展起了重要的推动作用。

三、经费的筹措与使用制度

　　闽台官立书院的经费主要由政府拨给。如福州鳌峰书院,清雍正十一年(1733)和乾隆三年(1738)由朝廷各赐给 1000 两银子作为办学经费,地方官府也于乾隆二年(1737)、乾隆十七年(1752)、乾隆二十一年(1756)分别拨给办学经费 1980 两、2000 两、1100 两。闽台官立书院的经费除了由政府拨给外,来源尚有田租、园租、利息等。道光八年(1828),福州府批准将位于闽江下游江边乡、魁岐乡一带的几片洲田分别划给府属的越山书院和省属的鳌峰书院、凤池书院,并称之为越山洲、鳌峰洲、凤池洲,沿用至今。其中,越山洲有田 2000 亩,鳌峰洲和凤池洲合共 6000 亩,所收田租用作这 3 所书院的办学经费。按道光年间的田租价格折算,每 2000 亩田租每月可得银 2000 两,这一数目相当可观。公银拨给和田租收入是闽台官立书院较稳固的经费来源。

　　除了上述这两项来源外,闽台的官立书院还使用多种方式筹措经费,如接受官绅捐献的俸银资产以及捐献的学田等。乾隆五年(1740),拔贡生施世榜捐给台湾海东书院水田千亩,以充膏火之资。乾隆年间,泉州一峰书院教师陈君诚、监生曾良桐和曾华文共捐银 1000 两，存放生息，以之公用。

闽台官立书院的经费较为充裕。据光绪二十二年（1896）日本人对台湾海东书院的调查，该书院每年的主要收入除了巨额现金外，还有米 1413 石、砂糖 42677 斤，又有田园、厝、埔等项租金，其财产数额十分庞大。充裕的经费为维持闽台书院正常的教育教学秩序提供了物质保证。私立书院则以田租为主，间或也接受官府的补助。台湾的振文书院，其经费来源便曾以田租为主。一些私立书院遇到祭祀、修缮等急需花钱的时候，也会提请官府予以补助。澎石的文石书院于光绪元年（1875 年）重修时，因经费紧张，便曾提请巡道予以拨款补助。

闽台书院经费的使用，因各书院的情况不同而有所不同，但主要有人事费、资助金、祭祀费、事务杂费 4 大类，其中人事费又占了相当的份额。以福州鳌峰书院为例，山长聘金和来程盘费 16～24 两，年束金 400 两，年饭食银 120 两（逢闰年增加 10 两），端午、中秋、年底三次节敬 30 两，年节代席 6 两，初到下马银 3 两，初到供伙 3 日银 3 两，山长及其父母生日寿敬 30 两，辞馆回程盘费 20 两。监院、教官每人每月辛银 4 两，年节敬 10 两。看门长班、厨夫、缮写、管书、水夫、火夫 6 名，每名月给 1.5。打扫夫 1 名、斋夫 4 名，每名月给 0.5 两。晒书工 3.8 两。官课约 300 人，饭食银年 297 两。师课备卷银年 62.7 两。生员、监生正课 80 名，年膏火银 1408 两。副课 70 名，年 924 两。住院生饭食银年 1232 两，童生膏火银年 600 两，官课奖赏银年 100 两，师课奖赏银年 40 两，春秋二祭年 12 两。文昌、魁星 6 两。[①] 从上可知，在书院经费的使用方面，人事费是最主要的一项开支，而山长的各种费用又占了其中相当的比例，每年高达约 628 两。由此可见，院长（山长）的待遇是相当高的，这在台湾书院也是如此。海东书院的院长每年束修 520 两，节仪 24 两。不过，在台湾还有比海东书院院长薪金更高的，如白沙书院院长年薪高达 600 两。此外，学海书院院长年薪 400 两，英才书院院长年薪 340 两，明志书院院长年薪 336 两。但是，书院院长之间的薪金差距很大，如仰山书院院长的薪金只有 138 两。

除人事费外，奖助金是支给学生的费用，包括膏火费、花红、文具费等，这

---

①　福建省地方志编纂委员会编：《福建省志·教育志》，方志出版社 1998 年版，第 43 页。

项费用也占书院常年费用的相当一部分。祭祀费是指早晚香炉费、春秋祭祀费、迎圣祭祀费等,对这项费用的筹措与使用,无论是官府还是书院本身都予以高度重视。福州市郊亭江镇长柄村的龙津书院位于水陆码头,清初福建巡抚奏拨怡山院岁渡（渡口税）用作该书院的春秋祭典费用。同治四年（1865）,定每年集钱若干充作祀典费用。至于事务杂费,包括书院修补费、课卷费、公务所需之油烛纸笔杂费等等,均属于经常性支出。

综上所述,闽台书院的各项制度具有许多共同性,这与两地同属一个行政区划等因素有着密切的关系。由于地域、客观条件的不同,两地书院在一些具体制度的制定和实施方面也存在着差异,但这只是大前提之下的差异。在清代的整个社会大氛围下,应该说闽台两地的书院没有太大的区别。福建的书院由于存在时间较长,所以相对成熟,这一点人们没有异议。台湾的书院清初才开始出现,前后发展历史只有212年,比之祖国大陆在时间上晚了500年。有人便因此认为其多项制度并不统一,而且书院内部制度的建立受当地官府、士绅的重视程度,主持人的作为等方面因素的影响,存在着明显的差异。笔者认为,这种差异在祖国大陆地区的书院也是存在的。平心而论,在不太长的时间内,台湾书院以祖国大陆书院（尤其是福建书院）的各项制度为蓝本,形成了自己的制度,涌现出了一些在海峡两岸具有重要影响的书院,对此应予以肯定。

第四节　闽台书院的建筑特色

台湾与福建具有深厚的地缘、人缘等方面的联系,当地居民中的不少人是从福建移民而来。移民在带去各种生活习俗和先进的农耕技术的同时,也从福建引进了建筑技术和建筑风格,使得清代台湾的建筑具有浓郁的福建地方特色。

台湾在很长一段时期内接受了来自祖国大陆的传统文化,而传统文化主要是从福建的闽南一带传入的。在台湾的福建人也以闽南人居多,文化的渊源关系决定了台湾传统建筑的形式与闽南的建筑形式有着密切的内在联系。台湾的古建筑大都模仿福建泉州、漳州一带的样式,凡是要兴建庙宇或较大的住宅,照例都要从泉州、漳州一带招聘称做"唐山师父"的建筑师,承担全部工程的设计,本地工匠只能当助手。于是,台湾的建筑与闽南的建筑便极为相似。如宜兰地区的建筑多为漳州建筑的样式,桃园的建筑多为漳州建筑与客家建筑样式,新竹和鹿港的建筑仿泉州建筑风格的居多,嘉南平原的建筑则是漳州和泉州建筑样式并存,高雄与屏东一带是泉州、漳州及客家建筑相互交错在一起。[①]

　　闽台两地在建筑上呈现出的许多共同特色,鲜明地反映在两地的书院建筑中。

一、闽台两地的书院创建者重视风水的因素,重视对书院建筑地点和朝向的选择

　　他们认为,书院是士子读书、修行、讲学、吟咏、著述、休憩和祭祀先圣先贤的场所,必须重视风水,重视"择地"。"择地"也称相地,即选择山川名胜中的"风水宝地"建书院,以达到陶冶士子的纯真高尚性灵之目的。闽台两地的一些书院碑记中,在谈及择址时往往会出现这样的字眼:"卜定。"一些学者对此心存疑虑,难以判断卜定与风水勘察是否有关系,或仅指一种措辞习惯。其实,"卜定"与风水勘察关系十分密切,通俗地说就是请地理先生来"相地",以表示对书院建筑中风水因素的关注。闽台两地在"相地"方面的做法没有太大差别。在闽南一带,相地时把"枕山、环水、面障屏"之地称为"吉地",并将在"吉地"上建造书院视为最佳选择。因其往往坐北朝南,夏凉冬暖,故确实有利于居住、读书和休憩。泉州的镜山书院、同安的文公书院、安溪的凤山书院都建在有泉涧的青山上,其址均为当地士人视为"吉地"。台湾不少书院建筑所在地也大都是被当地士人所看好的所谓"吉地"。曾曰瑛在设立白沙书院时,于彰化境内多方踏寻,最终选择白沙为书院院址。"以彰化山川之秀,以白沙为冠,取其地以名之。"在风水观念上,他认为这块地有"主人材蔚起之象"。巧合的是,80 年后,白沙书院的学生曾维桢成为台湾有史以来的第一位翰林,当地官民便认为这应归功于白沙书院的风水好。当然,"吉地"的概念并不是单一的,地处闽中的一些知名书院往往处于闽江下

---

　　①　林仁川、黄福才:《闽台文化交融史》,福建教育出版社 1997 年版,第 125 页。

游地势平坦的市镇及其周边地区。虽不处于青山之中,但"相地"时采取借景的手法,也能使书院建筑与山水风光相连。闽县螺洲的观澜书院位于闽江支流,洲内无山,江外则峰峦耸立。鼓山屹立洲之北面,与迤逦的旗山侧西对峙,东南有乌龙江与五虎山,屏障天然,具有风云旗鼓、龙虎江山的雄奇气势。书院面山临水,每风起潮涌,千帆竞发,百舸争流,学子游目骋怀,足以怡情养志。潮退则黄沙耀金,归渔唱晚;夜静波澄,日影沉壁,恰似"双流汇渚为襟带,群峭当门似画图"。① 值得一提的是,宋代书院以名胜或环境优胜处为院址,形式较为活泼,清代书院的建筑虽然较为制度化,但同样重视环境因素,这主要体现在闽台两地的书院在择地时对水环境的格外重视。观澜书院位于闽江边,条件得天独厚。台湾的一些书院虽不处于江畔,为弥补不足,往往在书院建筑前方挖一大池塘,如明志书院前方与左前方就有两个大水塘,既利灌溉,又增水色。

　　闽台两地书院的创建者对风水的重视还反映在对书院建筑所处的地理位置和朝向的选择上。

　　闽台书院建筑的地理位置大致可划分为两类:一类在城镇内,如县治、府治附近,儒学和文昌宫附近,台湾的崇文书院、文石书院、引心书院、海东书院、仰山书院、英才书院等,福州的鳌峰书院、正谊书院、致用书院等便是如此;另一类处在城区边缘地带或山林之中,如台湾的玉峰书院、文开书院、明道书院、龙门书院、螺青书院、南湖书院、登瀛书院、明新书院、道东书院,福建泉州清源山的新山书院、镜山书院等。在这两类书院中又以后者为多,这与一耳目、肃心志的书院教育要求有关,也与"仁者乐山,智者乐水"的传统理念相吻合。清代的台南知府蒋允焄因崇文书院处于府治附近,市井嚣尘与弦诵之声相间发,认为不利于修身养性,故于任内在郊外南湖购地数亩,构建学舍和讲堂,将书院迁往那儿。南湖诸山迴抱,林木参天,有岩足涉,有川足泳,有淄庐宝刹足游憩,被认为是读书的好去处。

　　对于书院建筑的朝向,闽台两地均很讲究。其朝向大多以朝南为主,台湾书院中朝向东面的仅蓝田书院、明新书院等少数书院,朝向西面的有蓬壶书院、学海书院等少数书院,而朝向南面的却有崇文书院、海东书院等一大批书

---

① 林宪民:《螺洲观澜书院简史》,《福建图书馆学刊》1988 年第 1 期。

院。福建书院建筑的朝向与台湾也大体相似。之所以会出现这种情形,与古代学校的建筑传统有关,如东汉太学、宋代太学的建筑朝向都是向南,有"就阳位,主文运"的寓意,当然也有现实中生活舒适、学习便利的考虑。东南沿海一带的气候特点是夏季炎热,且夏秋季多受台风、暴雨袭扰,地下水位较高,书院建筑以朝南(或南偏东)为主,既可遮阳防晒,又可防风、防雨、防潮。

闽台两地书院在建筑择址时重视风水和相地,具有深刻的社会背景。重视风水的风气不但在闽台两地的民间十分盛行,官员们对此亦十分在意,于是便成为一种普遍现象。嘉庆三年(1798),彰化知县胡应魁发现当地的名山八卦山山势横亘,却无主峰,这使他心中极为不安,乃叹曰:"无主则乱,邑之不靖,其以是夫!"于是,在县署的后面建了一座"太极亭"作为补救。光绪十三年(1887)台湾正式建省,在讨论省城设于何地为佳时,彰化县绅士蔡德芳等人认为将省城设在鹿港为宜,但遭到巡抚刘铭传的反对。他认为,省城形势有关整个台湾的气运,必须相其阴阳,观其流泉,不可草率确定。"如择定处所,或有凶砂恶水,来龙不真,或山水阴阳不交,不成格局,均可由地方绅士知堪舆者一一指驳。"[①]刘铭传是个新派人物,抚台期间致力于各种近代化的建设,他尚且如此注重风水,更毋论一般的官员了。这种倾向自然也深刻地反映在闽台两地书院的择址上。

关注风水,谨慎选择建筑地址,历来书院创办者对此都予以重视,只是在闽台地区尤为突出而已。在当时的历史条件下,若拂去其间的神秘色彩,可以看出这样做有一定的合理性,在一定程度上表明了对地理的尊重。英国的李约瑟博士曾高度评价中国古代的风水,认为风水体现了中国古代的景观建筑学,是一种准科学,而且风水中还包含着美学的成分。这表明,闽台书院创办者重视风水因素并不是偶然的,而是对传统的有所继承。他们在易理思维的指导下,通过对风水的关注,赋予书院建筑以"灵魂"。由于注重书院建筑的人文景观与自然景观的和谐统一,注重人工自然环境与天然环境的和谐统一,书院建筑中便蕴含了自然知识、自然规律、人生哲理、传统的美学和伦理观念。风水理论从某种意义上说,已成为书院建筑的环境理论和方位理论。

---

① 　林文龙:《彰化白沙书院兴废考》,见《台湾史迹丛论》下册,台湾国彰出版社 1987 年版,第33 页。

二、闽台书院建筑结构对称、紧凑,且多具有宇祠的性质

闽台两地的书院建筑虽然形式多样,种类繁多,但与一般传统建筑一样多具有明确的中轴线,呈现对称的布局。其左右对称,主次分明,形成以厅堂为中心的分院形式。闽台两地有一定规模的书院往往在建筑格局上向纵向延伸或横向发展;规模更大点的书院则采用多厅堂组合方式,或者并列数条轴线,形成多院落组合的建筑群。

台湾与闽南可考的书院建筑大多是三进的(横向一列房屋谓之一进),少数书院建筑也有四进的,如台湾的崇文书院和文石书院。在一般情况下,第一进是门厅;第二进是讲堂;第三进是祭祀的场所,或祭祀文昌君,或祭祀历代名贤,左右两边各房为生童宿舍等。三进的书院建筑中较为典型的是台湾的明志书院。该书院计一座三进,中为讲堂,后为先师祠,祭祀朱子神位,左右两边各房为学生的活动区。其中,左边的建筑称敬业堂,一排五间,敬业堂以外另建一小廊与主体建筑相连。至于只有二进的书院,则往往将讲堂与祭祀空间合并。

台湾与闽南的多数书院建筑之所以将讲堂列于前,将祠堂列于后,有着人文和主次方面的考虑,即正式房舍位置越往后越尊贵。讲堂虽具有极高的尊严,但其学术渊源在于祠堂,故祠堂往往置于讲堂之后,起一种使精神空间复活的作用。不过也有例外的,如泉州的一些书院便将祠堂置于整个建筑的中央,而不是后进。还有的书院,如泉州的清源书院将讲堂置于中央,而将祠堂置于讲堂左边。台湾的文开书院,由门而进为前堂。中间为祠堂,祭祀朱熹并以沈光文等寓台八贤配享。再进为讲堂。由讲堂而进,联以通道,覆以卷栅,左右夹以两室,是为后堂,以居山长。可见,文开书院是将祠堂置于讲堂之前的。但就总体而言,台湾与闽南两地的书院建筑的轴线十分明显,中轴线上的房子一进尊于一进,越往轴线以外的房子地位越低,尊卑之区分清楚。除了主从性质外,书院建筑往往还表现出一种独立性质,即每一个院落都是相对独立的,多数房间都面对庭院,各有自己的天地。所以,人们认为这体现了书院建筑设计者的平等思想。

台湾的书院建筑与闽南的书院建筑极为相似,但与闽中地区的书院建筑相比又有一定的差别。后者给人的印象更像是一片具有综合功能的建筑群,是一座座私家园林,而不是简单的层层递进。康熙四十六年(1707),福建巡抚张伯行在福州设鳌峰书院,添建书舍达 120 间,内有花园和荷花池,周围还有假山、石洞、亭、楼、池、榭,院内种植松、杉、竹、柳,环境清幽。建于嘉庆二十二年（1817）的福州凤池书院,除了有讲堂 12 间和书舍 30 余间外,还有各种的亭、榭建筑,且多仿苏州园林式样,其中较为著名者有"翠竹轩"、"佳士轩"、"横经精舍"、"藤阴书屋"等,院后还有花坞、荷池,院内海柳夹植,松竹掩映。

尽管在书院建筑空间上存在差别,但闽台两地书院同祖国大陆地区的多数书院一样都具有宇祠性质,这是显而易见的。值得一提的是,有些书院内宇祠的建筑比例相当大,存在多种祭祀空间。福州鳌峰书院建有大成殿、文昌阁、五子祠、二十三子祠、张公祠、三贤五先生祠等。大成殿祭祀孔子,以曾参配祀;文昌阁祀文昌帝君与魁星;五子祠祀周敦颐、程颢、程颐、朱熹、张载;二十三子祠祀杨时等 23 人;张子祠祀书院创始人张伯行;三贤五先生祠,祀有功于书院建设的 3 位清代福建巡抚和 5 位著名山长。即使规模比鳌峰书院小许多的福州越山书院,也设有报功祠、六贤祠、文昌宫、奎星阁等祭祀性建筑。在封建社会里,祭祀先圣及名儒是书院的主要活动内容,祭祀活动隆重庄严,通过这项活动能有效地对学子进行封建道德教育,这也是书院创办者重视祭祀空间建设的一个重要原因。

三、闽台书院建筑的剖面和立面变化丰富,平面变化具有弹性,屋顶结构精妙

台湾与闽南的不少书院建筑在剖面和立面上具有多变性、转用性、多用性和单元的适度扩展性。以大门为例,两地书院建筑中有不少是三间式的大门,若左右各加一间则成为五间式大门。三间式大门若以墙与厢房山墙拉平,由外部观之即成为七间式的大门。可见,五间式大门和七间式大门都是在三间式大门的基础上加以变化扩展的。再以中堂平面变化为例,台湾与闽南书院建筑的中堂与中庭组成的建筑称为合院,当团合的方式、堂与侧厢的关系、侧院与中庭的关系发生变化时,空间感亦随之变化。两地书院的合院主要有三种形式:横面式、三合式和四合式。以台湾书院为例,横面式如屏东书院,虽然仍是合院,但院子左右两侧仅有边墙,空间感觉如一横面,合院感觉反而不强。三合式,即中堂与左右厢房形成三合的空间,如兰田书院与英

才书院。四合式,即舍院空间明显由四边房屋合成;四边房屋分散者称分散式,四边房屋相连者称聚合式。分散式,如白沙书院、文石书院;聚合式,如道东书院、磺溪书院、学海书院、明志书院等。

闽台书院建筑平面变化具有弹性,这主要体现在建筑台基的高度和房屋的高度上。尤其是台基的高度,常被用于衡量建筑地位尊卑的标准,有时虽仅有数阶之差,却有明显的高低之分。鹿港文开书院完工之后,彰化知县杨桂森在其"详报捐建鹿港文开书院牒"中即明列各堂高度:"前堂阶崇三尺","讲堂……阶崇与前堂埒",后堂没记。据台湾学者实测,结果是前堂28厘米,讲堂37厘米,后堂榻廊29厘米,堂内37厘米。① 福州致用书院先是设在西湖旁,光绪年间移到乌石山范公祠左边。书院依山建筑,就地取石料砌成院基。院基比较高,由下层经几十级石阶才到达大门。由于重视了台基的高度,整个书院建筑群在视觉上给人的感觉是高爽宽敞。闽台书院,房子一进一进的,庭院间隔其中,动线的空间感一实一虚,一收一放,再配合高度些微的不同,空间变化很强烈。台湾一些书院的台基、走廊等高度,不过10余厘米到40厘米左右,最多不超过60厘米,但相对于平地,人在其间行走时的空间感或节奏感就大不相同。

由于重视建筑台基的高度,加之不少书院建筑往往依山而建,这就势必出现"过白"现象。即人站在建筑群落中,能观看到局部的完整画面,这一画面中留有一线带状的天空,"过白"就是人所见到的天空光线。"风水过白"手法的频繁使用,使得闽台书院建筑之间的日照间距和整个建筑景观和谐统一。"过白"的高度可以适当控制,有的书院后过厅堂标高比前过厅堂高许多,则在前进加建一层阁楼,并加高正脊,这样就使后过厅堂也有了合适的光环境,实现了阴阳的平衡。"风水过白"还使得闽台书院建筑形成各种"完形"框景,建筑的景物层次、远近对比、内外虚实,构成了一种美的境界。

闽台书院的屋顶结构十分精妙。清代大户人家在造屋顶时,结构一般用举架、推山、翼角翘起、反宇等手法,使屋顶从各个角度看都呈曲线形。台湾与闽南书院也采用斜屋顶曲线的手法,使得屋顶形象十分丰富。正脊往往形成很大的曲线,檐角有较高的反翘,燕尾式的高翘脊有如群鸟争风。这种设

---

① 王镇华:《书院教育与建筑——台湾书院实验例之研究》,台湾故乡出版社1986年版,第53页。

计使得屋顶的造型十分夸张,但简洁流畅,比例匀称协调,艺术形象美观,也符合"天人合一"的观念。台湾道东书院后院,左右各有一小天井,当人走进左边天井时,初觉狭隘,猛一抬头间视线随后堂燕尾而上,天井空间随之与天空交融于屋端的燕尾,从而体会到曲线斜屋顶的妙处。如无曲线斜屋顶,则天井四缘都是直线,空间伸不出去,感觉自然不可能是"与天地参为一体"。在屋顶用料上,台湾与闽南的书院亦很讲究。闽南书院建筑和屋顶多采用小青瓦、坡屋顶。作为主体部分的厅堂,屋脊最高,其他用房则相对低矮。建筑内部空间起伏较大,单坡或双坡屋顶上覆以青瓦屋面,形成层层叠叠、高低错落的屋顶轮廓。屋脊上常常有许多花饰,屋脊的弯曲与屋角的起翘形成各种优美的曲线。台湾的一些书院还在屋顶的椽子上铺阳瓦,并按高度变化需要,以台湾常见的微曲红色薄瓦与黄泥间砌,如屋面两边较高,则多叠几层,最后覆以简瓦。

四、闽台书院建筑装修考究,雕饰精美,色彩美观

中国古建筑把分隔内外空间以及内院间的门窗格扇,一概叫做装修,前者避风雨寒暑称外檐装修,后者仅是为了分隔称内檐装修。大门的附属物,如抱鼓石、门簪等与天花一般也归在装修内。闽台书院建筑在装修上继承了古建筑的优良传统,在空间上显得比较灵巧,装修也因此"灵秀轻盈"。有时配以整面的砖墙,灵巧、厚重兼而有之。

台湾书院与闽南书院以色彩、砖纹、碑刻艺术、壁柜等为主要装饰内容,红砖、灰石、白墙、黑柱或木质原色,是基本的色调。台湾书院一般用的中原砖块,上有斜条的暗纹,砌好之后,斜纹与砖缝完整连为一体。传统建筑的用料,大都是天然材料,砖厚等仍不失天然本色,所以结构、比例"自然",尺度适中。值得一提的是,台湾一些书院的用料很有计划,上等料用在门面等重要地方,次等料依位置拼用。文开书院的台基因年久失修有部分石板倾落,人们发现原来次要位置的石板只有两面是平的,另两面有缺角即埋在土里,这种用料方式十分经济。

台湾书院与闽南的书院建筑善于运用各种雕饰手段来取得美的艺术效果。各种雕刻如木雕、石雕、砖雕等形象都栩栩如生,优美动人。厅堂的梁枋、托架、门角格扇、椽头柱础,都雕满了花饰,精巧细腻。有的在花饰上贴以金箔,装修十分华丽,有的还在屋脊、山墙顶部布满砖雕及碎瓷装饰。

在色彩方面,闽台书院建筑也有明显的特点。泉州书院建筑的色彩艳丽夺目,着色考究,外墙一般都是用磨光的花岗岩作墙基和台阶,再以高质量的胭脂红雕花砖砌墙,屋顶盖以红筒版瓦,屋檐正面墙用有色瓷片粉灰施彩,雕制翎毛、花卉,或人物山水,富有故事情节。同时,嵌以青石磨光雕制的栏框、阴雕或浮雕,上有各种图案花纹、名人诗作,刻意甚精,再配置砖雕或雕花石窗,整个书院色彩美观。

五、闽台书院建筑的空间较大,从而丰富了人们的视觉感受,提升了书院的文化品位

闽台书院建筑的空间大致由以下内容构成:精神空间,指祭祀先师、文昌、名贤、名宦的祠堂,以及各种命名题额、嵌碑立石、匾联语录等;教育空间,指讲堂、祠堂、宿舍、庭院等;居住空间,指山长、师生、勤杂人员的居处;藏书空间,如藏书楼;服务空间,指门房、厨房、仓库、浴室等;交通空间,即书院内的各种通道。

闽台书院通过祭祀等活动旨在保持一种历史的和人文的精神,肯定先人在历史中的贡献,这对诸生的教育作用是显而易见的。书院内的皇帝赐匾或赐龛,也能起到这样的作用。台湾道东书院祭祀朱熹,其祠堂里立有一块"钦赐崇祀"的小木牌,表明这种祭祀已得到皇帝的认可,从而抬高了书院的地位,也会对诸生起激励鼓舞作用。福州鳌峰书院大门上悬挂康熙皇帝御书的"三山养秀"的匾额,书院后花园的"鉴亭"前悬挂乾隆皇帝的御笔"澜清学海",这自然令书院诸生感到自豪,从而收到教化的效果。闽台书院中有不少对联,多为勉励生徒的警句。如:"祖述尧舜,宪章文武;栽成礼乐,参赞先人"(台湾蓝田书院);"六经注脚,秦汉以来独步;千圣传心,孔孟而后一人"(台湾道东书院);"反己有真修,须留神检到心身界上;加工无别法,务着力打开义利关头"(福州鳌峰书院);"青眼高歌,异日应多天下士;华阴回首,当年共读古人书"(福州正谊书院)。这些对联都展示着书院的教育理想和对培养健全人格的追求,所形成的精神空间是博大的。

藏书与讲学、祭祀被列为传统书院的三大事业之一。闽台书院极重视收藏各种典籍供诸生稽览,因而书院建筑内的藏书空间极为丰富。清代福州越山书院藏书很多,有 20 大橱,400 多种,5000 余册,集中于文昌阁。图书分经、史、子、集四大类,有御赐法帖、钦定版本经、史和韵书,其中大半是宋、明以来理学大师的著作、讲义、注疏等。福建各大书院名师的讲义、教材,批注的经典及著作等也大都收藏在这里,如鳌峰书院名师林枝春、孟超然、陈春祺,越山书院名师赵轩波、何嵩祺、林懋勋等人的作品。加上历年官府和缙绅之家所赠的图书文献等,收藏甚丰。

闽台书院建筑的交通空间也很丰富。两地书院的进与进之间的交通空间,大多设于讲堂与后堂之间,称"过廊"、"过厅",或通道,多是卷棚顶。台湾白沙、明志、学海、屏东、文开等书院便是如此。泉州书院的廊有两种,一是通道走廊,起遮风避雨作用;二是碑廊,凡修缮或捐资书院者,在此廊上立碑纪念,两者都起了联系书院建筑物的作用。

闽台书院建筑符合建筑语意学,其优点是显而易见的,但也存在一些缺憾。如台湾与闽南的一些书院,房间门一律朝内,外部则以高大厚实的墙体环抱,仅开小窗,甚至不开窗,从而形成封闭的外观,不利于通风采光,易使人产生神秘莫测的感觉。此外,在建筑观念上,一些书院因循旧规,少有创造。

建筑是文化的具体物证,能表现不同地区的文化特色,中国文化的人文精神在建筑文化上体现得最为明晰。闽台两地的书院建筑也充满了人文精神。建筑格局的大方配置、空间的层次安排、正中的大堂、方正的中庭、端正的装修与平面分割等,都给人以一种正大的感觉。强调中轴线的中心位置,则是一种传统的尊卑顺序的体现。内外院分明以及多进式的布局,以实证的手法表明了封建道德所规定的人际关系。书院建筑守常的传统,有助于陶冶诸生温良、平和、中庸的性情。还应当指出的是,台湾的书院建筑具有浓厚的福建(尤其是闽南)书院建筑的特色,二者是一脉相承的。"清代台湾各书院的建筑,虽因书院本身经费的充裕与否,而有规模大小之别,但其格局则皆取法内地书院。"此外,书院建筑的风貌,亦因袭内地;甚至建筑材料与工人,亦均自内地运来,其完全因袭内地书院之建筑,乃是血肉相连的事实。对此,海峡两岸学者的认识是一致的。正因为台湾书院建筑的格局和风貌取法自祖国大陆(尤其是福建),才使闽台书院建筑之间具有了许多共同性,从而在深层次上体现了中华传统人文精神的恢宏和富有生命力。

闽台书院具有深厚的历史渊源,相互之间的交往和联系十分频繁,互补性很强,在一个统一的国家里共同发展。但是,在晚清的大变局中,两地书院的最终境遇是截然不同的。中日甲午战争后,清政府被迫将台湾割让给日本,在日本占领军的刺刀下,台湾书院随之消亡。书院的院址或成为日军的营房、医院以及官厅的宿舍,或改为所谓的公学校,或空其屋令其自毁。福建的书院则同祖国大陆地区的其他书院一样,经过改制,逐步向新式学校过渡,在整个民族近代化的进程中发挥了一定的作用。同样是传播与弘扬中华文化之机构,前者被毁于无形,后者得以革新,继续发挥作用,其不同的境遇使人感慨良多,给予人的启示也是深刻的。

第四章　福建官绅与台湾
基础教育的发展

　　同祖国大陆其他省份一样,清代台湾的基础教育主要是由义学、社学等教育形式构成的。数百年间,台湾的基础教育对台湾的教化,乃至社会文化的进步,都起了重要作用。在台湾基础教育发展的进程中,一部分有见识的福建官绅身体力行,积极参与,做出了显而易见的贡献。

第一节　福建官绅与台湾义学的发展

　　义学俗称义塾。清代义学的广泛设立是在康熙年间。当时,礼部议准于各省、府、州、县设立义学,其目的在于延请名师,聚集孤寒儿童,使其励志读书。义学是实施启蒙教育的场所,属基础教育性质。读者的年龄多在6岁至17岁之间,他们被要求读书识字,掌握一定程度的文化,以便将来能够进入书院学习,或参加府县儒学的入学考试。由此,我们可将义学视为书院和府县儒学的预备教育。义学一般由官府主办,有些地区则以官民义捐的形式设立。义学不收束修,在岁考月课时,甚至还发给膏火银。

　　康熙四十五年（1706）,台湾知府卫台揆创建了三所义学,这是台湾地区最早设立的义学。此后,在地方官员的支持下,凤山、诸罗等地纷纷设立义学,三十余年间全台湾即设立了数十所。康熙末年,台湾爆发朱一贵领导的声势浩大的农民起义,同属基础教育的社学受到严重冲击。朱一贵起义被平定后,清政府决定加强对百姓的教化。由于义学这一教育形式较之社学更贴近百姓,能够满足百姓让子弟接受初级教育的愿望,而且设点较多,分布于城镇乡村,故迅速得到扩展。

　　康熙、雍正年间,台湾义学的广泛设立,除了政府的重视外,还源于福建漳浦人蓝鼎元的大力提倡。蓝鼎元,字玉霖,号鹿洲,出生于书香门第,祖父和父亲都是漳浦有名望的读书人。蓝鼎元年轻时曾入福州鳌峰书院学习,受到福建巡抚、名儒张伯行的赏识。31 岁至 41 岁时,他在家乡且耕且读,学识日臻通达。朱一贵起义爆发后,蓝鼎元的族兄、南澳总兵蓝廷珍受命率军入台平定,蓝鼎元遂应邀"参募戎伍",在蓝廷珍幕中参赞军务,历时一年。雍正二年(1724),蓝鼎元被选拔入京师的辟雍。次年,受命校书内廷,分修《大清一统志》。雍正五年(1727),他上奏经理台湾、河漕兼资海运、黔蜀封疆等事,引起雍正皇帝的重视,被任为广东普宁知县;上任一个月后又兼任潮阳县令。雍正十三年(1735),蓝鼎元被任为署广州知府,刚上任即病逝。蓝鼎元官阶不高,从政时间也不长,但在生前及身后名气都很大,《清史稿》有他的传记,闽台及广东的志书中有他的事迹介绍。蓝鼎元对治理台湾有自己独到的见解,被视为"筹台宗匠"。他提出,必须增强台湾的军事防务力量;向北增置县治;实行有效管理;整饬吏治,严明赏罚;对山地的少数民族实行"理番"政策。与此同时,他十分重视在台湾实施教化,而实施教化最重要的举措是广设义学。

　　康熙六十年(1721),蓝鼎元在为蓝廷珍代拟的《复制军台疆经理书》中指出:"台湾之患,不在富而在教。""兴学校,重师儒,自郡邑以至乡村,多设义学延有品行者为师,朔望宣讲圣谕十六条,多方开导,家喻户晓,以'孝弟忠信礼义廉耻'八字转移士习民风,斯又今日之急务也。"① 这番话切中了台湾社会存在问题的根源。将兴教育、重师儒、办义学视为治乱的根本,可谓是他的独到见解。三年后,在《与吴观察论治台事宜书》中他进一步提出:"台人未知问学,应试多内地生童,然文艺亦鲜佳者。宜广设义学,振兴文教……台邑凤山、诸罗、彰化、淡水,各设义学,凡有志读书者,皆入焉。"② 他主张将义学教育与书院教育衔接起来,即在广设义学的同时,于府城设书院一所,凡义学中的学行进益者,可升入书院,为上舍生,这样易使人观感奋兴,人文日盛。在上奏清政府的《经理台湾疏》中,他提出:"令有司多设义学,振兴文教,集

---

① 　蓝鼎元:《鹿洲全集》,厦门大学出版社 1995 年版,第 556 页。
② 　同上书,第 49 页。

诸生讲明正学,使知读书立品,共勉为忠孝礼让之士。"① 具有重要意义的是,他始终将设义学、兴教化与均赋役、平讼狱、奖孝弟力田之彦、行保甲民兵之法、听开垦以尽地力、建城池以资守御一道,视为治理台湾的重要措施,多次请求清政府给予足够的重视,这无疑是极富远见的。在他的倡导和推动下,分巡台厦道吴昌祚给予积极支持。于是,台湾各地的义学纷纷设立,几遍于全台。蓝鼎元具有一种"义学情结",对兴义学的关注是一以贯之的。从台湾返回后,他在广东任职期间,鉴于"潮邑义学墙倾橼朽,瓦棱颓敝,春雨漏淋,无地容足"的状况,捐出自己的俸禄进行维修,很快便使之"幽斋曲径,静几轩窗,虽在阛阓之中,而有山间静穆之致,不可谓非读书之善地也"。②

在台湾义学的发展进程中,蓝鼎元起了肇其端,开先河的作用。他之所以如此重视兴义学,源于"化民成俗"的封建教育理想。他一向主张"欲正风俗,必先正人心、息邪说、拒诐行。贤才不可多得,当培养而玉成之。然则化民成俗之方,兴贤育才之道,莫先于明正学"。③ "正学"即孔孟之学。要正风俗人心,应通过灌输孔孟思想才能达到,义学则是对少年儿童从小灌输孔孟思想的合适场所,这是他长期致力于倡设义学的根本原因。在台湾早期开发史上,他的主张和努力不仅仅具有这方面的意义,广设义学还提高了民众的教育水准,促成了台湾社会的进步。现今台湾的不少学者对此是认同的。王启宗认为:"雍正初年,政府为谋善后,提倡文教事业,促成义学之兴起。倡议者为当时极有学问与见识的政治家——蓝鼎元。"④ 庄金德认为,蓝鼎元"他对于'多设义学'以振兴台湾文教的见解,不但切中时弊,而且他的构想亦很周密。嗣后台湾各地的书院、义学的创设,如雨后春笋,究其根源,蓝氏的倡议,实为其最大的原动力"。⑤ 从这个意义上说,称蓝鼎元为台湾倡办义学的第一人实不为过。

当然,在闽台地方官员中,热心于兴办义学的远不止蓝鼎元一人。道光

---

① 蓝鼎元:《鹿洲全集》,厦门大学出版社 1995 年版,第 806 页。

② 同上书,第 197 页。

③ 同上书,第 195 页。

④ 王启宗:《清代台湾的教育》,见张炎宪主编的《历史文化与台湾》上册,台湾台北自立晚报社 1988 年印行,第 213 页。

⑤ 庄金德:《从台湾历史文教设施认识中华文化的延续与复兴》,《台北文献》1967 年第 18 卷第 2 期。

十三年（1833），原任陆路提督的王得禄于嘉义县的四门楼设立义塾。道光二十八年（1848），分巡台湾兵备道徐宗干在府城西关外设立南厂义塾。同治五年（1866），巡道吴大廷在府城大东门内的弥陀寺和安平镇各设立 1 所义学。继任的巡道黎兆棠于府城内外设置 14 所义学，连同原先的 4 所，统称为"道宪 18 义学"。有意思的是，还出现了以习武为主要目的的义学。光绪十九年（1893），台湾镇总兵万国本于台南设立一所义学，招收 30 名弁兵子弟入学，类似于军队子弟学校。县一级的官员对办义学更是热心，仅同治、光绪年间，淡水一地便有多位地方官员创设多所义学。同治六年（1867），淡水同知严金清设竹堑堡四义塾，分别为东门义塾、西门义塾、南门义塾和北门义塾。四义塾按程度又分为二经馆和二塾馆，经馆的教师以生员充之，塾馆的教师以童生充之。严金清对师资要求严格，每三年考试一次以甄别去留，并确保品学兼优者能够留任。公余他还亲自到各义塾去稽查生徒功课，对于学有所成者予以适当奖励。继任的淡水同知陈培桂在严金清办义学的基础上，于同治九年（1870）增设西门外义塾和北门外义塾，连同台北知府陈星聚设立的南门外义塾，当时竹堑城内外的义塾达到 7 所。光绪十九年（1893），知县叶意深鉴于旧有义塾存在诸多弊端，乃下令停办了两所义塾，并与绅士郑如兰等出资，在明志书院内设立新的义塾。他选拔邑中聪颖子弟 10 余人入学，授以经书实学之要义。这所义塾平日课程有：背诵、寸楷、学习官话、小楷、讲解、文诗经论、复讲、默经，以奠立生童良好的学习根基为目标。其学规为："一曰奋志气以望大成，二曰严出入以峻防闲，三曰端学止以培学基，四曰平意气以资切磋，五曰循课程以期渐进，六曰戒间断以策后程。"[①]

在闽台官员的推动下，台湾各地建立起了一大批义学，不仅在府、县、厅设，各要冲地带也普遍设立。至光绪年间，其数量已十分可观。光绪十三年（1887），凤山县邑侯吴元韬在曹公祠内设义学 1 所，连同此前所设，官立和民立的义学达 7 所。苗栗县，有义学 12 所。台东州，光绪十九年（1893），署州牧吕兆璜呈请设立 3 所义学，连同原先设立的 5 所，共计 8 所。恒春县，仅光绪元年（1875）便设立了 7 所义学。

---

① 黄美娥：《清代台湾竹堑地区传统文学研究》，私立辅仁大学中文研究所 1999 年博士学位论文。

除闽台官员倡办义学外,来自福建汀州、漳州和泉州的有见识的士绅也身体力行,在台湾办了不少义学。

汀州人氏胡焯猷于乾隆初年移居台湾。他在淡水的新庄地方招募佃农,建筑村落,兴筑陂圳,十余年间,开垦良田数千甲,每年收租谷数万石,成为远近闻名的富豪。富裕之后,他目睹当地文风不盛,乡里子弟无处可以就读,遂于乾隆二十八年(1763)创设名为"明志"的义塾,捐水田80余甲,以租谷所得作为义塾的日常经费。他招纳数十名学生入学,并延聘名师前来讲学。胡焯猷的义举得到淡水同知胡邦翰的大力支持,总督杨廷璋对此亦很欣赏,特下令予以立碑褒扬。

来自漳州的士绅潘定民,于道光二十年(1840)在士林街芝山岩开漳圣王庙旁的文昌祠设立了义学。他礼聘泉州人傅人伟主持其事,一时好学之风蔚然而起。不少台湾学者认为,士林后来之所以成为台湾地方文化之渊丛,与这所义学培养了不少人才有关。

来自漳州的富绅林维让、林维源兄弟,于同治二年(1863)在淡水的板桥设立大观义学,聘泉州名士、他们的妹夫庄正主讲。庄正课以诗文,并为学生提供食宿。"因义学之前面对大屯观音山,古名大观,先后主讲者,多一时硕彦,对于淡北教育的贡献甚大。"[1]

福建官绅在台湾办义学时,十分注重借鉴福建在教育方面的传统、教规、经验等,有的甚至全盘搬用。如云霄何地进士何子祥撰有《蓉林笔抄·昆阳义学条规》,对义学内教师的标准、职责、待遇,学生的条件、学规等,都做了具体的规定。后来,何氏族人将之带入台湾,在义学中参照使用,成为闽台教育相互影响的一个印证。

蓉林笔抄·昆阳义学规条 [2]

一、先生当请端方勤灌之士。初学为养蒙之始,趋向一偏然身为累。不但每日口授一二章,便可了事,大而纲常名教,小而揖拜周旋,须时时提命,俾脚踏实地,心全天真,则大本立矣。至于分句读辨音韵、析字义、正

①　王启宗:《清代台湾的教育》,见张炎宪主编的《历史文化与台湾》上册,台湾台北自立晚报社1988年印行,第213页。

②　刘子民:《漳州过台湾》,海风出版社1995年版,第232页。

讹谬,悉先生是赖。故蒙师尤不可忽也。

二、先生束修,每年定二十四金,春秋二季分送节仪二金,入馆即卷悉八折钱算。元宵前后进馆,地方仍率小学生入义学。行礼同书院,以示崇重之意。

三、先生须先议定:晓夜在馆,不得早来晚归,致学规不谨;如在乡下年节回家,号帖声明。

四、先生既系官请,学生不用另出束金。惟是赘仪二节,系礼教所关不可少。兹定赘仪二节,每节一钱,以端午中秋为令节。

五、小学生须授以《小学》,并为讲说,递及论孟等书。如各书已经讲过,仍须带读《小学》细为讲解。其顽钝不受训者,初则扑责,再不改逐出,毋令引诱各童嬉游,以致败群。

六、小学生有志入馆者,先一年董事择十一二岁及十五岁能破讲半篇者,汇三十余名送署侯官,示期面试,以定去取,挂榜于学,择吉送入。

七、先生钉一簿,每日轮二人打扫堂庑,周而复始。

八、寒淡之家,衣服陈旧不妨,然亦毋得赤脚露脖,不成体统。其颇温饱者,即当袍套鞋帽,以布为主,毋得华丽,以养福泽。

九、每日三餐不得不回家,出馆时先齐向先生深深一揖;来馆时必令向父母兄长,亦端端一揖;在街遇长者,亦深深一揖。少而习之,长则不怍而自然也。

十、每年雇一单身老人看馆,每季赏银一两五钱七折,伺候馆师茶饭使唤。不勤者革出另雇,刁健者送官究治。

以上条规略举大概,然洒扫应对,即寓圣人入德之门,各绅衿遵办毋玩视。

应当指出的是,义学是进行启蒙教育的机构,而书院的教育程度高于义学,两者存在明显差别。但是,两者又是相通的,义学甚至可以转化为书院,闽台义学的演变过程说明了这一点。据陈寿祺的《福建通志·学校志》记载:雍正七年(1729),顺昌、尤溪、永安等县的义学改为正音书院。嘉庆二年(1797),沙县的梅冈义学改为书院。嘉庆二十二年(1817),漳浦县的一所义学被改为梁峰书院。台湾也存在这种情况。胡焯猷创办的明志义塾后在淡水同知胡邦翰的支持下改为明志书院,便是一个明显的例子。义学转变为书院,是一种教育程度的提升,只有那些办学条件较好,教育质量较高的义学才能够实现这一转化。也有些义学在向书院转化时不够彻底,所以仍保持着不少义学的属性。如道光二十五年（1845）,彰化县属下之大肚上堡西势庄所建之鳌文书院,"名称虽为书院,然考其组织内容,乃兼有书院之目的之义学也,此系台湾义学之一大特色"。①

第二节　福建官绅与台湾社学的发展

社学是一种实施基础教育的机构,宋元时期在福建的一些地区已开始设立,明代时普遍设立,总数曾达到 600 所。清统治者对设立社学亦很重视。顺治九年（1652）,朝廷要求全国每乡设一所社学,选择那些文义通晓、行谊谨厚者,担任社学的教师,免去他们的差役并量给廪饩,以使之安心教学。但是,真正开始大规模设立社学则是在雍正年间。雍正元年,朝廷发布上谕,要求按照顺治九年（1652）的规定,在广大乡村设立社学,招收 12 岁至 20 岁的青少年入学。"从法令规定上看,强令适龄儿童入社学接受教育,也有一点义务教育的性质。"② 次年,福建各地便兴建了众多社学。据统计,清代福建全省设立社学约 800 所（包含为台湾原住民子弟设立的社学 50 所左右）。社学成为闽台地区实施基础教育的重要场所。

台湾在清代之前并无系统的设立社学的举措,社学设立的历史不如大陆地区久远。但是,闽台官绅敏感地认识到社学的内在价值,对在台湾设立社学给予极大关注。早在康熙二十三年（1684）,台湾知府蒋毓英便在台湾县的东安坊建立了两所社学,后又在凤山县设立 1 所社学,比雍正元年朝廷倡导大规模设立社学在时间上提前了数十年。康熙二十八年（1689）,分巡台厦兵备道王效宗于台湾县的镇北坊设立了 1 所社学。康熙四十八年（1709）,福建巡抚张伯行命令诸罗县令刘作揖在该县的红毛井边等 8 个村庄分别创设 1 所社学,同时要求台湾县建社学 18 所。此后,社学从台湾南部向中部扩

---

① 陈庚金监修:《台中县志·教育志》,台中县政府 1989 年印行,第 122 页。
② 刘海峰、庄明水:《福建教育史》,福建教育出版社 1996 年版,第 199 页。

展,很快便在一般的大乡巨堡都设立了社学。闽台官员之所以重视在台湾设立社学,完全是出于让社学为开发和治理台湾服务的政治目的。"惟察其设置的先后及经过,不独可窥见地方的开拓情形,而且亦可由此推知凡新附荒服版图,为启发风气,需要导以向学,故特在社学名称下,作类似特殊简易官学的设施也。"①

清代的台湾作为福建的一个组成区域,社学的设立及构成均被闽台官员纳入到一个统一的体系中。由陈寿祺主纂,同治十年(1871)刊印的《福建通志》,在《学校》这一部分中,便将台湾府的社学数量与福建其他州府,如福州府、兴化府、泉州府、漳州府、延平府,以及龙岩州、永春州等的社学数量并列标出。这实际上也是有清一代将闽台教育视为一体的通常做法。

台湾每所社学一般只设社师1人,以教授经学和艺文为主。至于具体的教授内容,则由闽台官员参照(甚至全盘照搬)祖国大陆地区社学的教授内容而定。一般而言,有《三字经》、《千家诗》、《论语》、《大学》、《中庸》、《孟子》、《声律启蒙》等。府县儒学的训导定期对社学的教学质量进行检查,社学中的优秀学生可参加当地府县儒学的考试,社学与府州县儒学形成一个互相衔接的学制系统。此外,社学的学生可通过升入府州县儒学,进而最终获得参加科举考试的资格。

台湾地区汉族聚居区的社学,在康熙末年的朱一贵起义后即渐告废弛。台湾的一些学者因此认为,义学乃代之以兴盛,而社学多变为义学,社学到乾隆末年,竟变成为士子会文结社和敬业乐群之所,其性质已完全变更,与原来的含义毫不相关了。祖国大陆的一些学者也附和此说,认为清代台湾先后出现过的沈光文设立的"东吟社",嘉义士绅苏碧英等人设立的"文彦社",噶玛兰厅士绅设立的"仰山社",以及新竹士绅设立的"培英社"等,都是有影响的"社学"。其实,作为学校教育性质的社学和后来文人雅士因吟咏唱和而设立的各种"社"是截然不同的,不可将之混为一谈。事实上,清政府初时对"社学"与"社"是分得很清楚的。顺治九年(1652)鼓励建社学,但同年颁行的卧碑文明令禁止生员立盟结社,把持官府,武断乡曲。顺治十六

---

① 庄金德:《从台湾历史文教设施认识中华文化的延续与复兴》,《台北文献》1967年第18卷第2期。

年（1659），又再次强调禁止"士习不端，结社订盟"。可见，清初鼓励兴社学，而禁止士子结社。到清代中期，知识分子对明代的忠诚已消失，政权趋于稳固，纯粹以文会友，不涉及政治的结"社"才告解禁。有意思的是，日据初期，日本人对台湾的"社"与"社学"在观念上区分得很清楚。当时日本人将各"社"改造成了具有财团法人性质的类似于"学会"的组织，而将社学与其他教育童蒙的学校合并统称为书房。还应当指出的是，在清代的各种志书中，对义学、社学、义塾等词一直未有明确的区分，很多地方是杂着用。如有的义学又称义塾，有的将义学与社学混称，这与相互间的共同点多而不同之处少有关。此外，是否台湾社学到乾隆以后都变成义学？事实正相反，在福州人谢金銮撰写于道光初年的《续修台湾县志》中，记载了当时存在的 3 所社学的情况。另据统计，凤山县在光绪末年还存有 238 所教育童蒙的社学。总之，"社"与"社学"有着明显的区别，两者不是一回事。"真正与'社'有关的，不是'社学'，而是'书院'。理由很简单，因为清末台湾的书院，已经变成考课或磨炼诗文能力的场所，而考课磨炼诗文，实即士子们在会文。"①台湾不少著名的书院都是由"社"演变而来的，即这些书院原先都是"士子会文之社"，后逐步扩大了教育的内涵，增强了教学的功能，形成了书院。如引心书院由引心文社而来，修文书院由修文社而来，奎壁书院由奎壁社而来，雪峰书院则由礼文社和攀桂社合并而来。

　　以上费了不少笔墨谈论台湾"社"与"社学"的区别，这与本节要讨论的主题：福建官绅与台湾社学的发展有什么关系呢？笔者认为，数百年间，福建官绅是在明确区分"社"与"社学"关系的前提下，大力支持台湾社学的发展，创办了许多社学，促进了当地的教化。当然，他们对"社"并不排斥，一些福建官员和闽籍士绅参加了台湾不少"社"的活动，有的还成了其中的骨干人物。福建地方官员对于早期台湾一些"社"的领袖人物也是优礼有加。如创办东吟社的沈光文，闽浙总督姚启圣对之便极为尊重，诸罗知县季麟光还亲自参与该社的活动。

---

① 　李雄挥：《清季台湾"社学"并无演变为"社"之辨证》，《台湾文献》1992 年第 43 卷第 3 期。

第三节 福建官绅与台湾番学的发展

所谓番学,指清代在台湾少数民族区域为教育当地原住民子弟而设立的义学、社学,及其他类型的教育机构的统称。台湾番学的发展与福建官绅的大力推动是密不可分的。

清初,统治者从"招抚土著"的方针出发,十分重视在少数民族区域设置土著社学,以"延师教育,俾资教化"。康熙二十五年(1686),诸罗知县樊维屏在其所管辖的少数民族聚居较为集中的新港社、目加溜湾社、萧垅社、麻豆社各设置一所社学,这是清代福建地方官员在台湾以官方名义设置的最早的土著社学。当时的台湾府学教授、福州人林谦光在《台湾纪略》中对此评价颇高,称"今道府设立社学,教诲番童,彬彬有文学之风"。

康熙三十四年(1695),台湾知府靳治扬上任伊始,即广设土著社学,延师教育。在他努力下,土著社学的分布地域由台湾县和凤山县逐渐扩展到南北两路的重要番社。

康熙、雍正年间,福建地方官员不仅在台湾广设土著社学,而且以各种方式提高这些社学的办学质量。康熙五十二年(1713),福建漳浦人、北路营参将阮蔡文在勘察北路番界时,召集社学中的番童,要求他们背诵四书五经,对优者奖给银子和布匹。康熙六十一年(1722),分巡台厦道陈大辇规定,番童中凡能读书通文理者,可以担任儒学的乐舞生,以资鼓励。雍正元年(1723),台湾知府高铎对于在各土著社学中读书的番童奖励酒食和四书等。雍正十二年(1734),巡道张嗣昌要求,土著各村社设立社师一人以教番童,各县儒学的训导按季对之予以考察。

在福建地方官员的努力下,清初台湾的土著社学获得长足发展。据余文仪的《续修台湾府志》记载:乾隆年间各厅县所设土著社学的数量为:台湾县 5 所、凤山县 8 所、诸罗县 11 所、彰化县 21 所、淡水厅 6 所,共计 51 所。就数量而言确实可观,那么实际办学成效又如何呢?雍正十三年(1735),分巡台湾道尹士俍在《台湾志略》中称,各番社土著居民多剃头留发,操汉话及漳州、泉州一带的语言,与汉民没有太大差别。各番社设社学,延师训导番童,讲明经礼义,课读经书。各县训导督导其事,按季考核,并给予奖励,于是乎成效显著。以往社中使用红毛字(荷兰文字),现今则使用汉字,番童平日读经书。他们中的一些人后来还参加了科举考试。乾隆九年(1744)印行的《番社采风图考》记载:巡使按年巡历台湾的南北两路,令社师及各番童背诵经书。在其后的岁试与番子试中,发现一些番童能知文理,背诵诗与易经无讹漏,写字为文有一定章法。教育程度的提高,加快了汉化的步伐,番童皆薙发、冠履,穿着打扮一如汉人。此外,我们从《台海使槎录》中可看出,番童对于中华传统文化的理解和接受程度也是很快的。该书记载,在北路一些番社的番童中,有的能背诵毛诗,且口齿颇真,往来牌票,亦能句读,被称为"读书番"。有的番童能够熟读《论语》、《孟子》、《中庸》和《大学》,他们中还有人甚至能默写《左传》中"郑伯克段于鄢"一节。显然,土著社学起到了提高原住民文化水平,进而达到招抚和稳定土著居民的政治目的。

清嘉庆以后,台湾的熟番(如平埔族)急速汉化,其子弟多就近入当地汉族知识分子办的义学或义塾就读,土番社学制度逐渐废弛,土番义学代之而兴。沈葆桢、丁日昌等福建地方官员对土番义学的发展与繁荣作出突出的贡献。

沈葆桢,福建侯官人,著名爱国者林则徐的女婿。他曾主持福建船政局和福州船政学堂事务达八年之久,主持筹建南洋水师近五年,后担任两江总督兼南洋大臣,是晚清推行近代化的重臣之一。1874年5月,日本以台湾牡丹社"生番"杀害琉球遭风难民为借口,派遣3000余名军人入侵台湾。对此,清政府极为震惊。同年6月,时任福建船政大臣的沈葆桢被任命为钦差大臣,偕福建布政使潘霨等人自福州赴台湾处理牡丹社事件。在台湾近一年的时间里,他悉心筹划台湾防务,迫使日军退出台湾。出于维护国家主权和巩固台湾海防的目的,大力进行"开山抚番"工作,致力于在少数民族区域开展各项建设,以"团结民心"。他在开拓番地山路,解除内地百姓入山之禁,设局招垦以开发全岛的同时,大力兴办教育事业。在《请移驻巡抚折》中,他将"通语言"、"设番学"、"变风俗"作为"抚番"的重要内容,强调办"番学"不可惜费。从孔子"有教无类"的思想出发,他在枋寮办起了第一所义塾,此后又在蚊蟑埔、虎头山、四重溪、刺桐脚等14个地方相继办起义塾,以"教育"番童。在他的努力下,仅光绪元年(1875)台湾地方官员在埔里社设义学26处,恒春县设义学8处,凤山县设义学6处。沈葆桢还十分重视"番塾"中教育内容的确定。1875 年,他与福建巡抚王凯泰联衔监修了《训番俚言》,以五言诗体,谆谆细说改番俗之陋,及向文明进化之要旨,并下令将之作为"训番"教材在全台湾的义塾中使用。"诚然,沈葆桢在台期间设立'番塾',教化番民,尚属起步阶段,其实际作用尚未明显显示,但它毕竟开创了清政府对台湾土著民族教育的新纪元,有力地促进了汉民族与台湾少数民族文化的交流与融合。"①

训番俚言 ②

天地生万物	惟人为至贵	鸟兽与昆虫	均皆有其长	凤凰长羽族
百鸟听约束	麒麟长毛族	百兽群悚惕	中国有皇帝	万邦咸悦服
为民设官府	为民谋衣食	内有六部官	外分十八省	两省一总督
省各设巡抚	宣政有布司	理刑有按察	盐道管盐务	粮道督粮米
巡道与兵备	分巡各外府	知府辖一府	知县管一县	二府与三府
督捕并水利	抚民兼治民	理番专理番	上下有等级	皆为朝廷官
上宣天子德	下理百姓情	爱民如赤子	使皆为善良	恶民为盗贼
拏究不容宽	杀人者受刑	抢掳者治罪	无分番与汉	一体敷教化
鸟兽有毛羽	人当有衣冠	番在边野中	若无绵与丝	所以男与妇
科头并裸身	岂无羞耻心	岂无衣冠志	奈处荒僻地	官长难兼顾
今逢圣主朝	为尔筹长计	两宫皇太后	为女中尧舜	内有良股肱
外有贤疆吏	钦派有大臣	和衷期共济	道台与知府	台防同县令
绸缪思保衡	筹饷兼筹兵	冒险赴尔境	晓谕费苦心	赐尔衣与帛
开辟榛莽路	南北可相通	东西无阻碍	教尔通言语	得为中华人
为尔设义学	读书识理义	当知君王恩	在家孝父母	有兄当敬兄
有弟当爱弟	男女当有别	邻里要相亲	切勿思杀人	杀人要偿命
切勿好争斗	争斗伤和气	田地勿荒芜	各宜勤耕种	荒地广开垦
积粮防岁饥	多植棉与麻	缉绩学纺纱	渐教机织布	不愁无衣裤
多求松杉秧	隙地尽栽种	不过六七年	即能成大树	材可架屋宇

① 季云飞撰:《近代台湾防务的开拓者——沈葆桢》,《求索》1998 年第 5 期。
② 伊能嘉矩著、江庆林等编:《台湾文化志》下卷,台湾省文献委员会 1991 年印行,第 307～308 页。

枝叶炊爨用　牛车甚有功　惜不利山径　更求单轮车　仿式依样制
可以用手推　可以代肩负　沙地难蓄水　更应开沟渠　或多穿沙井
桔槔汲灌溉　种稻当去莠　耘耘不可废　粪土当储备　不可任抛弃
疾病当用药　不行信符咒　药宜讲泡制　医局拟官置　痘症多奇险
代设牛痘师　可以保生命　可以无忧虞　男宜薙头发　女学梳头髻
脸宜常洗净　日日不可间　身不宜刺纹　脚须穿袜履　雨宜戴箬笠
不可听淋漓　烈日戴草帽　不可任晒曝　人有人装扮　岂可同禽兽
但须从俭朴　不可务华饰　华饰要钱财　徒动盗贼心　番俗亦有理
各设芭楼馆　庄中有公事　会议于此间　男未娶妇者　住在此楼中
犯奸有定例　罚不过酒食　但无笞与责　恐不知警戒　男女相欢悦
即尔成婚姻　无有父母命　不须媒妁言　似非正配礼　当改从前风
欲达圣主情　当通番人意　聊谇鄙俚句　俾与番童歌　尔等从今后
当改旧日习　恪听长官训　洗心为好侬　尔无害人心　自无人戕害
何必持镖枪　何必佩刀剑　剑可卖买牛　刀可卖买犊　永为良农氓
欢聚庆长生　酒是仪狄作　本可为祸胎　番人多喜欢　亦难全禁绝
但当随量吃　不可过于醉　一醉多生事　祸起于俄顷　杀人与犯上
怜不畏于死　可惜七尺躯　死于一瓯酒　尔等当醒悟　尔等当戒谨
番地多溪港　水深涉不易　何不造小桥　或结竹排渡　竹木番中多
可无沉溺虑　路长结茅亭　可以庇风雨　随处做好事　自有天眷顾
各社相往来　不必怀猜忌　彼此结婚姻　喜庆常聚会　敬老与慈幼
心田不要坏　长作太平民　岂不共称快　无分番与汉　熙熙亿万世 。

光绪元年（1875）五月，沈葆桢被任命为两江总督，清政府决定所有台湾开山抚番事宜，悉由福建巡抚王凯泰率同台湾道夏献纶悉心办理。同年底，王凯泰病故，清政府任命丁日昌继任福建巡抚，主持台湾的抚番开山事宜。光绪四年（1878）四月，丁日昌因重病离任。

丁日昌，广东顺德人，在晚清官场上素以通达时务和有远见著称，系洋务派的重要人物，曾继沈葆桢之后任福建船政大臣。光绪六年（1880）底他出任福建巡抚后，首先巡视了台湾北路，由鸡笼至苏澳，再由艋舺南下至台湾府城；然后，巡视南路，直抵恒春。经过了解民情民风，同沈葆桢一样，他开始视开山抚番为第一急务，认为抚番的重点在于兴教化。光绪三年（1877）三月，他拟定《抚番开山善后章程》共 21 款，交由台湾道夏献纶颁行。内容有：要求番人薙发穿衣、送子弟入学、教以种植、增加收入、改善生活、设医施药、禁止汉人欺压番民等。其中第 18 款规定："附近番社市镇均宜广设义学，选择善于劝导塾师，讲说礼义，导以尊亲。各番社头目尤应劝令多选子弟入学，如有读书明礼者，准其应试上进。"① 这一规定首先在恒春及埔里社一带施行。当年，丁日昌规划在卑南厅下 26 处、恒春县下 8 处、埔里厅下 26 处设立义学，以教育番童。为鼓励番童自学，在府试时，特录取淡水厅属番童陈宝华 1 名进入府学，将凤山县番童沈绍陈取为"佾生"。丁日昌还要求各地制定并采取具体的鼓励措施。丁日昌撰写的《丁禹生政书》对此多有记载。如卑南厅设立的义学，凡有番童前来就读，即赠送衫裤鞋帽及纸笔。恒春县各义学对寄宿番童每人每月给学费 50~100 钱，口粮米 3 斗。台北府义学，除提供住处、文具外，还发给每人每年夏冬衫裤 2 条，每人每日膳费 8 钱，考试优秀者月奖 30 钱，忠于职守的义学教师也可得到相应奖励。

在沈葆桢、丁日昌等福建地方官员的倡导和努力下，台湾少数民族区域的教育水平有了长足的进步。据丁日昌称，他曾亲至卑南觅社，看到在该社所设义学中，已故番目陈安生的儿子才七八岁，便能背诵《训番俚言》，琅琅可听。后山一带设有 16 所义学，其中内保桑的义学里有一位陈姓番童能粗通书旨。北丝阄社的一位少女，入义学才两年，已学完《四书全注》和《诗经》；对《训番俚言》，能逐句讲解大意；能操漳州和泉州一带的方言。她的 11 岁的弟弟亦能粗解俚言字义。

应当指出的是，福建官绅对台湾少数民族区域的社学和义学，均要求在教学中灌输儒家思想和文化。通过教学要求番童遵守五伦，做到敬爱君亲，善事父母，兄弟有长幼之序，夫妇有内外之分，朋友贸易往来，相交以信。这对于促进少数民族区域的文明与开化大有益处。

台湾单独建省后，有"开台第一巡抚"之誉的刘铭传十分重视番童的教育，在台北设立了番学堂。刘铭传聘请福建汀州府上杭县的生员罗步韩主持教务，具体负责办学事宜。在罗步韩的主持下，该学堂招收了一批 10~16 岁

---

① 李国祁：《中国现代化的区域研究闽浙台地区，1860~1916》，台湾"中央"研究院近代史研究所 1985 年印行，第 179 页。

左右的番童,仿效书房的教育制度进行教学。教学内容有复读、讲读、习字、官话,以及闽南语、番语、诗文等。

表 4-1　番学堂课程一览表 [1]

时　间	科　目	要　旨
上午	复读（背诵） 讲读（读书） 习字（临字）	早餐后开始复习前日讲课部分； 复读完毕,教授句读及讲义； 临写汉字
下午	复读（背诵） 习字（临字）	中餐后开始复习上午讲读部分； 临写汉字,迄日暮止
科余	官话及闽南语 番语、诗文	于随时讲义之际授以会话； 为不忘固有番语演习之限于课 业秀逸者课之

　　该学堂采用《三字经》、《四书》、《五经》等为教科书,修业年限为 3 年。其目的在于通过传统文化教育,学成后令番童返回山地,将自己所受到的感化加以推广,以提高番社居民的整体素质。教师除罗步韩外,还有吴化龙、简受禧、廖希珍等,他们均为台湾当地的读书人。学生一入学即要求剃头结辫,着汉式衫裤和帽鞋,饮食起居与汉族一样。每隔一段时间,学生便由教师和通事带领游览和参观市容,以增加其观感,学生的衣食及文具均由官方供给。

　　该学堂仅存在了数年,且偏重于汉文之教授,不注重少数民族特质的阐扬。但在罗步韩等人的努力下,成就明显,其在一定程度上促成了番童教育的官方化和正规化,培养了一批人才。如来自大嵙崁番地的潘蒲靖,来自屈尺番地的潘诗朗,均学有所成,后被授予"番秀才"。

　　福建官绅对于台湾社学、义学和番学发展的建树是多方面的,在某些方面甚至发挥了开先河和主导性的作用。他们之所以能够这样做,取决于对台湾在中国版图中的重要地位的宏远见识,以及对兴教化在促进台湾社会发展中的重要性的深刻认识。

---

　　① 　伊能嘉矩著、江庆林等编:《台湾文化志》下卷,台湾省文献委员会 1991 年印行,第 323 页。

第五章　闽台科举考试制度的交融

清代,台湾孤悬海外,地理环境的隔绝使闽台两地的交通往来十分不便,但却没有影响以儒家思想为标志的传统文化向台湾的传播。大一统的政治格局长期保持,社会趋于进步,其中科举考试制度发挥了重要作用。由于闽台属同一个行政区域,两地在科举考试方面的联系尤为密切。

第一节　闽台科举考试制度的一体化

康熙皇帝平定台湾后,台湾成为福建的一个府,这种局面一直维持到清末。在三百多年的时间里,台湾的科举考试完全按照福建的规定执行,接受福建地方当局的统一安排。

清朝规定,科举考试的初级考试——童试,由各府县组织实施。同福建的各府县一样,台湾的童试每三年举行两次,每次都必须经过县试、府试和院试,通过者进入当地儒学读书,俗称"中秀才"。所谓县试,指以县为单位,在县署所在地,由知县主持的考试。府试则以府为单位,在府署所在地,由知府主持的考试。至于院试,本该由学政主持,然而由于台湾情况特殊(主要是交通不便),主持院试的并不是福建学政,而是委托分巡台厦道负责,考试地点在台湾府治所在地。所以,院试在台湾又称为道试。这是福建地方当局根据实际情况对台湾童试作出的一种特殊安排,自然也得到清政府的认可。县试、府试、院试都是第一名者被称为"小三元",这与乡试、会试、殿试都是第一名的"三元及第"有所区别。清末台南进士施士洁便是"小三元"。院试过后,还要举行岁考,岁考每三年举行一次。科考是继岁考以后的又一次考试,通过科考者才有资格参加乡试。清初,因台湾归福建管辖,台湾本岛只举行童试和岁、科两试,至于乡试,则要到省会所在地的福州应考。

清代对各省乡试的录取名额控制很严。台湾是新开发的地区,文化教育事业与大陆地区相比还不发达,能够通过科考获得乡试资格者不多,乡试取中者更是寥寥无几。为了鼓励更多的台湾读书人到福州应考,福建的地方官员从康熙二十六年(1687)开始,便不断地以奏折的形式,请求朝廷对台湾读书人网开一面,录取时给予倾斜。当年,福建陆路提督张云翼建议清政府仿照优待甘肃、新疆等少数民族地区人士的惯例,于福州举行乡试的时候,为台湾生员另编字号,额外取中举人1名。照《清代科举考试述录》一书作者商衍鎏的说法:"中额有另编字号以资识别者,其制始于宋绍兴九年,明代亦仿其例,皆恐边方风气偏僻士子中式不易之故。至清代之另编字号,有因须分别地域户籍而为之者,有因偏隅士子亦可获得科名以求普及者。"[1] 张云翼建议的侧重点在于后者,由于同朝廷的意图一致,很快便得到礼部的赞同。设立保障名额有力地推动了台湾科举考试的发展,也使闽台之间在教育和文化上的联系更加密切。当年,有5名台湾士子到福州参加乡试。结果,凤山县的苏峨考中,成为台湾的第1位举人。这一制度实行10年后,闽浙总督郭世隆从"合闽省一体取中"这一角度出发,请求清政府撤去另字号。照郭世隆的理解,既然台湾属福建的行政区划,就要和福建的其他地区一样参加统一的考试,统一录取,不能有所特殊。这使得来福州应考的台湾士子一度有所减少。雍正七年(1729),当时的福建巡抚有鉴于此,支持巡台御使兼提督学政夏之芳关于为台湾士子在科举考试中恢复另编字号的建议。此后,在福建的录取名额中仍旧给予台湾士子1名保障名额。雍正十三年(1735),由于台湾地区的人文日益昌盛,福建巡抚卢焯请求再增加1名保障名额,以资鼓励,得到清政府的同意。这样,台湾士子在福州乡试中就有了2个保障名额。到了嘉庆年间,福建总督阿林保、巡抚张师诚鉴于台湾来福州应试的士子日益增多,已达千余人,便于嘉庆十二年(1807)请求再增加保障名额。当年,礼部批复将保障名额从2名增为3名。

在台湾赴福州参加乡试的士子中,还有一批原籍广东的士子。由于有一

---

① 　商衍鎏:《清代科举考试述录》,生活·读书·新知三联书店1983年版,第78页。

定的数量,道光八年(1828)闽浙总督孙尔准请求在福建录取名额内另编字号,保证每次乡试能取中1名,得到清政府的批准。当时参加福州乡试的来自台湾的广东籍士子有123人,清政府将他们在3名台湾保障名额之外另编田字号,保证录取1名。这样,台湾参加福州乡试的士子便有了4个保障名额。咸丰初年,台湾的保障名额又增加到6名,加上广东籍1名,合计每科乡试保障正榜录取7名。到了咸丰九年(1859),由于福建省的乡试录取名额增加了30名,台湾也因此再增加1名保障名额。这样,连同广东籍的1名保障名额,台湾的乡试录取名额总共达到8名。

在总体统筹的前提下给予台湾士子保障名额所取得的作用是显而易见的。乾隆四年(1739),清政府根据巡台御使诺穆布的建议,仿照福州乡试之例,规定在国家级考试——会试中,只要到北京参加会试的台湾举人达到10名以上便给予1名保障名额。由于当年台湾到京会试的举人不足10名,所以仍照原办法与福建一体录取。道光三年(1823),台湾赴京会试的举人已达到11名,道光皇帝便根据礼部的建议,下旨允许从台湾士子中取中1名,此后形成惯例。可见,无论是乡试还是会试,清政府对台湾士子都给予了很大的关照。这种关系又是以闽台科举考试一体化为前提的,即必须参加由福建统一组织的乡试,录取者再由福建统一派送参加在北京举行的会试。

台湾单独建省以后,首任巡抚刘铭传建议按照安徽士子参加南京江南乡试的惯例,允许台湾士子仍然到福州参加乡试,录取名额也仍然照旧例办理,待将来生聚日繁、文风日盛后再考虑采取其他办法。这一建议得到清政府的批准。可见,不论是归属福建的行政区划,还是单独建省,台湾的士子都要到福州参加乡试,表明闽台两地在科举考试方面的联系是十分紧密的。

设立保障名额有力地推动了台湾地区文风的繁盛和社会的进步,但也带来一些问题。实行初期,由于台湾地区的文化尚不发达,本地参加科举考试的读书人不多,来自福建福州、兴化、泉州、漳州四府的读书人中稍通文墨者在原居住地参加考试料难以录取,便通过在台湾居住的同姓同宗之人,冒称为其弟、侄,然后以台湾士子的身份公然赴考。一旦考中,便迅即返归故里。于是,便出现"名为台之士,实则台无其人"的状况。巡台御使李宜青于乾隆二十九年(1764)到台湾巡视时发现,台湾南北二路,广袤一千数百余里,计其庄户不下数万,而博士弟子员却不多见,他断言此皆内地窜名之所致也。

"冒名"又称冒籍,清初曾规定,凡非台湾本籍的士子一律不准以台籍身份应考,寄籍者要经过二十年后才能入籍,取得应考资格。雍正年间取消了对寄籍者的限制,规定凡在台湾有田有屋的外籍人均可参加科举考试,于是便造成了福建沿海各府县的士子东渡冒籍应试的局面。李宜青在《禁止冒籍》疏中要求对那些两地重考,或顶名混冒者予以严厉处置。尽管清政府对李宜青在台湾期间的所作所为并不满意,但还是批准了他的建议,重申禁止冒籍。此后,冒籍应试者才逐渐减少。

对冒籍现象,现今的一些研究者多持否定意见,认为这在客观上影响了台湾当地士子的录取。其实,从闽台科举考试长期以来呈一体化关系的角度考察,这又是一个正常的现象。清初,台湾由于刚刚开发,文化落后,故入泮较为容易,于是闽南一带的士子便东渡台湾,以便较容易地获取秀才资格。他们中有的是到台湾读书,参加科考入泮后再回福建参加乡试。有的则是临考前渡往台湾,中式后再返回祖国大陆。晋江县从乾隆元年（1736）至乾隆二十年（1755）,共有 10 名举人是从台湾回来的秀才考中的。龙溪县从康熙三十二年（1693）至乾隆十六年（1751）,有 16 名从台湾获得秀才资格后返回的士子考中贡生。

数百年来,闽台同属一个行政区划,地缘相近,两地人员往来十分频繁。台湾的居民大多是早先福建移民的后裔,与祖籍地有着各种联系,不少人甚至还具有同族、同宗、同姓等关系,两地士子同在一个乡试考场应试,语言、生活习俗几乎没什么两样。若没有这些因素,多数冒籍者便不可能成功。这从另一个侧面验证了闽台两地关系之密切。

即便在已被录取的台湾本地生员中,许多人的祖籍地也都在福建,尤其是在闽南。据台湾《新竹县志》记载,当地历年祖籍是闽南的文科生员占总人数 210 位中的 94 位,约占 44%;武科生员中祖籍是闽南的占总人数 28 位中的 9 位,约占 32%。文科举人,闽南人占总数 15 位中的 11 位,约占 73%;武科举人,闽南人占总人数 8 位中的 4 位,占 50%。贡生,闽南人占总数 43 人中的 25 人,约占 58%。文科进士,闽南人占总数 3 位中的 2 位;武科进士 2 人,皆为闽南人。[①] 新竹是客家人居多的地区,在人口方面闽南人并不占据优

---

① 林再复:《闽南人》,台湾三民书局 1985 年版,第 296 页。

势,但在科第方面却如此占优势。因而,台湾闽南人居多的其他地区获得科名所占的比例当会更高。

选拔举人的考试称为乡试,通常每3年举行1次。由于台湾属福建管辖,未设乡试考场,故台湾的士子必须远赴福州应试。台湾和福建虽然只是一水之隔,但是海峡内风急浪高,在交通工具不发达的年代里,经常发生应考士子船翻人亡的惨剧。咸丰二年(1852)和同治四年(1865),都曾发生多起台湾考生在赴福州途中于海上遇难的事件。在台湾的读书人中流传着这样一些话:"乡试诸生,小暑节前内渡,过此勿往。""乡试文武生,勿轻出海口,文于小暑前,武于白露后。"由此可见,从安全角度考虑,考生何时驾舟来福州有许多讲究,而季节的选择尤为重要。有人甚至作《渡海万全歌》,具体测算出考生在哪些时辰渡海,在海峡的哪两个港口对渡最安全。显然,到福州应考对台湾士子来说是需要一点勇气的。清政府出于鼓励台湾士子渡海应考的目的,对中途死亡者追授训导衔。从同治十三年(1874)开始,为了使应考者能够安全到达福州,每逢考期,清政府便派遣官轮将考生由台湾的淡水港护送至福州,这一举动被称为"官送"。官送的出现,结束了台湾考生各自乘帆船横渡海峡前来应试的历史。由于安全有保证,此后参加乡试的人数便逐年增加。

第二节 台湾科第人物与福州的联系

台湾学者认为:"科举社群与其他大陆移民一样,在台湾一段时日或稍有基础之后,往往返乡探亲、接眷、修谱、祭祖、捐献,或折产、定居,甚至落叶归根,死后归葬,大抵都是基于家族意识、乡党情结甚至衣锦荣归的虚荣,并无强制力。但是,若要追求科举社群中的中上层地位,取得举人、进士或拔贡、优贡的科名,则必须到福建省会福州,甚至京师——北京去参加考试,才可能达成心愿。在赴考的过程中,又可以顺便满足他的家族意识、乡党情结,更能给家族、乡党带来荣耀,任官者更不待申述。科举社群的成员透过科举制度,比一般人更紧密地和故乡、省城以及整个中国结合在一起。"[1] 事实确实如

① 章义:《台湾开发史研究》,台湾联经出版事业公司1989年版,第566页。

此。以乡试为例。闽台乡试的考场设在福州,大批台湾士子的到来,使这座历史文化名城成为闽台科举考试的中心。数百年来,台湾许多科第人物与福州有着千丝万缕的联系。

福州之所以成为闽台科举考试的中心,并非出于偶然。除了其是清代闽台最高行政机构所在地外,还与这个城市厚重的科举氛围有着密切的关系。据统计,整个清代福州中举人数达到4607人,占全省中举人数的44.5%还多。社会重视科第成为时尚,人们普遍具有崇拜科名的心理。据郭公铎回忆,他的二哥进了学(中秀才),二哥二嫂都欢欢喜喜;大哥榜上无名,就气得要死,发榜之后搬到福州西门外的西禅寺去住,一直住了半个月才回家,大嫂不出房门也是半个月。[①] 福州人对考秀才尚且如此在意,对于乡试的重视程度就更不用说了。这座城市崇尚科举的风气,对前来应考的台湾士子不可能不产生影响。

由于科举考试录取名额有限,很多台湾考生都是屡败屡战,一考再考,这使得他们有机会多次前来福州。著名文学家许地山的父亲许南英为参加乡试曾三次从台湾到福州来。光绪十一年(1885),许南英第三次来到福州参加乡试,当船驶抵马尾港时,他赋诗曰:"扁舟一棹马江平,席帽依然太瘦生。卖藕小娃犹认得,笑余三度到榕城。"[②] 为应乡试他三次来到福州,此处的风土人情是他所熟悉的,即便是卖藕小娃也令他感到亲切。

早年,台湾士子到福州参加乡试赁屋而居,或寄寓于同乡处。光绪九年(1883)后,台湾文风日盛,每届参加乡试者约有800余名,考试期间往来闽台之间没有栖息之所极为不便。台湾地方官刘璈鉴于此,特拨15000两银子在福州贡院附近购地,建造了台北、台南两郡试馆,挑选可靠的乡绅监造,共计3栋楼房,可容纳台湾士子300余人居住。与此同时,台湾的士绅也在福州建会馆,为台湾士子提供住宿方便。如澎湖绅士蔡继善捐款在福州南台购地,设立了台湾会馆,专供赴福州参加乡试的台湾士子居住。即便在日本占领台湾以后,一些台湾士子冒险来福州参加乡试也仍然居有定所。晚清,在福州有两家有名的台湾试馆,一为云路,一为天衢,就是专为接待台湾士子应

---

① 　刘海峰、庄明水:《福建教育史》,福建教育出版社1996年版,第214页。
② 　汪毅夫:《中国文化与闽台社会》,海峡文艺出版社1997年版,第24~25页。

考而设立的,由曾任台南县儒学教谕的王润田等人负责管理。台湾试馆或会馆的设立,清楚地表明了福州是闽台科举考试的中心,其历史地位十分重要。

闽台乡试的地点——福州贡院虽没有北京和南京的贡院大,但也有一定的规模。贡院设在福州城的东南方,悬"贡院"墨字匾于大门正中,建"明经取士"、"为国求贤"两坊于东西,贡院大门分中、左、右三门,大门外为东西辕门。贡院内建有不少独屋,可容纳数千人考试。贡院的壮观常令台湾士子感到新奇,印象便特别深刻,有的人甚至终生难忘。在台湾进士郑用锡留存的科举史料里,就记有当时福州贡院内的一对楹联:"庑列东西,两道文光齐射斗;帘分内外,一毫关节不通风。"足见其对福州贡院印象之深刻。其实,不单福州的贡院有这副楹联,各省的贡院也都有这副楹联。根据清朝规制,除顺天乡试考场外,其他各省乡试考场的建筑、规模,乃至悬挂的匾额和楹联等都大体相似。

每届的福州乡试都是考生云集,竞争激烈。如咸丰九年(1859)戊午正科福州乡试录取名额仅205名,而闽台两地的应试者竟多达9000余人。乡试是士子学而优则仕的重要阶段,也是朝廷擢才的重要途径。官方对此极为重视,各项环节十分严密。由于科举考试是一项全国性的大事,各省乡试的运作都是由中央政府统一规定的,所以福州乡试的多道环节与其他省的乡试环节大体相同。

台湾士子在福州乡试考场上共须考三场。考试内容为:第一场考制义,含《论语》、《孟子》、《大学》、《中庸》题各一篇(又称四书题),五言八韵试帖诗一首;第二场考《诗经》、《书经》、《易经》、《礼记》、《春秋》,统称五经义;第三场考对策五道,每问不得超过500字。这种考试模式维持了很长一段时间,至清末壬寅科才进行重大改革,废除了八股文、试帖诗,改试经义策论。当然,每次乡试的具体题目不尽相同。如咸丰九年(1859)在福州举行的乡试题目为:第一场的四书题分别是:"大学之道"、"动之不以礼"、"地之相去也,千有余里,世之相后也,千有余岁,得志行乎"、"中国若合符节,先圣后圣,其揆一也"。诗题是:"赋得诗似冰壶见底清",得"诗"字,要求五言八韵。第二场五经题分别是:"履信思手顺,又以尚贤也"、"诗言志,歌咏言"、"呦呦鹿鸣,食野之草,我有嘉宾,鼓瑟吹笛"、"春齐侯宋人陈人蔡人会于此否(庄公十有三年)"、"凉风至,白露降,寒蝉鸣"。第三场的五道对策题,每道仅题目便有数百字。范围除经学、史学、声韵之学、宋儒理学外,还有针对时势与地域而出的题目。如：

> 东南各省皆滨大海,仓粟之转运,货舶之往来,履险如平,利至钜也,然海外地广易于藏奸,匪徒出没无定,何道以安辑之? 内洋外洋有可哨而不可守者,有可寄而不可久泊者,其要隘之地何在? 即如闽地兴、泉、福、漳皆当海口,澎湖、南澳足为外蔽,其他岛屿星罗棋布,形势若何? 舟师之设始于何书何载? 可考证欤? 市舶司设于元代,何以至明而罢,或谓设市舶司,或谓设市舶,则利权在上,罢则利孔在下,然欤? 明倭寇为患,海防乃密,其镇戍巡哨之法,舟艦器械之制,何者为善? 戚继光纪效新书,练兵实纪,悉本心得以成书,非空谈将略者可比,能举其说欤? 我皇上整饬戎行,修明武备,生长海邦者尤当诸悉情形,其剀陈之,以备探择焉。①

这道题涉及历史、地理、海防等,大题中又套了若干小题,士子若没有丰富的知识和对东南海疆的现实了解则很难作答。可见,至少在台湾士子参加的福州乡试考场上,取中的并不都是饱读诗书而又不识时务的书呆子。

台湾士子在赴福州乡试之前,要阅读不少的参考书。为满足这种需要,闽台两地的官方或民间都刊刻了许多参考读物,内容多为科举考试中的有代表性的答卷。官方选刻的有:雍正年间巡台御史夏之芳编的《海天玉尺编初集》和《海天玉尺编二集》,乾隆年间巡台御史张湄编的《珊枝集》,嘉庆年间巡台御史杨开鼎编的《梯瀛集》,道光年间台湾兵备道徐宗干编的《东瀛试牍》等,光绪年间台湾兵备道唐景崧编的《台湾海东书院课选》。闽台民间刊刻这类科举考试参考书的主要地区是泉州,甚至当地一些生计无着的兵丁也加入了刊刻的行列。此外,还有科举考试的亲历者以手抄本形式传世的文字,如光绪年间台北秀才林知义的《百发百中》等。上述科举参考书就内容而言,又可分为经典详解、时文选、试帖诗选、赋选、合选、硃卷、性理论选等,所收均为闽台士子的应试之作。如《闽峤小题文约》是典型的时文选,其中收入的闽台人士的时文有:道光十六年（1836）的状元林鸿年,嘉庆进士林春溥、蔡徵藩,道光举人林昌彝等。书中有圈点、眉批、评语等。《月考卷青云》则是合选,即将时文、试帖诗和赋合选为一编,系福建学政选辑含台湾

---

① 林文龙:《台湾的书院与科举》,台湾常民文化事业股份有限公司1999年版,第146页。

府在内的各府县的岁科考文章而成书的。但是,该书时文仍占主要部分,约有 160 页,赋和试帖诗仅各 10 页,全书亦有圈点和评语等。这些地方版的科举参考书为闽台士子在福州乡试考场上博取功名提供了方便,但流弊也是显而易见的。诚如顾亭林所言 :这类参考书舍圣人之经典和先儒之注疏,凡前代之史不读,而读其所谓时文,时文之出,每科一变,五尺童子能诵数十篇,小变其文,即可获取功名,而迟钝者,至白首而不可得。顾氏所言可谓精辟。

到福州参加乡试,充满了艰辛,有的死于海难 ;有的因旅途劳累,未进考场便身染重病去世。台湾末代举人高选锋于光绪二十八年(1902)到福州参加乡试,亲眼目睹了同伴的死亡惨剧。当年夏天,由于天气酷热,在考试过程中患感冒者甚多,有几位考生因而引起并发症,头场考试结束后就有四人去世。第二场考试有人未考完便病死在考场上。艰苦的科举之旅,令许多台湾士子颇感无奈。在那个缺医少药的年代里,一旦感冒流行,便可置人于死地。于是,在台湾的一些科举史料中便留下了这样的记载 :每逢福州感冒流行,当年前往参加乡试的台湾士子人数便会减少。在封建社会里,科举又是举国相竞的事业,读书人以科举为毕生的要务,皓首穷经,不知老之将至。所以,尽管科举之路艰难,但在台湾依然是:“……父诏其子,兄勉其弟,莫不以考试为一生大业,刻苦励志,争先而恐后焉。”[①] 嘉庆年间的彰化人梁遇文虽然年过80 岁,仍然冒着惊涛骇浪,横渡海峡前来福州应试。依据当时的有关规定,凡年过 80 岁者,例由巡抚、学政咨会礼部,奏请授予“钦赐副榜”以上的科名。梁遇文于是在嘉庆丙子科获得这一科名。有趣的是,这一年来自台湾鹿港的林廷璋和林逊贤叔侄双双中举,而他们的年龄只不过十六七岁而已。从白发老翁到弱冠少年,都踊跃冒险来福州应试,由此说明科举考试在当时的台湾社会中具有特殊的魅力。

不过,台湾士子一旦在福州乡试中举,其整个生活状况便会有质的变化,这也是福州作为闽台科举考试中心的魅力经久不衰的主要原因。台湾南投县的沙连堡人林凤池于咸丰五年(1855)在福州乡试中高中,成为该地唯一的一名举人。在这之前,林凤池只是一个穷秀才,靠授徒讲学为业,生活极为清苦,连到福州参加乡试的路费都没有,靠友人赠送盘缠才得以成行。当他

---

①   连横:《台湾通史》,商务印书馆 1996 年版,第 189 页。

在福州考中的消息传到台湾时,报信的人以鼓乐前往他家报喜,想得到厚赏,谁知他家却空无一人。其母刘氏正在田间拔取旱稻之草,闻讯匆匆赶回,却因家贫如洗而不知所措,使得报信的人十分失望,惆怅而归。中举后,他的境遇马上得到了改善,有足够的钱财购置房产,改善生活。咸丰十一年(1861)他甚至花不少钱造石笔一对,立于业师张焕文的墓前,以报答其教诲之恩。在台湾素有“穷秀才,富举人”的谚语。这表明一旦中举,一些富裕之家便会以优厚的束修延请其前去任教;准备参加科举考试的士子也会以重金请其加以指点;当地凡有婚丧仪礼之事,多以重礼请其主持,以增光彩。文举人受到重视,武举人在台湾也很吃香。台湾早年常有土番出没,海盗也很多,官府没法应付时,便把某些地方的治安管理权交给武举人。例如,基隆一位王姓武举人就颇具权势,他的宅邸非常壮观,房舍旁还用石头筑了一座监狱,这都是官府赋予的权利。

台湾士子之所以不畏艰辛,远涉重洋前来福州或北京参加乡试乃至会试,还与闽台两地社会的一个共同特征有关,即人们(尤其是读书人)喜欢显世扬名。清人赵翼在《筌曝杂志》中记载:闽中漳泉之人多好名尚气,凡科第官阀及旌表节孝之类,必建石坊于通衢。其实,不仅仅闽中漳泉地区有这样的习俗,就是在偏远的闽西,获举人以上功名者也多在祠堂前立石旗杆。永定坎市的廖氏五代出过12个进士和翰林,祠堂前便旗杆林立。福建移民把这种风气带到台湾,台湾的士子一旦获得科名便有权请著名工匠精选石料,精雕细刻成石旗杆或石坊,凿上姓名生平和功名事迹,树于家祠前或交通要道,其中包含着炫耀、铭念和激励后人等多种意义;而乡亲邻里对此也十分羡慕,这就成为一种社会地位的象征。因此,为了光宗耀祖,台湾士子自然不惜冒险到大陆考场一搏。

台湾士子于乡试年的小暑前离开台湾,到九月十五日乡试放榜,一般要在福州逗留数月。参加乡试,博取功名自然是首要的目标,但在考试前后,他们也会到福州城内和周边地区游览名胜古迹,写下许多记游诗,抒发对祖国大好河山的真情实感,如陈肇兴、洪弃生等都写了不少这方面的作品,从这一角度看,他们的福州之行不仅是一次艰难的科举之旅,还是一次综合性的交流、观光的历程。

除游览外,台湾士子在福州还参加了不少会师访友的联谊活动。一些士子,如淡水举人李藩岳曾经就学于福州鳌峰书院山长郭柏荫等人门下;淡水举人黄宗鼎就读于福州鳌峰书院。类似例子很多。他们到福州应考,自然要到老师府上拜访。由于在福州就读时同学也不少,利用应试间隙,会晤学友,畅叙同窗情谊,自是情理之中的事。此外,一些祖国大陆人士在台湾任官时曾提携了不少台湾士子,这些人到福州应试,也会去拜会恩师。祁征祥曾任台湾县知事,其在任上奖掖了一些读书人。光绪九年(1883),祁征祥回到祖国大陆任闽县知县。过了两年,时值福州乡试,台湾一些士子便前往拜会,祁征祥亦到福州的台湾会馆回访。台湾士子对这一举动十分感动,《台南市志·人物志》专设"祁征祥"条,赞扬其"礼贤下士,可见一斑。台阳人士至今怀之"。

　　参加福州乡试虽然充满艰辛,但对台湾士子而言,实际上也是在经历一次文化盛典的洗礼,意义特别重大。

　　从下面的"清代福建举人分区统计表"和"清代福建进士分区统计表"可知,自清初至光绪二十年(1894)的两百余年间,在福州举行的福建乡试中,共有305名台湾士子考取举人。同时,清代有33位台湾士子考中进士。这些人无一例外都到过福州。由于参加乡试的人数比取中的人数要多得多,所以,实际到过福州的台湾考生远远超出被取中的进士和举人的数目。

表5-1　清代福建举人分区统计表 ①

年代	福州	兴化	泉州	漳州	延平	建宁	邵武	汀州	福宁	台湾	永春	龙岩	平海卫镇海卫	满洲八旗	合计
顺治7科	145	66	126	74	28	24	10	24	5	0	0	0	11	0	513
康熙22科	346	42	408	220	70	60	33	103	19	8	0	0	1	0	1410
雍正6科	166	44	171	89	25	20	20	42	11	6	0	1	0	0	595
乾隆27科	869	116	447	270	100	93	93	222	48	53	69	36	0	0	2416
嘉庆11科	456	27	115	65	25	49	32	75	28	29	39	43	0	6	989
道光15科	639	43	146	92	46	67	51	91	43	59	21	36	0	17	1351

---

① 《福建省志·人事志》,方志出版社2000年版,第23页。

年代	福州	兴化	泉州	漳州	延平	建宁	邵武	汀州	福宁	台湾	永春	龙岩	平海卫镇海卫	满洲八旗	合计
咸丰4科	324	26	61	30	12	27	8	29	11	30	4	23	0	0	585
同治5科	504	27	92	23	6	21	8	23	13	44	14	16	0	0	791
光绪13科	1158	73	158	59	13	44	11	64	41	76	15	29	0	0	1741
合计110科	4607	564	1742	922	320	410	266	673	219	305	162	184	12	23	10391
名次	1	5	2	3	7	6	8	4	10	8	12	11	14	13	

表 5-2　清代福建进士分区统计表 [①]

年代	福州	兴化	泉州	漳州	延平	建宁	邵武	汀州	福宁	台湾	永春	龙岩	镇海卫	总计
顺治	33	16	41	16	7	5	1	2	0	0	1	2	1	125
康熙	57	14	54	32	6	6	2	4	5	0	4	3	2	180
雍正	26	9	26	14	3	2	6	8	2	0	3	1	0	100
乾隆	119	12	62	35	9	13	4	35	4	2	8	2	0	304
嘉庆	85	2	18	6	2	5	6	20	2	0	2	7	0	156
道光	106	2	10	5	0	3	6	7	2	6	0	4	0	151
咸丰	38	0	1	0	0	1	0	2	1	6	0	0	0	45
同治	5	2	7	0	0	1	0	2	1	6	0	0	0	84
光绪	206	4	13	5	1	2	0	6	7	20	2	2	0	267
合计	735	61	238	113	28	39	25	87	24	33	20	22	3	1421
名次	1	5	2	3	8	6	9	4	10	7	12	11	13	

说明：乾隆元年（1736）召试博学宏词科，方志中也将其列入进士类，故本表也将该科考中博学宏词的 1 人列入。

第三节　台湾士子的福州乡试记忆
——以林豪、陈肇兴、洪弃生为个案

参加福州乡试的一些台湾考生将从台湾到福州的旅途见闻，考试期间的经历和考试后的观光游览诉诸文字，为今天的人们留下了许多弥足珍贵的历

史纪录。如林豪参加福州乡试期间创作了数十首诗歌,这些诗作描绘了一幅晚清福州乡试的全景图,为人们客观认识科举考试提供了形象、感性的素材。陈肇兴参加福州乡试期间撰写了 19 首诗歌,由于这些文字的存世,使今人能够从中了解到那个年代的多方面的社会信息,如台湾到福州的行旅,及清代福州的地理风貌、古建筑、人文景观、生活习俗,乃至文人之间的交往等等。洪弃生数次参加福州乡试期间创作了大量诗歌,这些作品展示了这位晚清科场跋涉者丰富的情感世界和复杂的心路历程,也使人们了解了有关当时科举考试和福建人文地理方面的信息。

一、林豪的福州乡试记忆

林豪(1831~1918),字卓人,号次逋。他出生于金门的一个书香门第,从小受到良好的传统文化教育。年少时曾在厦门玉屏书院就读,由于得到进士庄牧亭等名家的指导而学业有成。此后,历经漫长艰辛的求取功名的历程,于 19 岁那年中了秀才。清咸丰九年(1859),参加在福州举行的己未恩科乡试得中举人,这一年他 29 岁。中举后,曾七次到北京参加会试均没有考中进士。林豪长期在台湾生活,曾三次担任澎湖文石书院的山长。同时,修撰《淡水厅志》及《澎湖厅志》,著有《东瀛纪事》、《诵清堂文集》、《诵清堂诗集》等著作。他虽然不是土生土长的台湾本岛人,但在台湾文化教育史上却是一个十分重要的人物,连横在《台湾通史》一书中将其事迹列入"流寓列传"。

林豪曾数次到福州参加乡试,而以咸丰九年到福州参加乡试的记忆最为明晰。作为一位著名诗人,他以诗歌创作的形式,将这一年在福州应试的经历详细记录下来,汇集在《诵清堂诗集》的"榕城草"部分,计有 61 首。这些诗歌内容广泛,涵括了从金门到福州两地往返的途中见闻、科场的详细情况,以及对闽地风光的抒怀。透过这些在海峡两岸文学史上有一定影响的诗作,我们可以感受到诗人的诗歌语言散文化、好作歌行古体的诗歌创作特色,以及旺盛的创作欲望。同时,也可以循着诗人的笔触,感受那个年代科场跋涉者的心路历程。

林豪是从金门的后浦港坐船经厦门到福州参加乡试的,其行程较从台湾来的考生要短。从《己未省试,舟发后浦港,晚宿溜五店》一诗中,我们可以知道,林豪与一些金门士子早晨从后浦港出发,晚上已经住在了福建省同安县境内的刘五店,也就是诗中所言的"溜五店"。"万种离愁今夕始,漏声已较昨宵长",这是林豪当晚的心境写照。此后,他与同伴步行到达了洛阳江上的万安桥(洛阳桥),他赞美这座宋代古桥的宏伟,留下"跨海长虹出,横流到此低;排空沙落雁,破晓客闻鸡"的诗句。接下来的数天时间里,林豪等经仙游的枫亭、莆田的江口,及相思岭等地到达福州。这趟行程走的是当时的官道,由于心情不错,一路上都写下诗作以记载行程,如《晓发枫亭驿》、《江口晓行》、《常思岭》(即相思岭)等。①

虽然路上不难走,但林豪一行在赴福州乡试的途中还是出了意外。由于冒酷暑赶路,同行的一位姓薛的金门考生病倒,限于当时的医疗条件,还没进考场就去世了。林豪在《哀薛生二首并序》中写道"余与同社诸生缓步抵省,而薛生中暑卧病,甚剧。时试期已迫,同寓者劝之归,乃赁肩舆,促装,将发矣。余力阻曰:'省城距家八日,途次谁为护持?不若且留,有我辈在,汤药无虑也。'遂止。寻卒,时八月三日也。余与同人为之盛殓,停其棺古寺中,而为诗哀也"。从林豪的记述中,我们了解到当时从金门到福州的路途需要费时八天,由于同来的考生很快要进考场,无法送病人回乡,大家接受林豪的建议就在福州当地救治薛生,没想到薛生很快不治身亡。像薛生这样的例子自然不是个案,在那个缺医少药的年代里,由于水土不服,一些台湾来的考生在福州患上一场感冒就可能丧命。"梦已虚金榜,身先赴玉楼,送君萧寺去,寂寞一棺留。"功名未就人却离世,这在林豪看来是一件十分残酷的事。更让人感叹的是,家人却还在苦苦等待他的归来。"白发门前倚,红颜灯下思,不知生死诀,尚怪捷音迟。"

参加乡试期间,林豪写了一些关于福州的印象诗,如《南台竹枝词》、《南台即景》等。所谓南台,一般指福州的南台岛,但在林豪的诗中这一地域的范围从南台岛扩大到了台江这一带,泛指城里的闽江两岸的一片区域。"制就沙棠泛碧漪,家家船上载蛮姬";"桥头璧月落深杯,桥下篷窗笑语陪"。从诗中描述的场景看,诗人所捕捉和描写的是闽江上的一些风物。"钗光鬓影碧波涵,夜夜笙歈处处酣;魂断江南桥上路,落花风景似江南。"当然,林豪不只是在吟咏闽江两岸的风月,在《福州怀古》中林豪也寄寓了对历史上杰出人

---

① 本节所引林豪诗文均见《诵清堂诗集》,台湾书房出版有限公司 2008 年版,第 222~263 页。

物在闽地开创霸业的缅怀之情,但这样的作品留存不多。

"至公堂下天如水,还为中秋看月来?"林豪此次福州之行显然不是来赏月的,其终极目标十分明确,那就是考取举人,进而去博取更高一级功名。这一年的福州乡试被称为恩科乡试并补行戊午正科,录取名额只有 205 名,但闽台两地前来参加考试的有 9000 多人,竞争之激烈可以想见。考前的一个夜晚,林豪梦见已去世多年的母亲洪氏。在《夜梦先慈泣述》一诗中林豪写道,"恍惚待慈母,欢颜如平生。依依刀尺间,琅琅答书声。忽忽十年事,此境犹分明。"求取功名是封建时代知识分子的最重要的事业,考前其心境自然难以平复。即将进入考场的林豪,通过这首诗寄托对慈母的怀念之情,也祈望慈母的在天之灵能够保佑他成功。

考期来临,林豪进入设在福州贡院内的乡试考场,除忙于应付考试外,也不忘对考场环境和考试的全过程进行细致观察,写下"棘闱杂咏"20 首。就场中所见形诸笔墨,依次为"录遗"、"唱名"、"搜检"、"场篮"、"衣包"、"号舍"、"题纸"、"起稿"、"交卷"、"分饼"、"领签"、"眷录"、"号军"、"蓝榜"、"弥封"、"荐卷"、"揭晓"、"堂备"、"副榜"、"磨勘"等,叙述十分详尽,被认为是研究清代科举制度的珍贵资料。通过这些描述,人们可以了解福州乡试的诸多环节,而这些环节与其他省的乡试环节应该是大体相同的。

录遗是这组诗作的开篇。所谓录遗,据说是对在参加正式乡试考试之前尚未取得参试资格的考生进行的考试,"玉献荆山璞,珠搜碧海胎;芹香当日采,此地记曾来"。显然,林豪对自己的才识还是很有信心的。

循着乡试的程序,林豪对唱名和搜检作了生动描述。所谓唱名,可以理解为考前的点名。"遥应一声有,昂头人海中;龙门开轶荡,鱼贯列西东。逐队仓星进,观场傀偶同;何如金殿上,三唱便称雄。"虽然场面壮观,但在林豪看来,乡试只是日后会试的一场热身而已。科场搜检历来十分严格,目的在于通过仔细的搜查、检视以防止考生夹带作弊。"妙手空空耳,还教检一遭;敝囊频自叩,寸铁不应操。"面对如临大敌般的搜检,林豪调侃道:"腹中余稿本,幸未索秋毫。"

进入考试区域后,考生往往拖着场篮,背着衣包,找到自己的号舍安顿下来。对此,林豪也有形象的描述。所谓场篮,指科举时装载考生文具及日常用品的篮子,俗称考篮。"米炭油盐酱,盛来共一筐;丁皮应细裹,毛颖且须囊。"由于在考场内要封闭式的生活几天,所以各种日用品都要带上,除米炭油盐酱外,像丁皮这样的中药及书写工具毛笔也要备齐。场篮能装不少东西,下设四轮由考生牵引而行,由于有一定的重量,林豪感叹:"双轮谁代挽,几步汗沾裳。"至于衣包,顾名思义应是装着衣服的包袱。"棘舍西风冷,商量检敝裳;一肩寒士担,几迭老妻谋。锦待卢生夺,貂随季子游;解衣还磅礴,奋袖运毫柔。"在这里,衣包被林豪巧妙借用来抒发自己的情感,并赋予丰富内涵。号舍则是分配给每个考生的小屋,白天答卷、晚上睡觉全都在这间小屋里,立起来直不得腰,卧下去伸不开腿。"檐低窥燕子,窠密集蜂群","炊饭铜锅熟,搴帘木榻熏"。林豪以生动形象的语言,描述了号舍内外的场景。

接下来,很快就进入正式考试环节,其主要程序有题纸、起稿、交卷等。所谓题纸,指写有考题的试卷。"片纸才飞到,风檐漏已低;可能如己出,未敢请他题。磨勘三场备,科条一例齐;今朝求佛脚,欲抱意都迷。"起稿可理解为正式答题,此时林豪的状态是"竟作万人敌,冥搜一夕肠;油腔平日套,腹稿几时藏"。不过,由于准备比较充分,林豪倒也从容应答。"艾蓄三年久,花开寸管香;蚕声挥洒际,急就已成章。"考试结束时间到了,考生只好交卷,但还要利用最后一点时间反复核对试卷,"收拾筠笼物,迟迟未忍行;从头看仔细,题目认分明"。"炮已听三响,诗还诵数声;待经收掌手,归去意才平。"不少考生直到被称为收掌手的收卷官员催促收卷子了,才依依不舍地结束考试。在林豪的科场诗中,对正式考试的描述虽然只有这三首诗,但却形象地刻画了应试考生的普遍形态,可以当做有价值的科举史料来浏览。

在对乡试主要考试程序进行叙述之后,林豪对考后的一些环节,如领签、誊录、蓝榜、弥封、荐卷、揭晓、堂备、副榜、磨勘,也都一一道来。所谓领签,指考生交卷毕还须在栅外等候收卷官验证前后程式无误,领取"照出签"后才能离开考场。这样做的目的,在于使收卷官能在考生在场的情况下核对试卷,发现程式错误可立即要求考生改正后再交卷。如果考生没有经过核验便离开考场,收卷官发现问题而唤人不至,这份考卷便算作废。显然,这个环节在整个乡试考试过程中是很重要的,但也容易被忽略。林豪对领签的描述形象、具体,但略带夸张成分。"莫问签谁典,庭前积似麻;去方随手掷,倦或数枚哗。枝小何能借,门高未许挝;匆匆投卷后,携出向人夸。"至于"誊录",更是科举考试中的极其重要的环节。"书岂同文贵,形教宿墨遮。"虽然这一环节无需考生做什么,但事关考试成绩和日后的功名,所以一向受到关注。誊录要求忠实地按考生试卷的内容和形态进行摹写,如林豪所言:"葫芦齐学画,依样便堪嘉。"乡试依惯例要考三场,凡是第一场和第二场试卷上有不合规者,或者受到污损等,考务部门即于蓝纸上写明号数在考场的照壁上予以公布,俗称上篮榜。在科举时代,上篮榜是一种很重的处分,意味着考生被取消了参加下一场考试的资格。"就枕疲方极,墙间想倍惊;卷中疑有误,榜上幸无名。"林豪在诗中真实地描绘了自己怕一不小心就被列入蓝榜的极度惊恐的心态,这应该也是当时众多考生的共同心态。"墨蓺三升辱,丹须九转成;可怜红勒帛,灰尽一时情。"至于弥封,凡对科举略有了解的人都知道,是将试卷封面上的名字和编号密封起来,以防止考生和改卷者串通作弊。弥封的程序依惯例进行且十分刻板,但林豪的诗作却独辟蹊径,不仅仅只是就弥封的过程进行描述。"生意成乌有,因缄纸尾书;暗中须待索,名下距无虚。眯目都迷汝,囊锥孰脱予;许多难记客,画饼欲何如。"弥封后的下一个程序便是荐卷,即各房阅卷官将认为比较好的卷子圈出来推荐给主考官。"不是逢杨意,谁将妙处传;帆张风乍引,梯近路开先。青眼初留盼,丹墟但小还;蓬莱终到否,咫尺问仙缘。"一般考生自然难以了解阅卷官们是如何荐卷的,在内心深处只能寄希望于撞大运而受到阅卷官的青睐。荐卷之后便是揭晓了,也就是确定考试成绩。"但过三场后,家家盼不穷;解头迟笔下,痴想到闱中。刮目谁无负,初心本至公;云泥分顷刻,笑涕那能同。"考试的最终结果不同,心境自然不同,真正应了那句老话,"几家欢乐几家愁"。至于堂备,指阅卷官将"荐卷"交主考官审阅后,凡在卷子上批"堂备"两个字的,都成为科举录取时在正额之外的备补试卷。"到此方言命,谁教荐称迟;杨陵过眼后,柳下受知时。颖露囊犹处,侯封数并奇;由来非战罪,泪共愤王垂。"一些试卷被列入堂备的考生,往往会认为自己水平不差而运气不好。副榜也称之为"备榜",是科举考试中的一种附加榜示,表明于录取正卷外另取若干名之意。"塔题嗤后举,鞭着让先登。中柱应疏术,参禅亦小乘;秋风重到否,观榜厚颜增。"在林豪看来,被列入副榜也只能是求其次了。磨勘,指将乡试卷子按例进呈,由翰林院儒臣进行复核,以检查词句、书法是否合乎规定。对磨勘的特点,林豪总结得很到位。"慎重遴材意,吹毛一一加。""磨后还求玷,瑜中更索瑕。"

　　考场中的一些习惯性的做法（如分饼）和常见的人物（如号军），在林豪的笔下也都有形象的反映。关于分饼，林豪写道："竞作三元想，标题字亦鲜；惠将茶并试，影与月俱圆。口众情谁餍，饥充愿未悭；红绫休便拟，名士且随缘。"关于号军，林豪是这样描述的："矮屋雄师集，风檐笔阵分；重围齐按部，小校岂能军。但执苍头役，安知白战纷；行间如信赏，下走倍殷勤。"在一般考生眼里，这些再平常不过的事和人，都被林豪信手拈来加以描述，反映了林豪对科场的观察十分细致，视角也是独特的。

　　咸丰九年的福州乡试结束后，林豪等不及发榜，便急匆匆地循原路踏上了归途。此时的林豪没了考试的压力，诗歌创作的欲望更强了，一路南行写下不少记游诗。在《由渔溪泛舟至兴化》中，他盛赞福清至莆田一带的风光："川连岭复总成奇，似合荆关笔一枝；柔橹几声残月下，好山无数夕阳时。千行碧树随帆转，夹岸朱楼到面移；身入仙乡浑不觉，携家只觉此间宜。"在《涵头舟中》他描述了福厦道上的重要市镇——涵江诗一样的画卷。"橹摇诗梦随流去，风送渔歌隔岸来；三十六湾行未了，涵江市上买鱼回。"延续着这首诗的意境，在《莆田舟次》中又写道："三十六湾水，西风送客舟；橹声溪店月，柳色画桥秋。远梦鸥同冷，长途草惹愁；篷窗霜意重，破晓且装裘。"除了对风光的描述，此时的诗作还反映了与好客的闽地官员、民众的交往。归途中，林豪于兴化拜访了镇军林向荣。"长揖军门礼数宽，又劳遣使候江干。""刺船海上平生愿，定挟奚囊谒将坛。"林向荣即将出任台湾镇总兵，他热情款待林豪，把酒言欢而意犹未尽，约林豪届时东渡台湾再相访。在《长岭道中》，林豪遇一位热情好客的当地人士。"已把肩舆为卧榻，转疑传舍是吾家；主人揖我曾相识，为扫藤床更品茶。"重过枫岭，离金门越来越近，林豪的思乡之情也越来越浓郁。"昔我枫亭过，枫林叶未黄；秋风曾几日，树色已含霜。去鸟无心返，鸣蝉到处忙；前汀遥望处，烟水正苍茫。"此时，离乡数月的林豪已是"彻夜未成眠"。

　　归途中，福州乡试的结果揭晓，林豪中了举人。此时，他的心情十分感奋。在《闻捷口占》中写道："一纸泥金报恐迟，亲朋相庆溢门楣；无端泪滴红笺上，记得萱闱劝学时。"功成名就之时，他想到了父母对自己的教诲之恩。

　　中举后，林豪多次北上参加会试，均没有取得更高一级的功名。在北京参加会试时，他仍然不忘对考场进行观察和分析，写了《续棘闱杂咏》12首，依次是"同乡结报名"、"贡院旁租寓"、"保和殿补覆"、"知贡举出示"、"同乡官送考"、"御史台分签"、"辕门口唱搜"、"号舍军分役"、"矮屋中辟尘"、"栅门外送饭"、"琉璃厂侯榜"、"孙公园留京"。诗歌的数量没有福州乡试时的多,但观察仍是十分细致,涉及许多科举的微观层面,填补了科举史的空白。

参加福州乡试给林豪留下一生难以忘怀的记忆。多年后,他在澎湖文石书院山长任内送别一批学生前往福州参加乡试。在《送文石书院诸生赴省秋试,并呈潘司马》一诗中指出:"文献多年迹欲陈,喜逢儒吏一番新。烟销岛屿钟灵秀,海长珊瑚蔚席珍。大雅风规欣接轸,中流月色映扶轮。蒸蒸士气经培植,合有英才起后尘。"他认为,自己是马纵识途嗟老矣,希望学生们"骊将开道气昂然"。"虎门潮涌濡椽笔,鲲海秋高送客船。自昔棘闱辛苦地,及时努力望群贤!"渐入老境的林豪回想当年参加福州乡试时的情景,往事历历在目,对进入科场博取功名之艰辛有着超出常人的深切体会。

林豪存世的诗歌有 1000 多首,台湾研究者将之归为科考经历、学术思想、区域历史、文学语言、交友师谊五大部分。其诗歌集被认为是林豪一生悲欢喜乐、学问艺文之总汇,既体现理性认真的执著,更有感性亲近的话语。其中,有关科考经历的诗作在其诗歌中占据重要部分。这表明,同那个时代的知识分子一样,求取功名是林豪一生的重要追求,参加科举考试是他生命史上的重要组成部分。作为亲历者,他在诗作中对科举考试有一些披露性的描写,但只是基于事实的一种创作方式,属自然主义的范畴,总体上没有批判科举制度的意味。科举制度本身是严厉的、冰冷的,但林豪的相关诗作却充满生气和灵性,使用的是生动的语言,充满着艺术想象。

二、陈肇兴的福州乡试记忆

陈肇兴,字伯康,号陶村,台湾彰化人。他于咸丰三年(1853)中秀才,咸丰九年(1859)赴福州参加乡试得中举人。返回台湾后,过着读书、教书的生活。1862 年,戴潮春在台湾起兵反抗清政府,陈肇兴协助清政府镇压戴潮春起义。第二年事件平定后,返回彰化故居。在生命的最后两年里,担任白沙书院山长。"事平,不仕;设教于里,时雨化人,桃李争妍,而杨馨兰、杨春华、林宗衡、许尚贤,俱列门墙。"陈肇兴是一位著名诗人,诗作甚多,大多辑录于《陶村诗稿》。在这部诗歌集中,有 19 首是描述到福州参加乡试的情景,生动反映了这位台湾士子的福州乡试记忆。①

从台湾到福州首先要横渡台湾海峡,这段海途被清代参加福州乡试的台湾士子视为畏途,其凶险程度在很多亲历者的作品中都有生动体现。陈肇兴在《渡海》一诗中回忆从海上前往福州参加乡试的情景。"龙涎鱼眼望迢迢,一色空青万里遥。掀柁只凭针线引,扬帆唯任海风飘。升沉日月成今古,呼吸乾坤作汐潮。我是东瀛旧仙吏,群灵见惯不须朝。""出没风涛十二更,斯游奇绝冠平生。山穷肚麓天应断,水到澎湖海不平。浩荡直教双眼豁,汪洋自觉一身轻。当年枉读元虚赋,到此方知向若惊。"诗中全无对风涛的畏惧之感,有的是对壮阔海天的赞叹和意气前行的豪情。

清代,由于台湾是福建的一个府,所以在很长的时间内,台湾的考生都要到福州来参加乡试。乡试前后,台湾士子大多要在福州逗留数月。《咸丰九年己未恩科并补行戊午正科福建省乡试题名录》中有"第八十三名陈肇兴,年二十八岁,彰化县学生"的记载,这是陈肇兴于咸丰九年参加福建乡试的第一手资料,表明当年 28 岁的陈肇兴以彰化县学生员的身份参加科举考试,并考中第八十三名。历经艰苦的应试过程终于如愿以偿,毫无疑问陈肇兴是一个科举考试的幸运儿。在《第一楼观榜》中,他描述了在第一楼与众多考生一道观看乡试成绩的情景。所谓第一楼,现今的一些文史研究者认为应在福州闹市区的鼓楼前。具体在现今福州的哪个位置似乎不是太重要,直觉告诉人们这个地点应该是清代福州揭晓乡试成绩的地点所在。陈肇兴以轻松的笔调写道:"买棹初从福地游,桂花香满越山秋。文章远溯千余岁,姓氏高悬第一楼。同榜人夸从古少,题名我爱得朋稠。鲤庭回首黄泉隔,欲写泥金暗泪流。"几经周折,终于得中举人,欣喜之情溢于言表。由于台湾较之大陆更为注重科名,有科名者能够享受更多的社会声誉和实际利益,所以中举对于台湾士子而言是一件人生的大事。诗中所言"文章远溯千余岁",指当年这一科的三题是"世之相后也千有余岁";"同榜人夸从古少",指这一科仅中式 225 名;"题名我爱得朋稠",指的是榜上有 14 位考生与他是知交,这令他既高兴又自豪。

---

① 《北郭园诗钞·无闷草堂诗存·陶村诗稿》,《台湾文献史料丛刊》第八辑,台湾大通书局1987 年版,第 52～62 页。

　　陈肇兴是一位热爱生活的人,与其他台湾士子一样,在考试结束等待发榜的日子里,他兴致勃勃地游览了福州的一些著名景点,如九仙观、玉皇阁、南法云寺、镇海楼等。有意思的是,九仙观、镇海楼经过重修保存下来,南法云寺等当时福州著名的地标式建筑已荡然无存,现今我们只能通过陈肇兴这位台湾士子的诗作来了解已从当代人视野中消失的古建筑及其周边的风光。在《九仙观》一诗中,陈肇兴写道:"跨鲤仙人去,登临尚有台。城临千雉迥,山抱六鳌回。杰阁云中起,秋风海上来。丹炉无处觅,日暮几徘徊。"从诗中可以看出,九仙观应是一处道教圣地,建于城中的某座山上。联想到福州城内有三座山,福州又称三山,从这座道观所处位置看应当在城内的于山上。在《玉皇阁》一诗中写道:"双龙高耸入云霄,杰阁巍峨望更遥。城影俯临千雉迥,海门高拥百灵朝。云开金阙星堪摘,地近琼楼月可招。今日登高真羽化,亲从帝座把香烧。"诗中表明,玉皇阁与九仙观应该有很密切的关系,也印证了当时福州城的南门离玉皇阁不太远,这对现今的人们认识这座古城有一定意义。在《南法云寺》一诗中写道:"五代通文寺,于今迹尚存。桑沧千佛古,风雨一灯昏。地拓峰为壁,山磐石作门。磨崖怀昔彦,苔藓蚀题痕。"从诗中可以看出,南法云寺在清代尚存,建在山上且有一定的规模。在《登镇海楼》一诗中写道:"山势欲随双塔去,潮声如控万峰来。屠龙旧业余衰草,跃马当年剩故台。满目兴亡增感慨,振衣千仞少人陪。"沧海桑田,仅历经百余年,现今的人们登临镇海楼已很难感受到陈肇兴诗句中体现出的那种宏伟气势,但据史料记载清代时的镇海楼确有"山势欲随双塔去,潮声如控万峰来"的独特魅力。

　　福州的鼓山集峻拔挺秀的山水景观和丰富深厚的人文内涵于一体,清代来福州参加乡试的台湾士子很少有人不登临这座名山的。如许地山的父亲许南英曾在考试之余登山游览,写下了十分有名的记游诗。陈肇兴的《鼓山记游诗》则别具一格,他写道:"射乌城外恣遨游,列嶂如屏一望收。踏破松阴千万迭,数声钟磬落山头。"可以看出,这是在先写景,写出了鼓山的雄奇。接着,笔锋转向写人,写鼓山上的老僧。"崎岖路转夕阳斜,老衲相逢笑不哗。分得洗心泉一掬,半山亭子试新茶。""灵源洞古白云封,旧迹依稀记毒龙。犹有泉声喝不去,岩前流出打疏钟。""凤池西去水潺潺,百道飞泉拥巨观。我与山僧参一偈,下山容易上山难。"不过,他的用意似乎不全在于写景、写人,其中还寓含着一些深刻的哲理性内涵。鼓山上的涌泉寺是闽台两地的重要佛教寺庙，对台湾佛教文化发展的影响十分深远。陈肇兴兴致勃勃地游历了这座东南名寺。《涌泉寺》一诗写道："屴崱峰前万木黄，白云沧海两茫茫。千年伏虎留孤寺，一脉来龙认故乡。饭鼓斋钟醒客梦，松声潭影绕禅房。登高眺望多佳趣，石刻挲摩到夕阳。""绝壁崔嵬剑削成，扪萝直上旅魂惊。岚光倒映双江净，暑气全收六月晴。槛外岛藏骑象国，望中烟起铃龙城。紫阳墨迹今犹在，千古谁人续旧铭。"诗人的视线由近及远，由物及人，叙述层次十分丰富。"千年伏虎留孤寺，一脉来龙认故乡"，更是让后人产生丰富的联想。

　　福建著名诗人黄任的诗作风格沿袭晚唐诗风，尤其接近李商隐、温庭筠的风格，特点是辞采侉丽，尤以七言绝句为工。他的诗作为前来参加福州乡试的台湾士子所推崇，陈肇兴也是崇拜者之一。他登临城中的乌石山，在《九日同诸友乌石山登高》一诗中，用黄任诗作的韵律写了两首诗，即"用十研老人韵二首"。其一曰："他乡九日共探幽，塔影风光一望收。树色遥连烟市暝，雁声高叫海门秋。芙蓉四面摽仙掌，霹雳千年护石头。吊古不须怀薛老，残碑断碣满山丘。"其二曰："为耽幽胜步徐徐，步步回头胜有余。剔遍悬崖摹石刻，搜残古刹下篮舆。丹萸白菊添幽契，碧藓苍苔见断书。拟向山僧乞半榻，他年长伴远公居。"所谓的"用十研老人韵二首"，是指用黄任《秋江集》中的原韵之作——《辛未九日登乌石山》。黄任诗中，其一曰："高台宜旷壑宜幽，尽把遥天爽气收；万井远烟松外暝，千冈平照雁边秋。衰容绿酒还酡面，短发黄花不插头；齐把茱萸香满手，海风吹啸上林丘。"其二曰："山南山北转纤徐，筋力虽衰兴有余；济胜岂须寻蜡屐，探幽祇合坐篮舆。踏残黄叶前朝寺，剔遍青苔过客书；怀古登高两夐绝，不应虚度闭门居。"两相对照，确有许多相合之处。不过，台湾研究者认为两人诗作的内涵还是有明显的区别。同样是登福州的乌石山，陈肇兴的作品带有对新来乍到的游览景点的新鲜感，以及对于难得渡海来此游览心中升起的依依不舍之情。"为耽幽胜步徐徐，步步回头胜有余。"千里乘桴来到福州，于考试之余前来游览，使他舍不得走太快，要慢慢欣赏山上的风光。"剔遍悬崖摹石刻"，对乌石山上众多的石刻更是爱不释手，流连忘返，以致"拟向山僧乞半榻，他年长伴远公居"。陈肇兴日后的生命历程表明，要来此处定居的愿望并没有实现，但流露出的感情极为真挚。

　　陈肇兴在福州参加乡试期间,还十分注意寻访福建历史上的一些杰出人物的遗存。由此,他被认为是一位极为重视福建历史传统的台湾读书人。

　　陈肇兴游览了冶城遗址。在《冶城杂兴》一诗中写道:"万古无诸国,高城控百蛮。秋风螺女渡,落日越王山。形胜一千里,溪流卅六湾。探奇多古迹,萝径几跻攀。""石壁镌诗遍,牵挛几度过。闽山临海尽,古寺入唐多。黑夜闻山鬼,苍松挂女萝。登台眺平楚,秋色满岩阿。"福州及其周边形胜尽在笔下得到充分展示,表明诗人对闽地历史地理极为熟悉并十分喜爱。至于屏山之麓的华林寺,更引发了他的怀古之情,以诗作表达了对无诸开发闽地功绩的肯定。《华林寺》一诗中他感叹:"言寻越王山,忽逢华林寺。无诸昔建国,故址犹堪识。霸图一消歇,香火归初地。鸣禽带梵音,寒蝉悦禅意。坐啸来清风,溽暑忽全避。日暮数声钟,满山黄叶坠。"

　　闽王王审知对开发福建有着重要贡献,陈肇兴到福州新店的莲花峰凭吊闽王墓。在《莲花峰弔闽忠懿王墓》中写道:"岩头已没潮头出,军中望气知第一。白马三郎提剑来,万人拜舞声如雷。包茅职贡坚尊奖,东南保障旗鼓开。有唐末造紊纲纪,寿州屠儿鼓刀起。长驱破竹下汀、漳,不许军行带妻子。由来忠孝感人心,扶母从军法不禁。帐里将军方下令,篁中壮士已成擒。天教霸业恢闽土,乾宁诏下军威武。陶砖增拓越王城,建纛宏开都督府。诞敷文教遍三山,蜑户蚶田礼让娴。千秋德政琅琊颂,一代儒风邹鲁间。可怜再世耽游宴,黄金筑起长春殿。秦女楼头引凤凰,汉皇宫内巢飞燕。荡桨空歌万岁游,谁知床笫即戈矛。转眼桑田变沧海,回头台榭已山丘。离宫寂寞生秋草,霸气消沉忽如扫。金鱼玉盎落人间,石马铜驼埋古道。莲花峰下鹧鸪飞,千载行人弔夕晖。唯有青山不改色,胭脂满地似桃绯。"诗作很长,采用的是写实手法,但读来不会有乏味之感。但凡对闽国史有所了解的学人,对陈肇兴这首叙事诗还原福建古代史上重要场景的功力都会留下深刻印象。

　　陈肇兴还拜谒了宋代名相李纲的墓园。在《李忠定公墓》中写道:"曾从青史仰经纶,才识忠贞两绝伦。十事果能回主眷,两宫何至陷胡尘。金鱼玉带承先帝,神臂长弓走敌人。底事满朝容不得,暮年流滞瘴江滨。""放逐单州又万州,三山垂老竟勾留。万言不用书犹上,一赦难邀国可忧。北使闻名还起敬,南朝构陷反成仇。可怜坐失中兴策,千载魂空绕汴流。""十年提举洞霄宫,帝座虽遥梦寐通。去国唯闻争许翰,当时原不识陈东。两河形势烽烟外,万里江山指掌中。如此乾坤廿一掷,伤心苟活是高宗。""一身去住系苍生,南北同心仰大名。宗、岳有谋偏不用,汪、黄和议究无成。空闻播越思航海,不见艰虞忆汴京。今日墓前桐口水,奔流犹作怒潮声。"作者花费颇多笔墨,对李纲的具体历史功绩进行铺陈,以此寄寓对消失在久远年代里的这位闽地杰出人物的景仰。

在陈肇兴的福州记游诗中,还通过对景物的描绘表达对杰出人物的崇拜与向往。《虞公庵》一诗写道:"一卧东山寺,千年姓氏留。相韩卑蒯彻,尊汉重班彪。烈火终难动,高风孰与俦!南丰凭吊处,台殿已芳丘。"《榴花洞》一诗中写道:"昔日逢仙处,苍苔满径斜。山空无鹿迹,洞古尚榴花。曲水时贤禊,东山故相家。此间真福地,王谢漫相夸。"

在陈肇兴的诗作《马鞍山弔赖秀才墓》一诗中,可以看到诗人在考试之余专程到福州城外的马鞍山凭吊一位叫赖秀才的友人。据推断,这位赖秀才也是一位前来参加乡试的台湾士子,只是功名未就却在考试期间因病在福州去世。诗中,陈肇兴写道:"篮舆发北门,市尘忽已隔。一径入寒林,微风动深碧。不知何代女,树此贞坊石。鬱鬱马鞍山,白骨鱼鳞积。聚此万古魂,草木黯无色。翁仲立斜阳,白杨卧沙砾。堂堂少穆公,一代推巨擘。吾友赖秀才,八年傍窀穸。凭依得正人,他乡死亦得。涕泣奠椒浆,鸡酒酬在昔。薄暮野风吹,纸钱挂松拍。一鸟下空山,归途日已夕。"读着诗人写于百余年前的诗作,我们除了感受到马鞍山上那一片悲凉之气外,从中也能发现一些积极的因素。"凭依得正人,他乡死亦得。"民族英雄林则徐的墓也在马鞍山,由此是否可以理解为,诗人认为这位来自台湾的赖秀才葬在民族英雄林则徐墓的附近也算是值得了。

福州的温泉在闽台两地享有盛誉,陈肇兴在参加乡试期间不忘忙里偷闲去温泉泡澡。在《浴汤泉》一诗中写道:"炎云未退暑气恶,战罢文场忽不乐。主人示我温泉汤,一洗人间百病却。双髻峰前雪山陬,几派流来绕城郭。腾烟结篆泉气蒸,潜火沸出千珠落。岂其一气鼓洪炉,地水火风相磅礴。""琼浆玉汁养灵胎,赐予群真此汤沐。"从诗中的描述,结合乡试举行的时间,可以看出陈肇兴是在夏天去泡温泉,这似乎与现今一般福州人冬天泡温泉的习惯不太一样。不过可以大胆推断,或许那个时候的福州人有夏天泡温泉的习惯,或可理解为陈肇兴冬季来临前要返回台湾,只好利用夏天这个时间段过把瘾。"解衣一试等华清,伐毛洗髓真吾福。尘土涮除肠胃明,邪秽涤荡精神作。寒酸致此一时无,三生柱濯冰壶魄。我闻天下温泉九十九,舞雩最古点也浴。其余藉藉列山图,晚出独数黄山麓。吾乡硫黄亦同源,烂鸟游鱼众所谓。斯理微茫渺难求,欲扣混沌窍未凿。群生垢尽混常流,山僧欺人吾不诺。会须一日一来游,洗濯尘埃俱不着。弹冠一笑归去来,白圭汤盘宜三复。"在诗人的笔下,泡温泉的好处真是太多了,从中也可看出他对闽地风物的喜爱程度。

此外,对福州的一些著名地标,陈肇兴在诗作中都兴致勃勃地进行了描述。在《南台江竹枝词》一诗中写道:"南台江下水汤汤,两岸人家涨腻香。日暮珠帘都卷起,一奁秋水照梳妆。""石马江连海水长,东西两峡似瞿塘。送郎不过磨心塔,郎自磨心妾断肠。"在《自南台江至水口》中写道:"乍过罗星塔,还看福斗山。舟穿千岭曲,帆转一溪湾。夜火明渔浦,人声出市阛。前头烟树里,已是万安关。""碧海流千里,青山转万重。一钩茅店月,半夜鼓山钟。水落鱼龙静,天清霜露浓。明朝有风便,放柁快相逢。"沿着陈肇兴的思路,我们惊讶地发现,从纯粹地理位置的角度来看,诗人描述的地点已从福州繁华的台江码头沿水路伸向下游的马尾港,进而经闽安出闽江口,再往前那就是台湾海峡了。

清咸丰九年的福州乡试结束了,来自台湾的士子陈肇兴中了举人,他没有选择在大陆发展,或继续攻取高一级功名,而是很快由海路返回台湾。在《由港口放洋,望海上诸屿,寻台山来脉处,放歌》中可知,他是从福州的马尾港出五虎门,横穿台湾海峡后抵达台湾。这首诗作被认为是陈肇兴在福州参加乡试期间写的最后一首诗,在台湾文学史上颇有些名气,海峡两岸的不少文学史著述都曾加以引用,各自也都有不同的解读。"鼓山如龙忽昂首,兜之不住复东走,走到沧海路已穷,翻身跳入冯夷宫。之而鳞爪藏不得,散作海上青芙蓉。"有大陆学者认为,这首长诗一开始就通过生动的隐喻,以龙头比喻福州的鼓山,将台湾诸岛比喻为这只巨龙露出于海面的"鳞爪","这种想象既大胆、丰富,又潇洒、绮丽"。不过,台湾学者对此有不同看法。"我从崌屿来,买棹归乡里。小焉海潮生,百夫声齐起。掀砬转柁飞如龙,倏时已过山千重。回头却顾船来处,天半屹立千高峰。鸾凤翱翔以下瞰,龙虎龙嵸而上冲。黄牛白犬距其左,龟形鳖状肩相从。既连复断横复纵,如迎如送如拱揖,为狮为象为孩童。"不论两岸学人作何解读,一个基本事实却是客观存在,那就是在陈肇兴返回台湾的行程中,必须由鼓山下的闽江经过,丰富的想象从这儿开始引发、延伸。从这首充满丰富想象和奔放情感的诗歌中,人们不难看出当时台湾士子对福建与台湾之间地缘关系的体认。

　　台湾士子陈肇兴的福州乡试记忆,从严格意义上说只是他参加乡试期间的生活记忆,很少涉及乡试及考场的具体情况,而清代其他台湾士子(如林豪)在这方面则多少都留下一些文字记录。如何解释这种现象呢?笔者认为,陈肇兴本身是一位情感丰富的著名诗人,闽地丰富的风景名胜和杰出人物更容易成为诗歌创作的对象,也更方便地进行整体表达和情感抒发,枯燥的科举考试和戒备森严的考场引不起他的诗兴在情理之中。由于忙于应考,自然疏于对科场进行观察,更谈不上能够引发丰富联想。虽然只是乡试期间的生活记忆,却也弥足珍贵。由于这些文字的存世,使今人能够从中了解到那个年代的多方面的社会信息,如台湾到福州的行旅,及清代福州的地理风貌、古建筑、人文景观、生活习俗,甚至文人之间的交往等等。

三、洪弃生的福州乡试记忆

　　洪弃生(1816~1928),名一枝,又名一栋,字月樵。祖籍福建省南安县,祖父辈移居台湾鹿港。光绪九年(1883)洪弃生入彰化白沙书院就读,光绪十五年(1889)中秀才。此后,曾4次到福州参加乡试,但每次都以失败告终。

　　在正式参加福州乡试之前,洪弃生参加了多次的"官课",也就是由彰化知县、台湾知县或藩台知府等地方官员在每月初八、十六日举行的考试,参加对象是童生和生员。举办这类考试的目的在于观察地方文风的优劣,所以学生的答卷通常被称为"观风稿"。当然,这类考试也有考核学习情况以督促学业进步的目的在内。据说,洪弃生的"观风稿"常得到考官赏识,多次名列前茅,每次可得银二元。其子洪炎秋在《先父洪弃生先生传略》中指出:"先父幼攻举业,每遇观风试,辄冠群。性至孝友,有抚孤寡妇,常恃先父书院所得膏火以维生计。"洪弃生拿着这些奖金没有自己独享,而是用于接济当地的孤儿和寡妇。由于参加福州乡试之前在台湾已有文名,且历次学堂考试均很顺利,所以当时的洪弃生被认为是"虽为一领青衿之书生,却自期甚高而胸次洒落"。他对自己的期许也很高,在《秋咏六首》的第三首中写道:"斜照含西峰,夕色误朝曙。胸次忽淡然,斯意谁与语？"有研究者认为,"夕色"一句象征洪弃生晴明永日的年少岁月,胸次忽自超脱而淡然。在《咏碧山四首》的第三首中,洪弃生写道:"古岩青不尽,一径入松萝。隔水秋云淡,前山曙色多。听泉诗客坐,踏石野人过。摇指重峰里,烟鬟绾翠螺。"那时的洪弃生,被认为是年少且充满朝气,对自己未来的仕途进取充满自信。但是,正式参加科举考试却极不顺利。据记载,洪弃生曾先后于光绪十五年（1889）、光绪十七年（1891）、光绪十九年（1893）、光绪二十年（1894）4次赴福州参加乡试。晚年的洪弃生到大陆旅游,回忆当年参加乡试的情景,写下《忆昔日航海感赋》,指出"是时人物乐升平,未料沧桑有翻澜。胸中私愿冀一遂,要当骑鹤上长安"[①]。尽管怀揣雄心壮志,但时运不济,每次参加乡试都落第而归。

洪弃生在准备科举考试期间,举凡经史子集、经济、舆地无不广泛涉猎。在他看来,读万卷书之后若不行万里路,亲临其地观赏,验证书籍所记载的山川美景或古迹文物,犹如案头文章近于空无虚有。他参加乡试的过程,也是行走于海峡两岸的游历过程,通过行旅验证平生所读所学,亲自寻访书中记载前贤名人曾游过的山水古迹,印证其诗文名句。同时,寻访心目中的佳山好水,开阔视野,增广见闻。如同过往的文人一样,洪弃生在自己的行旅之作中,既有欢天喜地的畅游记录,也充满着心灵漂泊的四处游移,以及沉重、犹豫及对未来的疑惑之感。"文人们透过登高望远、浏览客观景物将自己推回往日时空中,透过对史事的回忆构筑历史记忆,在凭吊历史荒迹唤起地理空间的记忆,虽无法解决国破家亡、离乱贬谪的事实,这样的书写多少有助于修补失落的身份认同。旅途经验使文人重新检视涵藏于心的家国情怀,化为文字不仅可阐述历代盛衰兴亡以借古鉴今、抒发感慨一浇心中块垒,也带来超越困境的力量。"[②]作为台湾的杰出诗人,他在参加乡试期间创作了许多有影响的诗歌,其中有描写山景、海景,有怀念台湾家乡,有感叹自己仕途多艰,也有暗喻国势渐衰。"无论就诗的写作技巧,或洪弃生的仕途的艰苦,以及内心世界,这些行旅诗比起台湾的写景诗,更具研究价值,也可见科举考试在他的

---

① 洪弃生:《寄鹤斋选集·忆昔日航海感赋》。http://wenxian.fanren8.com/08/01/149/0.htm.

② 张静茹:《以林痴仙、连雅堂、洪弃生、周定山的上海经验论其身份认同的追寻》,台湾师范大学 2003 年博士学位论文。

一生中所烙下印象的深刻。"① 今天的人们既可以从这些诗歌中感知诗人丰富的情感世界和这一时期复杂的心路历程,也能获得大量科考、人文,乃至地理等方面的信息。

洪弃生头两次参加福州乡试留下的相关诗作不多,这里主要围绕后两次参加福州乡试所创作的诗歌进行综合性考察。

光绪十九年(1893),洪弃生从台湾渡海前来福州参加乡试。此行,他走的是一条传统的路线,登岸不久即到达泉州。随后,出泉州东门,经过洛阳桥,拜谒了宋代泉州太守蔡襄祠,经惠安至仙游的枫亭。此地是闽南前往福州的必经之路,当地以盛产荔枝而闻名于世。在《寄鹤斋诗集》中洪弃生写道:"借问枫亭亭下客,马头曾见几重山?"过了枫亭,便到了莆田的濑溪。"笑我行踪似秋色,西风吹过濑溪桥。"晚年,洪弃生追忆了枫亭、濑溪一带的风光,称道"枫亭马驮荔枝香"、"濑溪山水明如绣"。接着,便到达文献名邦莆田。那个时代,到了这里须行一段水路。据说,每到考试的季节,莆田涵江江面上来自闽台两地的士子乘坐的应试之舟多如群凫。《寄鹤斋诗集》云:"细把烟波问老渔,蒲帆风与水徐徐。谁知海上曦阳客,倚在中流自读书。"循着洪弃生诗歌所引导的路径,我们了解到在此后的日子里,他经龙津桥、梅妃故里和宋代大儒郑樵隐居过的夹漈山到达江口,这里已是莆田和福清的交界处。晚年,洪弃生在《八州诗草》中追忆道:"半楼明月梅妃里"、"夹漈云烟淡不空"。显然,在应考赶路途中,他也不忘去游览这些著名的景点。接着,他越过蒜岭,在这个"古寨已荒秋草里"的地方可以望见东海了。同许多台湾来的考生一样,他也选择在渔溪驿过夜,在这里见到曾任台湾知府的著名诗人罗大佑的题咏诗。早年,罗大佑在台湾主持相关考试时,曾将洪弃生取列为秀才第一名,对洪弃生有知遇之恩,洪弃生始终视罗大佑为文章知己。所以,他仿效前贤而参与题咏,这便是《出渔溪桥上》所描绘的"题诗昨夜在渔溪"。渔溪属于福清地界,是北宋著名诗人郑侠的故里。郑方坤在《全闽诗话》中认为,福建最早出现的有影响的诗人是唐朝的薛令之。但是,洪弃生在《寄鹤斋诗话》中则认为,最早出现的有影响的福建诗人应是北宋的郑侠。在洪弃生看来,宋代王安石变法时,泉州出了一个吕惠卿是为"闽辱",

---

① 程玉凰:《洪弃生的旅游文学——〈八州游记〉研究》,东海大学 2011 年博士学位论文。

而福清出了一个郑侠是为"闽光"。洪弃生称道郑侠虽屡受奸党迫害,而始终坚守名节矢志不移。同时,也指出其虽"侃侃而谈,不设城府",是一种好人品,却不见得有绝好的诗品。不过,这些并不重要,因为单凭郑侠的节操便足以流芳后世。此番经过郑侠的家乡,洪弃生写下缅怀诗句。在《福清路过郑介公故里》一诗中,他写道:"读史怀监门,爱君伟丈夫;但请苍生命,不惜微臣躯!伏阙陈谤书,如闻君疾呼;意气过石介,岂为激烈乎!一朝君命下,贬谪在江湖;高风自千古,臣心足不孤。后人思古谊,立碑在前途;曰侠、诚义侠;名字不模糊。岭头有松柏,路畔有苇蒲;我过君故里,想见流民图!"[1] 福清距福州只有一日之程,第二天洪弃生便渡过乌龙江,舍轿乘舟进入白湖,作《舟至白湖》,终于抵达此次行程的终点福州。

光绪二十年(1894),洪弃生最后一次参加福州乡试。当年7月11日从台湾出发,据说在海上航行了十天才到达厦门。接着,他不是沿传统的福厦官道前行,而是乘一艘名为福靖的兵船到福州,这可理解为他享受了当时清政府为台湾考生提供的"官送"的优待。由于中日甲午战争已经爆发,在《自厦门岛附福靖兵船应试时,朝鲜有倭患》一诗中,他写道"壮怀欲到伏波营",抒发了在国家危亡之际,愿执干戈以保卫国家之志向。

洪弃生在参加福州乡试期间,分别在马尾、蚶江、崇武等地逗留并写了不少诗作,诗人关注这些地点不是偶然的,其在中国近代史上以及闽台交往史上都是非常重要的地点,而诗人与这些地点也有着难解的因缘。

光绪十九年,洪弃生于考试之余游览了距福州不远的马尾,写下《马尾山晓望》。在中国近代史上,马尾具有重要地位。这里是近代造船工业的发源地,海军的摇篮,也曾是南洋水师的大本营。洪弃生登上马限山,只见"一峰一壑一波澜,万里海天夹两山。沧溟晓月涵波出,兀然挂在青云湾。迢遥五岭不知处,叠嶂高低含秋曙。空中山色水底明,阵阵秋风卷潮去。潮头出没海门东,荡漾乾坤咫尺中。来欲吞山去平地,落霞如火一江红。"他极目远眺,感叹马江波涛奔涌而至,峰壑波澜,万里海天,日出涵波,兀然挂在青云端,其以刻意渲染的手法,向世人描绘了这一工业和军事重镇周遭环境的雄奇、壮阔。随即笔锋一转,写道:"天南崒嵂留半壁,锁断汪洋无澌激。沧海为

---

① 洪弃生:《寄鹤斋选集·福清路过郑介公故里》。http://wenxian.fanren8.com/08/01/149/0.htm.

门山为扃，两岸草青千里色。将军此地起楼船，半天城郭半山烟。蔽日飞帆随浪后，转轮流火在潮先。坐控闽疆如橐钥，复山重水皆束缚。曩岁何经兵燹灾，下棋由来输一着。”在洪弃生看来，处在半山云雾中的马尾，江上唯见飞帆及转轮往来，其钤锁险要是确定无疑的。这么一个易守难攻且有重兵守护的东南重镇，外敌要来侵犯应该不是太容易得手，但历史事实却是清军在1884年的中法马江海战中，在极短的时间内败给了法国军队，南洋水师全军覆没，这距洪弃生此行不到10年。“今日已复旧疮痍，草木江山似昔时。”“登高已极千里目，临流复濯万里足。长啸西风缓缓归，落日已在苍崖西。”在众多吟咏马尾的诗作中，洪弃生的这首诗作是比较突出的，无论是立意还是写景都很精致。当然，其不仅仅只是简单的写景，更在于抒发家国情怀，诗作的积极意义是不言而喻的。

有意思的是，洪弃生咏马尾的诗不只一首，留存下来的还有《登马尾山二首》等诗作。“峰回水复海天环，万里鲲溟俯仰间。云雾晴时明五岭，风烟归处拥三山。人来闽峤浮涛黑，船过沧州夕照殷。多少豪情搔首问，大江东去可能还。”这些诗作，同样是写出了远望所见马尾地势之险要，但诗人的视线却转向了福州的三山。同时，目睹马江上浮涛沈黑，感叹前途多艰；马限山下夕照殷红，暗伤国势之衰落。由此，发出“汉家今日轮蹄广，竟许西獒到市阛”之叹息。此时，诗人虽搔首无言，但一腔悲愤如江潮在胸中翻腾。

在《归次马尾四首》的第三首中，洪弃生写道：“客思秋怀两不禁，汪洋不涤名利心。波归大海无清浊，路转溟池有浅深。流水虽回难北去，乡关欲望每东临。天涯何处家山地，万里江楼独放襟。”据此，有人认为洪弃生乡闱下第，流落他乡，适值悲秋时节，功名之心难以涤尽。睹无情流水归海，叹应试如鹏翅铩羽，试问青云溟池何在？由此，难掩败北之哀，故而怅望逝水，转念乡关。

自乡试落第多年后，进入老境的洪弃生于日据时期在儿子陪同下再来福州，船入五虎门不久，首先映入眼帘的便是马尾及其周边的景象。在《忆昔日航海感赋》中写道：“忆昔饱帆出台湾，一瞥已过澎湖间；千里、万里海色尽，又看山色入闽山。山山重叠虎门关，束缚波涛锁烟鬟；茫茫一海枕群峦，入港豁露青山颜。高台峻垒枪炮环，战场已过余疮瘢；城郭险距青天半，制船巨厂成市阛。”旧地重游，眼前的闽山闽水既熟悉又有几分陌生，回首参加乡试的往事洪弃生十分感慨。"当时犹自悲落拓,只今何处伤沦涟! 盛衰兴废真一瞬,回头万事云霄悬;往迹旧游何可问? 海上日日扬尘烟。"① 在《自闽海入闽江作》中,洪弃生描述了从海上进入闽江航道时的情景。"海天一色云簪腾,云开何乃见长城! 长城非城千山青,中有山门五虎横。山门荡荡连海门,千回百折长江奔;中流江峡成海峡,束缚蛟龙留潮痕。潮来潮去山重叠,钱塘潮水不足论。舟人金牌、长门里,重重锁钥江海水;宛转亭头又琯头,罗星塔山连云起。"他感叹此番故国之行,自东北到东南,经过天津的大沽港,山东的海港,上海的黄埔港,这些港口与他当年从台湾参加福州乡试登岸的马尾相比,"港门无此青巉岩"。他再次回忆在此发生的中法马江海战,"堪痛甲申边衅开,如此江山酿祸胎;兵备空传藏舰浦,洋氛竟及钓龙台! "诗的末尾,他表达了与《忆昔日航海感赋》一诗中所抒发的相似的情感。"于今江面澄如练,马头、马尾沧桑变;不堪回首念昔游,闽中山水依稀见。"② 晚年的洪弃生不仅仅感叹自己命运多舛,多次参加乡试均落榜,还通过对故国故地的回望,寄寓了期盼民族自强的一种心情。

在洪弃生的福州乡试记忆中,属泉州府地界的蚶江这个地点令他长久难以忘怀。

光绪二十年的福州乡试结束后,他从陆路到达与台湾鹿港一水之隔的由清政府特许开放的闽台对渡港口蚶江,也就是洪弃生诗作中常出现的所谓函江。在这里,他等待合适的潮水和风讯以便返回台湾,这一等便是一个月。在此地,得知自己第四次应试依然没有被取中,从此与功名无缘,这对曾经热衷于求取功名的封建时代的知识分子而言是一个沉重的打击。在遭遇科场失败之后,由于气候的原因又不得不在此地滞留,有家归不得的心情只能借助诗歌来抒发。所以,在他的诗作中有多首是咏蚶江的。

在《函江偶望即景》中,洪弃生写道:"山襟水带锁斜曛,风送涛声处处闻。南北峰连双塔日,东西满共一空云。断潮结网渔人满,倚海为家麟舍分。多少门开波浪里,登矶远望路纷纷。"由于待的时间较长,这让洪弃生有足够的时间在当地游走,对风光、景物有一定的了解。在《函江客次无聊》中

---

① 洪弃生:《寄鹤斋选集·忆昔日航海感赋》。http://wenxian.fanren8.com/08/01/149/0.htm.
② 洪弃生:《寄鹤斋选集·自闽海入闽江作》。http://wenxian.fanren8.com/08/01/149/0.htm.

他写道："远乡何处念家乡,莫道天长水更长。沧海几层遮故国,秋风连日送重阳。来潮应向澎湖过,归路难将鹿渚望。我已无心为返桡,客中云雨漫徜徉。"对于蚶江的月夜,洪弃生更是记忆深刻。无论是悲欢还是离合,旧时代的文人往往对月亮有别样的感受。洪弃生客居异乡,又遭遇人生的重挫,赏月时的感受与得意时自然是完全不一样的。在《函江月夜偶步二首》中他写道:"长空寂静水迢迢,远望人家蜃气消。四面青山围碧海,一泓明月卷寒潮。朝朝秋色浮沙浦,夜夜涛声上石桥。散步不知身是客,港湾渔子共鸣桡。""秋风吹雾夜凉凉,满上岚光接水光。几处人烟生岛屿,雨山轮月落帆樯。峰头塔影中流碎,村外潮声夹岸长。一望波涛无路去,市门纔尽是汪洋。"在《函江看月有怀》中写道:"难将沧海洗红尘,放桡又停海屋滨。如此秋风如此水,几人望月不伤神。海天尽处碧粼粼,河汉无云一白匀。偏是客中风景好,离家三见月如轮。"[1] 在《乡闱报罢函江月下咏》中,他写道:"愁山恨海两难行,风打波涛日夜声。失意那堪归路阻,回头最是客惊心。秋深水阔闽天迥,宵冷云空岭月明。三载重洋将复过,去程太息即来程。"[2] 从诗文中接二连三出现的 "愁山"、"恨海"、"失意"、"惊心" 等字眼中,可以看出洪弃生在得到落榜消息时的心情是何等的郁闷。站在台湾海峡的西岸,只见蚶江海面波涛汹涌,考场失意又怎能忍受返程遭遇风浪,自己如过客般的心情是那样的惊恐不安。秋天的海面辽阔无涯,福建的天空宁静高远,在秋凉夜深、风轻云淡中,只见一轮明月悬挂空中。每参加一次科举考试,便要在海上经历一次来回,时间转瞬即逝,只能在月夜里长叹不已! 考场失意的同时又成了客居他乡的游子,只能隔着海峡思念家乡,这令他万分惆怅。

　　心境不佳,又遇海况不好,从蚶江曾四次横渡台湾海峡,都因风浪大而上不了岸。有次甚至都能看得见海岸线了,又遭遇罡风打断船桅只得折回。无奈之下,只好请求将船驶往上游的惠安崇武。至于崇武,留给洪弃生的印象还是比较好的。逗留崇武期间,他写了《崇武观渔歌》,描述了一幅当地渔人在海上从事捕鱼生产的宏大场景。"如山波涛蔽天际,叶叶舟为浮波系。千樯万网烟水间,网得大鱼高于山。以鱼钓鱼巧作饵,鱼傍舟行不知避。港湾

---

① 　见《陈肇兴、洪弃生》。http://web.nchu.edu.tw/~fu373/file3-5/3.pdf.

② 　转引自陈光莹:《台湾古典诗家洪弃生》,台湾晨星出版社 2009 年版,第 25 页。

鱼小海鱼肥,随潮暂远暂忘归。日暮风云四海黑,昏迷天地波无色。"至于崇武渔人的辛劳及劳动成果,在洪弃生的笔下也有生动反映。"渔人由来渔为家,东西南北亦嗟呀。岁岁为渔逐海利,直从闽海到温州。出没烟波忘餐饭,天寒一饮当穿裘。雨中蓑衣兼箬笠,群鱼结队争呷接。舟人雨中为畏途,渔人雨中为利涉。冬尽岁残不归来,生成海上事游猎。大鱼为盐小鱼干,天青日赤鱼满滩。"难能可贵的是,洪弃生并非只是扮演一个看客的角色,而是将自己融入了海上渔猎的场景中。"我来崇武观打鱼,渔人起我望洋兴。渔人低头听我歌,我歌月色满山多。山下潮声夜深起,回望台天渺渺水。"① 这首诗笔力曲折,叙事精妙,层层铺写,细腻翔实。诗句的末尾,诗人为渔人月下唱歌,和着潮声,思念渺渺天外之乡邦,为人们展现了一幅情味隽永的画卷。通过吟咏渔人渔歌而使自己因落榜而产生的失落感缓解了不少,但洪弃生落寞的心情并未完全抚平。

在归船海上阻风的日子里,洪弃生经历了许多的惊险遭遇。"天昏沧海黑,两曜沈无色。百灵皆隐藏,万怪俱惶惑。""轰腾耳欲鸣,微茫迷八极。惊呼日驭回,不敢争顷刻。"百余年后读到这些诗句,我们仍然能够感受到台湾海峡波涛之高如山且轰腾鸣耳的惊人场景。从蚶江坐船到达上游的崇武后,又等待了十天才再次横渡。当船靠近台湾鹿港时,因天气状况不好进不了港,只好寄泊于番挖海口。亲人们得知消息想撑竹筏前来迎接,也因风大而未能如愿,直到第七天才得以登岸回家。"至第七日,风晴浪静,家人唤棹相接,始登彼岸。回顾海上,俨有天堂地狱之别。登第,难若登天;不道归家亦难若登天。迻遭人到处苦境,可慨也!"②

尽管参加福州乡试很不顺利,家人对他没有丝毫的责难,这使洪弃生感觉温暖。当历经周折回到台湾时,见到了一张张久违而又熟悉的亲人面孔。"入门问老母,依旧两鬓华。病体虽不康,怜子意犹赊。"他感叹自己"只为区区者,累母望天涯。叹息古人贤,负米亦孔嘉"。至于妻子,只见"荆妻房外立,望我阑干头。相见问劳苦,翻讳已心愁。自君之出门,不敢登高楼。楼头红日照,楼外白云浮。见云不见人,风信海中沤"。兄嫂则热情迎接他,"阿

①　洪弃生:《寄鹤斋选集·崇武观渔歌》。http://wenxian.fanren8.com/08/01/149/0.htm.
②　洪弃生:《寄鹤斋选集·与阿宗及门》。http://wenxian.fanren8.com/08/01/149/0.htm.

兄见我至,为我拂衣裳,阿嫂见我至,为我具羹汤。……乃知天伦中,至乐有余长"①。和谐的家庭氛围,多少冲淡了洪弃生因参加福州乡试未能取中所产生的不愉快心情,从中也可了解到那时的台湾民风是何等的淳朴。

对于最后一次参加福州乡试而落第,洪弃生的心态十分复杂,但表面上却表现得比较豁达。在与弟子阿宗谈及应试心情时说:"贱自去年见闱墨文字,所取半属眯目。今年此行,早已听得失于冥漠,只当作山水之游;而考试为循途之举,故在函江闻乡闱报罢,以一笑置之。"虽说将考试之旅当做一次山水之游,考不上一笑了之,但内心深处洪弃生的失落是显而易见的。"及到崇武见闱墨,乃较去年尤野狐之甚!'颜渊季路侍'全章文中二十四名者有句云:'流祸靡穷,草野辄资以啸聚';对比云:'包藏不轨,神器直至于闚干。'上比自圣贤说至造反,如李自成是也;下比自圣贤说至篡位,如王莽是也,不知题为何物矣。又有说成读书不成而改业者,文中有'持筹牟利'之语;又有说成读书不成而游幕者,文中有'刑名法家'之语。又'书经'题,有就'伯益说出降至春秋吴、楚、齐、晋之兵力'者;'书经'题系'惟德动天'二句,又有作'离骚'体者,可谓很逞蛮矣。风气如是,贱此行可谓卖衣裳于断发文身之乡,多见其不知量也。"② 他认为,考不上并非技不如人,而是考题出的很怪异且不合常理,加之科场风气不好使自己落榜。在他看来,这次福州乡试被录取者的水平并不高,自己却未能取中,犹如遭受身入裸国之辱。

福州乡试考场失利后,人们发现洪弃生的诗作中多了几许牢骚。他在诗文中常抒发怀才不遇之感叹,抑郁之气跃然纸上。在《秋怀十四首》中写道:"利锁名缰俱我误,秋风赊酒洗惭颜。""守株措大存酸气,抚髀英雄失壮心。"此时的他以穷措酸气自嘲,却感叹"处囊毛遂长藏颖,宰肉陈平未试刀"。"李广无功鞍马上,班超有恨笔头中。"眼见世局如棋,冷落残罢,虽有收拾振起之大志,但书生意志只能消磨于笔砚。"浮云流水年年去,白鹤依然在故巢。""罗引下第,方寸乱矣。落落莫莫,书斋孤坐。"此时,他开始相信命运会捉弄人,考不上完全是一种宿命。"如许一大举人,非修尽前生福分,亦须尝尽今生苦债,方好作桂香兰谱中人物,安敢望其一往而收?"字里行间,怀才

---

① 洪弃生:《寄鹤斋诗选·秋试行役感咏十五首》,台湾银行经济研究室 1959 年印行。

② 洪弃生:《寄鹤斋选集·与阿宗及门》。http://wenxian.fanren8.com/08/01/149/0.htm.

不遇的怅然溢于言表。

洪弃生在应举与落榜的得失中,通过诗作抒发着传统士子株守经籍以求用世却不得用的心态。"待乙未台海如沸,清廷将台湾割日,才惊惶如乱蚁走鼎,却已无力回天。"马关条约签订后,洪弃生断了科考的念头,从此绝意仕途,闭门读书,教授私学,过了三十余年的所谓弃民生活。洪弃生虽然没有中举,但在应试的过程中饱读四书五经,受到中华传统文化的良好熏陶,形成坚定的忠君爱国思想。日本占领台湾后,他坚守民族气节,平时不与日本人交往,不允许儿子接受日本教育,拒绝使用日语,还拒绝断发,反对改历易服,不接受日本人的同化。同时,专注于从事汉文教育。1940 年,洪弃生的儿子洪炎秋写了《我父与我》一文,指出"当时有一班不自重的投机分子,学得几句外国话,可以奔走权贵,便狐假虎威,忘却本来面目,大有古人所谓'汉儿学得胡儿语,高踞城头骂汉儿'的气概,我父恨之入骨,所以不令我们入学校,而亲自督责我们在家中诵读经史"[1]。在台湾近代文学史上,洪弃生是一位知名度很高的人物。在日本严酷统治下,他坚持传播中华传统文化,致力于诗歌创作,对清末及日据时期的台湾诗坛产生重要影响。台湾研究者赞扬洪弃生为清末至日据时期,台湾古典诗之大家。各体兼擅、风格饶美,其诗苟置之有清诗作之林,亦足称名家。同时,认为洪弃生遭逢身世之痛和家国之悲,"坚持不与日人打交道,以口伐笔诛的强烈反抗态度,将诗作史,为一代之兴亡留下见证与反思,其道德文章足为台湾人之典范"[2]。洪弃生前半生 4 次赴福州参加乡试没有取中,后半生坚持以传统文化作为自己的精神家园,以不随波逐流的坚贞气节,在严酷的生存环境下,始终为弘扬中华传统文化而努力,以实际行动谱写了台湾诗史上的悲壮一页,为今天的人们留下弥足珍贵的文化遗产,值得充分尊重和肯定。

通过对林豪、陈肇兴、洪弃生参加福州乡试期间创作的诗歌的介绍和分析,可以看出这些诗作描绘了一幅晚清区域性科举考试的全景图,这为今天的人们客观认识科举考试提供了形象化的感性素材。同时,也表明当时在闽台两地在地缘、人缘、物缘、神缘、文缘诸方面都存在着非常密切的关系。台

---

① 洪炎秋:《我父与我》,《中国文艺》1940 年第 2 卷第 1 期。
② 陈光莹:《台湾古典诗家洪弃生》,台湾晨星出版社 2009 年版,第 10 页。

湾士子想中举必然要到省城福州来参加乡试,在数百年间这都是很正常的事情,这也从一个侧面验证了闽台两地具有十分深厚的历史渊源。乡试期间,两地的读书人在福州有过超出今人想象的频繁交往,不少清代台湾士子在福州有过丰富多彩的活动。除此之外,在他们的记忆深处,福州还是决定其人生命运的一个十分重要的地点,这是确定无疑的。

第四节　闽台科举考试影响的历史延续

闽台科举考试的影响极为深刻,且具有紧密的历史延续性。

首先,考察闽台两地密不可分的宗族文化关系,可以看出科名所显示的是家族教育水准和文明程度,这既是家族的荣耀,又是两地宗亲维系亲情的文化中介。

如前所述,不少闽籍子弟或随父兄叔伯举家前往台湾,或单身进入台湾投靠宗亲。他们在台攻读应考,其中的不少人中了举人,有的甚至还中了进士。据福建南靖县部分族谱记载:该县清代入台求学、中式并入谱者,计25人。其中,进士1人,举人3人,贡生7人,庠生5人,太学生3人,府学、进泮、童生等6人。据谱载,龟洋庄氏在台登第者4人:"十六世庄惟精,嘉庆二十三年任台湾府学,在台安家";"恂肃三房纲斋派下庄仰中,字朝正,台湾拔贡";"庄飞凤,光绪拔补台湾府右营令";"庄文进,台湾举人,乾隆丙戌进士"。书洋版寮刘氏在台登第者1人:"十一世益显,字克昌,学名公宪,生于康熙五十六年,往台湾进泮……至乾隆戊寅科试时考取台湾府学第一名,府试取彰化县童生第一名。乾隆庚辰携眷渡台,生前在台任教读"。另据长泰县志记载:该县也有一些读书人赴台攻读并获科名,如人和里的杨朝余,康熙五十二年(1787)恩科举人,系由台湾府学中式的。在坊村的王宾,乾隆三年(1738)戊午科举人,"由台湾府学中式"。这些人以台湾士子身份获得科名后,往往会以各种形式维系与祖籍地宗亲的联系。如在祖籍地树石笔。南靖县书洋乡塔下村张氏家族迁居台南、嘉义的为数不少。嘉庆年间,张氏裔孙张振东、张克忠科举及第,便在祖祠前竖石笔两枝,分别镌刻:"大清嘉庆元年丙辰科明经恩进士,十五代孙张振东立。""嘉庆壬申科选拔进士,十六代孙张克忠立。"石笔成了他们寻根问祖的重要标志。又如树匾额。这些匾额有本族子弟自立的,有达官显贵赠送的,还有皇帝御赐的。漳浦县狮头堡黄姓后裔黄本渊生于台南,是一位在闽台书院史上具有重要影响的人物。清道光元年(1821)他中举后曾专程到祖籍地拜祖挂匾。有意思的是,福建的宗亲若科举高中,则台湾的宗亲也会悬挂他的功名匾额。同治十三年(1874),福清人林文炳中了进士,其远在台湾的宗亲便在南投县竹山镇的林氏崇本堂、宜兰林氏追远堂、台中县神冈乡的林氏摘星山庄等地悬挂他的"进士"匾额,文字完全相同。据说其他科举人物也有类似的情形。可见,分赠匾额是一种双向行为,其目的在于"牵亲引戚",喜气同沾。长泰县江都村的连日春于光绪二年(1876)以台湾士子身份中举。他不忘故土,携眷回江都谒祖访亲。

　　除树石笔、立匾额外,一些台湾士子还在福建祖籍地建造牌楼、宅第等,以各种形式提供家族博取功名荣耀的见证。不过,随着时间的推移,这些举动的影响和潜在价值已远远超出了家族的范畴。

　　其次,日本占领台湾以后,闽台科举考试的历史联系并未中断,依然延续下来,长达十余年,直到20世纪初清政府废除科举考试后才告终结。

　　日本占领台湾初期,宣布从1897年4月14日始不离开台湾,又未经申报选择中国国籍者,即为日本臣民,授给日本国籍。据统计,在这一规定时间内,因不愿做日本臣民而回到祖国大陆(主要是福建)的台湾人有6456人。这些人既有原先在祖国大陆购置田产者,更有对科举功名怀有希冀的童生、秀才和举人。《日日新报》报道,1897年5月8日是日本在台湾地区编定所谓国籍的日子,而台湾不少有志于科名的秀才却在这之前内渡回清国,其中"寄留泉州者,实繁有徒"。"实繁有徒"清楚地表明,为了忠于儒家的理想,不当亡国奴,也为了追求科举功名,相当数量的台湾士子不惜离别故土,寄籍祖国大陆,等待应考。台湾被割让后,来到福建的有志于科名者除居住在泉州外,还有一部分人居住在漳州、厦门等闽南城镇。为准备科举考试,他们先附读于当地的府学和县学,其中不乏成绩优异者。以泉州府所属的晋江县为例,光绪二十六年(1900)以后的岁科三试,获得第一名的都是来自台湾的士子。光绪二十七年(1901),台湾的施静山名列榜首。光绪二十八年(1902),来自台中鹿港街的施务及其弟名列前茅。光绪二十九年(1903),在泉州府学的22名优等中,来自台北的庄庆云榜上有名;在县学的25名优等中,来自台中的丁宝光和施天源脱颖而出。

日据时期,内渡并寄籍福建的不少台湾士子,忍着失去家园的悲痛,一面以教授生徒为业,换取薪酬以维持生计,一面着手准备参加在福州举行的乡试和在北京举行的会试。他们中的一些人历经艰辛,终于如愿以偿。

台湾秀才高选锋拒绝台湾总督府的利禄引诱,于1897年携眷返回祖国大陆。他先是在厦门居住,后到安溪县设塾授徒。1899年重返厦门,创办紫阳书院,并着手准备参加1902年在福州举行的乡试。在这期间,他的妻子逝世,时运不济,存款无多,对能否如期参加乡试没有把握,后经居住在厦门的台湾举人潘成清的极力鼓励,才决心前往应试。几经努力,高选锋终于考中。考官对他三场试卷的评语分别是:第一场,五论均议论正大,气度安详,第三艺就原典切实发挥,尤为明确,四专论僖昭亦能详人所略。第二场,纲举目张论识通晓。第三场,词旨精确简净无疵。根据惯例,乡试中举者的鸿文均由福州的衡鉴堂评选刊刻。衡鉴堂对高选锋试卷的评语是:"三艺既知出处,措词亦复整齐。"① 显然,评价是较为公允的。

光绪二十三年(1897)丁酉科福州乡试,台湾有士子140人参加。到1902年的壬寅科时,参加考试者虽然只剩下40人,可考试成绩并不差。此次乡试没有为台湾士子另设台字号,但其试卷仍然集为一宗。当年有7300余人应考(一说9000余人),全福建取中举人192名,副贡36名。其中,台湾士子中举者3人,他们是来自台北县的高选锋、嘉义县的黄风翔、安平县的王仁堪;副贡1人,系来自新竹县的苏祖泉。

日据时期,参加在福州举行乡试的除寄籍福建的台湾士子外,还有一些留居台湾本地的士子。1897年,台湾新竹县诗人郑鹏云渡海到福州来参加乡试,中途被日本人验舟驱回。他满怀悲愤赋诗曰:"踏遍槐黄迹已陈,磨穿铁砚暗伤神,功名有份三生定,世事如棋一局新。"对汉官威仪的依恋,对科举功名的追求,使得数年后郑鹏云偕堂弟养斋再次冒险渡海赴福州参加乡试。另一位台湾秀才丁茂锡,也有渡海赴试被日本人验舟驱回的记录。

在福州举行的乡试,不仅吸引着居住在海峡两岸的台湾士子,日本占领下的台湾舆论对此也极为关注。《日日新报》就曾选登乡试考卷中"确有主

---

① 许雪姬:《台湾末代举人高选锋》,《台北文献》1992年第100期。

见不徒以征引炫博者"，如林传甲的《以周春秋证公法策》、唐翰波的《汉唐宋开国用人论》。闽台在科举考试方面的联系并未因台湾被日本人占据而中断，台湾的舆论依然沿袭传统，关注着海峡这一边的乡试。

除参加乡试外，日据时期，寄籍福建的台湾士子中的一些人还参加了会试，有的甚至中了进士。

1898 年，分别寄籍于福建侯官、安溪的台湾士子黄彦鸿和陈浚芝坚持以台湾籍的身份报名参加会试，最终分别考中光绪二十四年（1898）戊戌科二甲第 86 名进士和三甲第 184 名进士。当时因台湾被割让，举国笼罩在一片阴影中，大家都讳言台湾。开台第一巡抚刘铭传逝世的时候，清政府下令予以抚恤，但只字不提其曾担任过台湾巡抚。在这种氛围下，黄彦鸿和陈浚芝自报台湾籍贯应考，意在警醒人们不要忘了台湾，其精神令人感奋。

台湾历史上的最后一位进士是汪春源。日据时期，他耻为异族之民，内渡寄籍于福建漳州，曾数次参加会试，1903 年终获成功，名列三甲第 120 名。他也是以台湾举人的身份参加会试的。

通过对闽台科举考试历史渊源的探讨，笔者十分赞同这样一种观点："科举制度的在台发展，实意味着中华文化在台湾地区的发展与成长。"① 通过科举考试这一杠杆，以儒家伦理道德为标志的中华文化深入到台湾社会的各个阶层中，来自祖国大陆的移民和台湾的原住民都受到了中华文化的熏陶，使得中华文化能够在台湾地区持续性地扩展。由于地缘和历史的原因，台湾的科举考试与福建的科举考试紧密联系在一起，长期以来都将闽台科举考试并称。科举考试具有层级性，由低级考试到高级考试，其中除了第一层级的考试——童试，是在台湾本地举行外，第二层级考试——乡试，则在福州举行，这成了数百年来科举考试的惯例。第三层级考试——会试，则是在北京举行。以科举考试为中介，闽台两地的读书人紧密地联系在一起，两地的思想文化也相互吸收和影响，加上地缘相近，语言相通，便自然地出现了一个共同的闽台文化区域。在中华文化大一统的格局下，闽台文化获得极大的发展空间，形成自己鲜明的区域特色。

在整个清代，国内像福建和台湾这样在科举考试方面联系如此紧密的区

---

① 安国祁撰：《清代台湾社会的转型》，《中华学报》第 5 卷第 3 期。

域并不多见。时至今日,有学者还在为台湾的举人和进士中到底哪些真正是属于台湾籍贯的,哪些是属于福建籍贯的而争论不休,并为此下了不少考据的功夫,这些努力自然是有益的。但从历史的角度来看,闽台长期同属一个行政区划,两地交往十分频繁,台湾不少人的祖籍地都在福建,与福建有着密切的地缘、血缘、亲缘关系;两地士子又同在一个考场参加乡试。因而,一些台湾科第人物的真正籍贯难以区分也就不难理解了。

第六章　闽台"敬惜字纸"习俗探讨

　　闽台的"敬惜字纸"习俗源于中华古老的文字崇拜,传说因为仓颉发明文字而带来人类社会的文明和进步,所以人们对字纸倍加敬惜。在清代,敬惜字纸被认为是敬重文化教育的举动。同全国民众一样,闽台民众也尊仓颉为制字先师。在许多民众的心目中文字是神圣的,字纸不可以和其他垃圾混杂在一起丢弃,要另外收集起来选择吉日集中焚烧,使之回归天上。传统的"敬惜字纸"观念具有神秘主义的色彩,对于历来崇尚鬼神的闽台民众而言,这种观念导致其在很大程度上对文字及印有文字的纸张怀有深深的敬畏之情。清代,闽台"敬惜字纸"习俗长期存在,参与人数多,影响深远,独具特色,具有普遍的社会基础,展示了不分贫富士庶的全民一致的重要的文化生活内涵,是高度敬重文化的体现。影响所及,即便是目不识丁者也不敢任意糟蹋字纸。一些有远见的士绅则以开展和推动这一习俗活动,来提升当地的文化水准,形成自身的号召力。

第一节　惜字建筑与恭迎圣迹

　　晚清生活在福州的传教士卢公明认为,"崇敬任何有中国文字的纸片,是这个民族的一个特别之处,在福州表现得尤为突出"[①]。卢公明视线所至,看到的是福州城乡各类建筑物的墙上都贴着写有"敬惜字纸"字样的纸条。路边、家中、商店里的墙上常挂字纸篓,人们把有字的废纸扔在里面。在最繁忙

---

① 卢公明:《中国人的社会生活》,陈泽平译,福建人民出版社 2009 年版,第 319 页。

的大街或偏僻的小巷,到处可以见到大大小小砖砌的字纸炉,大的字纸炉往往形状像个小房子或一座塔,小的通常附在建筑物的墙角,多半涂上鲜艳的色彩,字纸篓中的废纸都倒在炉中集中焚化。在他的笔下,清晰地呈现出一幅清代福州社会的风俗图。今日读来,我们仍不得不佩服卢公明对这一习俗观察之细致。在当代福建研究者的笔下,关于福州的"敬惜字纸"习俗则更多地充满了想象的空间。有研究者认为,旧时福州街头巷尾常常可见砌有焚化字纸的炉子,炉身上标有"敬惜字纸"。每年农历初一、十五,人们身背黄布挎包,包上标明"敬惜字纸",手持竹夹,沿途捡字纸。捡满一挎包后,即倒入炉中火化。传说这样做是对孔夫子的尊敬,且可使眼睛更明亮,头脑更聪明。随地丢字纸则被认为是对孔夫子的不敬。以后,捡字纸的不局限于读书人,任何人均可参加。[①] 卢公明在福州生活多年,而当时"敬惜字纸"习俗十分盛行,其记载应属于亲历。人们在采纳卢公明说法的同时,对当代一些带有明显的描述痕迹,内中夹杂着想象和发挥,且在细节的描写上存有差异的描述也能一并包容,因为毕竟这些描述与卢公明的说法没有什么本质区别,主导倾向都在于赞扬和肯定这种习俗。

在闽南,"敬惜字纸"习俗也十分盛行。厦门的书院每年专门制作竹篓分送各家,用于装废弃的字纸。同时,雇人于各处收拾字纸,送至敬字亭,焚烧后撒入大海,这成为一种常规。据道光《晋江县志》记载,原先泉州没有敬字亭,只是由一些急功好义者捐资雇募人员沿途拾捡。这样做无法阻止一些人污秽圣籍,于是当地绅士便捐资建敬字亭,中间高筑火炉一座,用于焚化字纸。有意思的是,在敬字亭旁还开凿一口井,专供朝夕洗净捡拾来的字纸之用。同时,配有专人收拾焚化,随时将字灰恭送清流。这项工作之所以能长期坚持下来,在于办理这类事的人认为,字纸宜珍藏爱惜,即便只是片言只字,也关系到理义与圣制所存,意义十分重大。同时,认为敬惜字纸既有功于圣贤,又能造福于子孙。安海是闽南的文化古镇,宋代朱松和他的儿子朱熹曾在此为官、讲学,当地民众以知书达理为荣。清代大力提倡尊孔读经,科举兴盛,社会尊重知识蔚然成风。由此,当地民众对字纸敬若神明,不敢随便践踏、污染,更不允许当做"手纸"使用。晋江安海的霁云殿,始建于明代天启

---

① 丁志隆:《近代福建社会掠影》,中国档案出版社2008年版,第273页。

年间,其脚下南侧的巷子名叫"圣殿巷"。清代,圣殿前建有一座专供焚化字纸用的"字纸炉",炉前有对联曰"文章须锻炼,笔墨化烟云"。当地士绅雇用专人搜拾路边道旁的字纸,集中后投入字纸炉里焚化。待到字纸炉里纸灰积满时,选择吉日,在大海退潮时分,将纸灰投入海中。举行这种仪式很隆重,往往以鼓乐作前导,地方贤达与普通民众踊跃前往参加。圣殿字纸炉下方的区域,俗称"字纸炉脚",由闽南话谐音演化成"字纸路脚"。[①] 这个地名的出现,表明"敬惜字纸"习俗已渗入当地民众的日常生活及出行之中。

在闽台地区,普遍存在的惜字建筑,被视为当地的人文象征,起着文化坐标的作用,是清代"敬惜字纸"习俗得以展开和延续的重要载体。

台湾最早的"敬惜字纸"活动出现于被称为全台首善之区的台南。雍正四年(1726),拔贡施世榜在当地南门外建了一座敬圣楼,用于祭祀文昌帝君,并雇人捡拾字纸加以收贮,这就是乾隆《重修福建台湾府志》所记载的:"尝建敬圣楼于南门外,以拾字纸。"自施世榜之后,一些有识之士在台湾各地陆续设置了敬圣亭。敬圣亭又称惜字亭、敬字亭、字纸亭、圣迹亭、敬文亭等,名称虽不同,但性质相似,大致可将之统称为"惜字建筑",设置的目的在于收集废弃的字纸加以焚化。有台湾学者指出:"台胞由于悠久之儒教所感化,其影响见于习俗者不少,敬惜字纸是其一例。敬惜字纸之精神,系以文字为圣教遗迹,不忍遗弃,或恐其遭污秽,故虽村夫老媪,一见路上遗有字纸,无不拾起,集送惜字亭焚化之,此风在日据以前尤盛。凡衙门、书院所在,街村要冲,必设置炉亭,名'敬圣亭',或'敬字亭',以供焚化字纸之用。"[②] 确实,这类建筑分布范围很广,举凡城镇、书院、庙宇、庄头、民宅,甚至兵营都有,屏东枋寮石头营的圣迹亭便设在兵营中。

惜字建筑数量较多,风格各异,构成了清代闽台城乡一道独特的风景,被认为是当地文教兴盛的一个标志,其建筑形式反映了中国传统建筑的典型特点。据《云林县采访册》记载,社寮地区共有五处圣迹亭,分别在林圮埔福德庙前、天后宫庙壁、沙东宫右侧、新寮土地公庙附近、开漳圣王庙左侧。上述五处都设在当地庙宇周边,表明圣迹亭与民间宗教信仰之间存在着某种的

---

① 丁志隆:《近代福建社会掠影》,中国档案出版社 2008 年版,第 274 页。
② 洪涛:《台湾之惜字亭》,台湾文献委员会编《文献专刊》1953 年第 4 卷第 3、4 期。

契合。据道光年间刊行的《金门志》记载,在金门后浦这块不大的区域内分布着五、六座敬字亭。台南的圣迹亭多达15座,其中由士绅建造的8座,民众建造的7座。在士绅建造的8座圣迹亭中,韦启忆一人便建了7座。

在台湾,现尚保存完好的惜字建筑有竹山镇敬圣亭、鹿谷乡圣迹亭、树林镇圣迹亭、泰山乡敬文亭、龙潭乡圣迹亭、员林镇敬圣亭等。其所处地理位置不同,建筑样式不同,建筑材料各异,但从中折射出的人文精神却是一致的,这可从这类建筑中的对联、碑记等文字中得到验证。竹山镇敬圣亭位于南投,建于咸丰年间,以台湾所产的砂岩雕琢组合而成,亭两旁的对联为"有能付丙者,便是识丁人"。鹿谷乡圣迹亭位于南投,亦为砂岩组成,亭两侧对联为"浩气通宵汉,文光射斗躔",其右边嵌有麒麟浮雕,左边嵌有捐题名衔石碑,亭后为绿野平畴。树林镇圣迹亭位于台北县,为旧式红砖砌成,额镌"圣迹"二字。泰山乡敬文亭位于台北县明志书院门外左侧,旁立"敬文亭"碑记。龙潭乡圣迹亭位于桃园县,用旧式红砖砌成,额镌"通化存神"四字,背镌八卦,有对联云:"鸟喙笔锋光射斗,龙潭墨浪锦成文";"文章炳于霄汉,笔墨化为云烟"。亭高一丈五尺,有三层,亭的前面树一个巨大的石笔。员林镇敬圣亭位于彰化县兴贤书院前面,为砖造,外表涂以石灰,额为花岗岩。"惜字亭上的对联通常由具有文学涵养的人来撰写,内容文情浩阔,能充分表现千古传承的文风。通常是鼓励惜字行为的语句,或是对文教风气之赞扬,也有对于惜字亭上所祀之神灵如魁星称颂其圣德。"① 不少惜字建筑在醒目位置供奉造字始祖仓颉的神位,并镌刻纪念性文字。如苗栗云梯书院外左侧筑有敬圣亭,亭宇分成两层,其上层为一小神龛,敬奉仓颉神位。龛上横书"始制文字",联曰:"启发乾坤密,传统宇宙心。"下层为一火炉,用以焚烧字纸,炉门上则书"曾作飞龙舞凤,化作紫气祥云"的对联。

闽台士绅热衷于兴建惜字建筑,有的还在亭前树碑,说明建造的原委,这类文字大都请当地名士撰写。进士施琼芳便曾为一位李姓人士建造的敬圣亭撰写碑记,其中的"化来慧火,都教气吐蜕虹,送向清流,免俾灰飞蝴蝶。从此风行琅社,星聚瀛壖"一段,形象生动,给后人以许多遐想。

---

① 蔡慧怡:《台湾惜字风俗之研究——以南部六堆客家村为例》,台南师院乡土文化研究所2003年硕士学位论文。

值得一提的是，一些惜字建筑的命名颇具人文色彩，以焚化字纸的深远意义来命名，而且巧妙地与当地民众的文化追求及风水选择等因素结合起来。如惜字亭顶层门额题"登云阁"，寓意字纸焚烧后羽化成为一只只蝴蝶，升天飞进云彩里。苗栗公馆敬圣亭中层的门额题"文化阁"，代表着敬惜字纸的文化意义。在不少地方，人们赋予惜字建筑以风水塔的功能，所以也有以其风水功能来命名的。屏东内埔乡和兴村的"顿水亭"，是当地民众为防止东港溪泛滥，希望洪水能被止住而建。高雄美浓镇的地形像一艘向外航行的船，当地士绅担心这艘船任意漂流，便在村头建了一座敬字亭，远远望去就像一根拴船的柱子。一些惜字建筑上的题字带有富贵、功名等具功利性的词语，如"圣亭耸拔镇文峰，补助山川灵秀钟，科第蝉联荣富贵，善缘字迹广包容"等，体现了当地民众的某种期盼和追求。

在造型上，惜字建筑虽然各有不同，但基本都包括了台基、亭座、亭身、亭顶和屋面等部分，立面有两层、三层、四层、五层不等，以三层结构为最常见。有台湾学者认为，三层分别代表着"天、地、人"，由下而上依次渐层，能够维持亭身的稳定。就平面格局来看，大致有四方形平面、六角形平面、八卦形平面、变化形平面等。从亭顶的样式来看，有攒尖式、歇山式、硬山式、盔顶、杂式等。使用的装饰大致有石雕、彩绘、水墨、瓷砖、剪粘、泥塑、石洗子、组砌等。

设立惜字建筑既能营造当地的文化氛围，又被视为建造者身份的象征，所以闽台建造者大都对其建筑样式、质量等十分在意，刻意追求建筑的精巧，尽量做到既美观又实用。一些惜字建筑繁复考究，并注意到与周边景致的协调。板桥林家花园内的敬字亭建在园内的水池边，其外形远看犹如一座小塔，由台座、炉体和炉顶构成，和周围的屋舍、戏亭、回廊、曲桥与假山等景致融合在一起。亭类烧完的灰烬落下底层台座，由排水口清理出去，再送至水池随流而去。林家花园敬字亭为六角三层的砖造建筑，各墙面镌题詠花园胜景的诗词，或是彩绘鹿、仙鹤等吉祥图案，排灰口上方还有扇形的门额并题有诗词；第二层为拱形炉口，上方有门额题"敬字亭"，亭顶为典型攒尖顶，中央烟囱为葫芦状，亭身墙面以诗词或是彩绘山水、鸟兽图案为装饰，别具风格。[①] 台湾是个移民社会，来自中国内地不同区域的移民带来了各自的文化

---

① 张志远：《台湾的敬字亭》，台湾远足文化事业有限公司 2006 年版，第 70 页。

传统和习俗,体现在惜字建筑的建造上,便具有了原乡特色,形成各自不同的建筑风格。在屏东、高雄以客家人为主的各乡镇中,凡较大的庙宇中便会有与庙中金亭对称的惜字亭一座,其或与一般位于庄头、水口等处的民间宗教设施——伯公坛相邻。在六堆客家村中,惜字亭的数量明显多于其他地区,这与客家人注重教育子弟有关。客家人有着耕读传家的传统,到台湾后由于所处客观环境的条件较闽南族群恶劣,往往会积极鼓励子女进学,清代中试科考者人数颇多。这促使当地客家人的社会组织,如"尝"、"会"等以氏族为中心的祭祀或祭祀团体,以及当地的神明会等社会组织,都自发捐资来建造惜字亭,甚至有跨庄性的资助建造。①

敬圣亭、敬文亭、惜字亭等原本只有敬惜字纸、尊师重道的教化功能,后来除了依旧是焚烧字纸的场所外,民间信仰的多样性及实用价值衍生出不同的效用,结果便有了多方面的功能。与道教和风水之说结合后承担了多种社会职能,如教化、移风易俗、祈求功名、祈福、镇邪避煞等,成为儒、释、道三教合一的产物。"在民间,由于敬字习俗已蕴藏深厚的宗教色彩,敬字亭普遍具有塔庙的性质,同时,民间为表示对字纸的崇敬,所以在建筑敬字亭时,也会巧思地加以装饰,让敬字亭更具有人文气息与宗教的氛围。"② 嘉庆年间,岁贡生章甫撰写了"建敬圣亭疏",认为建造敬圣亭意义非凡,有助于"台郡文澜扇海,翰墨流香"。

闽台"敬惜字纸"习俗中不可忽视的一个重要环节是恭送圣迹。

平日里,人们捡拾收藏被遗弃的字纸洗净晒干汇集于惜字建筑中火化。字灰被尊称为圣迹,供于仓颉牌位前,然后选定日期,敲锣打鼓,将其恭送。有研究者认为,在旧时福州,每当夜幕降临,总会有身背贴有"敬惜字纸"纸篓、手持火钳的拾遗人出现在大街小巷。他们细心寻觅着,将散落在街道上的字纸钳入纸篓,待纸篓装满后,倒入尖塔式的惜字炉内焚化。然后小心地将纸灰盛入锦囊,待到黄道吉日、风和日丽之时,与福州社会名流云集闽江边,举行隆重仪式,将纸灰撒入闽江,为文字重回江河母亲的怀抱饯行。③ 台

---

① 蔡慧怡:《台湾惜字风俗之研究——以南部六堆客家村为例》,台南师院乡土文化研究所2003年硕士学位论文。

② 张志远:《台湾的敬字亭》,台湾远足文化事业有限公司2006年版,第34页。

③ 徐文彬:《从惜字炉说开去》,《炎黄纵横》2009年第3期。

湾临海地区的人们将圣迹恭送入海,彰化县的人们将之就近送往当地的大道溪。对此,福建侯官旅台的陈学圣专门写了《字灰诗》予以形象描述。诗曰"字从仓颉创成形,挽石何如识一丁;珍重炉灰勤捡拾,更将鼓吹乞河灵"①。

通常,举行这类仪式的程序十分严密,有专门的文字加以规定。从高雄美浓圣迹会制定的程序来看,依次为上香请神、前往祭场、布置祭坛、请神就位、上香、诵经、念祝文、送字纸灰、放生、烧金纸、焚圣迹文、请神回家、礼成鸣炮、送神回庙。从现存道光年间澎湖《仓圣祭祀仪节》可知,内容涉及规约、祭品、祭器、祷文以及各种祭品的陈列。新竹的树杞林堡在关于祭祀仓颉的仪式中,将恭送圣迹作为仪节中的一项重要内容,赋予其十分突出的地位。正因为"敬惜字纸"意义不同凡响,台湾各地都将恭送圣迹视为大事,各阶层人士踊跃参与,往往成为当地一项盛大的民俗活动。清代一些台湾方志对此的记载,大都为"士庶齐到"、"衣冠整肃、锣鼓喧天"、"张灯结彩"、"极一时之大观"等。

台湾恭送圣迹的仪式十分隆重,对活动的各项组织工作力求缜密,恭送时应请至圣先师神舆出巡,队伍行进中要有雅乐伴奏,对音乐尤其讲究。光绪十七年(1891),鉴于台湾府学(圣庙)乐器渐趋损坏,又逢当地敬字堂12年一度恭送圣迹的年份,工部郎中陈鸣锵发起重整圣庙乐局,聘请乐师和音乐顾问,邀请文人雅士到他的宅第学习相关的音乐,据说进士许南英也参与了这项活动。

各地恭送圣迹的时间不同。如台南及彰化县每隔12年送圣迹1次,间隔时间为最长。"迎送圣迹,名曰送字纸,12年1次。郡城内外绅士商民演乐迎送,将积年所拾之字纸烧灰,一概箱贮,护送出海,赴水漂流,甚为敬意。"淡水厅树杞林的文林阁10年一祭。有的地区则没有严格规定,而是视需要和具体情况来定。苗栗有时五六年举行1次,有时六七年举行1次。光绪年间的《苗栗县志》记载,苗栗"若夫敬惜字纸,不让堙城,或五六年,或七八年,士庶齐集,奉仓颉神牌祀之,护送字灰,放之大海,衣冠齐肃,锣鼓喧天,极一时之大观云"。淡水厅等则每遇子、午、卯、酉年,4年1次送圣迹。据同治年间刊行的《淡水厅志》记载,当地尤其"敬惜字纸","每届子、午、卯、酉年,士

① 林文龙:《台湾史迹丛论》上册,台湾国彰出版社1987年版,第111页。

庶齐集,奉仓圣牌位祀之;护送字灰,放之大海,灯彩鼓乐,极一时之盛云"。凤山县、噶玛兰厅与澎湖厅等则是每年举行,但大都与纪念文昌帝诞辰或玉皇大帝诞辰等民间宗教活动结合起来进行。据咸丰《噶玛兰厅志》记载,噶玛兰每年逢二月三日文昌帝君诞辰,当地的士绅民众都齐集文昌宫中,推一人为主祀,士子自为执事,将一年所焚字纸经一番处理后,迎遍街衙,所至人家,无不设香案、焚金纸、燃爆竹以拜迎。学堂的学生也都衣冠齐整地随士绅护送圣迹至北门外装入小船,在锣鼓声中放之大海。美浓的送圣迹活动选在农历正月初九举行,据说这一天是玉皇大帝的诞辰,河水特别干净。"过去依赖美浓溪生活的人民,在天公生日这一天禁止妇女或小孩进行洗涤衣物或身体的行为,为的是当天必须恭送圣迹。而将灰送入美浓河,是象征圣迹随着洁净的美浓河河水流到海龙王处,而海龙王再将圣迹带回天庭呈给玉皇大帝,而送字纸前的诵经,是为祈求河伯水官协助送圣迹。而最终后的放生活动,主要是为求得平安,若人平日或前世有所冤债,则可借由放生得以减轻,获得生活上的平安吉祥。"[①] 可见,台湾送圣迹的时间没有严格限定,有时同一区域举行这类仪式的时间也不同。时间不同是否受财力限制,或是为了与某个神灵的纪念日吻合,或只是一种约定俗成的行为,这些可能性应该都存在。

第二节　官绅主导与民众参与

在推动敬字信仰习俗的发展方面,闽台官绅扮演着重要角色。

闽台"敬惜字纸"习俗并非自发、无组织的展开,而是大都由以文人士绅为主体组成的公共团体来进行统一组织和领导。在不少地方,这项活动还依托当地的书院等文教机构来有序展开。

闽台一些士绅牵头创设民间惜字组织,福州的"敬惜字纸"活动就是依托为数不少的名为"字纸会"的社团进行的,这些社团的组织者大都是当地士绅。每个字纸会的成员从七八人到百来人不等。据卢公明观察,每个字纸

---

① 蔡慧怡:《台湾惜字风俗之研究——以南部六堆客家村为例》,台南师院乡土文化研究所2003年硕士学位论文。

会都建有自己的字纸炉,雇人每天走街串巷,拾取遗落在地上的字纸或在墙上粘不牢的招贴纸。他们买了很多字纸篓送给各家商铺使用,上面写了"某某字纸会"的字样,定时派人上门收集篓内废纸。有些字纸会出资购买许多瓦缸,散发给有子弟读书的家庭或商铺,用来焚烧字纸。所得的纸灰要小心包裹起来,等待字纸会派人前来收取。有的字纸会还以每斤一两文的价钱收购社会上的废字纸、旧账本、旧广告等。字纸会的成员每月要交一些会费作为团体开销。字纸会的工作具体而细致,对于引发人们对文字及纸张的敬畏,乃至净化社会环境都起到积极作用。连城县宣和乡培田村由进士吴泰均牵头,于道光年间成立朱子惜字社,此后每逢朱熹诞辰都予以致祭,致祭节余的费用用于雇工收买废字纸及捡拾路边的弃纸。永定的阙肃斋每次寄家书,都谆谆以敬祖先、孝父母、和兄弟、睦乡邻、读书耕田、敬惜字纸、爱惜米谷来要求家人。明溪的李士毅每日清晨洗手焚香敬诵孝经阴骘文,并刊印分送亲友,要求他们共同敬惜字纸。有的士绅还捐资刊印善书善文,免费分发给当地百姓。乾隆年间上杭的丘克绍收集理学先贤格言,编辑《丘克绍居家宝箴》一书,把"惜字纸"的格言收入其中,以道德规范的形式倡导敬字信仰。

台湾社会由"敬惜字纸"习俗衍生了一些以文人为主体的公共团体,称为"圣迹会"、"惜字会"、"敬字会"等,成员轮流选举炉主来主持其事,主要职责是雇请专门人员在市街坊里间收集字纸,运往惜字亭清洁后焚化。此外,也负责相关祭典仪式的举办。这类团体总体上没有大的区别,但小的差异也是有的。一般而言,书院、文社或文祠中的惜字会聘请专门人员负责收拾附近街道邻里的字纸,费用由书院的学租或文昌宫的租谷部分款项支出,作为收拾字纸人员的工钱。颇有名望的高雄美浓圣迹会捡拾字纸者却是自愿性服务,成员轮流义务捡拾。拾字纸者捡拾时到圣迹会领取用竹编成的字纸篓,其直径约一尺二寸、高二尺五寸,上贴写有"敬惜字纸"字样的红纸。除了自己捡拾字纸之外,拾字纸者还会呼喊着提醒沿街住户收拾字纸,家中备有字纸篓者就会拿出倾倒,交由拾字纸者处理焚烧。据《噶玛兰厅志》记载,在噶玛兰凡筑有敬字亭的地方大都设有敬字会。有台湾研究者认为,文教机构是传统士绅及受汉学教育的文人活动的场所,平日就有频繁或固定的聚会,由同一成员组成惜字会,其会员同质性强。一些圣迹会或惜字会的参与者不仅限于读书人,而是类似于老人会性质,凡有惜字观念并且平日有空闲的老人都可参加。由于主要的活动只有收拾字纸,以及祭拜圣贤等,成员聚会少,凝聚力不高。若依附在文社以及善堂等组织中,可以通过固定的集会或活动,增进组织的凝聚力。[①]

　　一些专门的文人社团也群体性地积极参与"敬惜字纸"的活动。苗栗三湖庄有一座主祀妈祖的五龙宫,右侧有一座敬圣亭,其后嵌有芳名碑,上款题曰"光绪辛丑年创立崇文社会员芳名"。从中我们了解到,这座敬圣亭与由当地士子组成的文人社团——崇文社有着密切关系,按常规推断,应是由崇文社的成员们捐款修建的。《云林县采访册》中也有文人社团参与"敬惜字纸"活动的例子。云林县的沙连堡有 5 座圣迹亭。其中,郁郁社、彬彬社等文人社团参与或独立兴建的便有 3 座。1875 年,台北县树林镇的王作霖依据唐代"十八学士登瀛洲"之意,邀集 18 名志同道合者创立文炳社所属的敬字会,大家提供送圣迹祭典之费用及拾字人之报酬。一些圣迹亭以文社的名字来命名,屏东枋寮敬字亭的顶层门额就题为"文林社"。凤仪书院内的敬字亭由奋社集资建造,捡拾字纸工资也由奋社支出,剩余费用作为书院日常开支。1892 年,桃园龙潭敬圣亭重修时,主要经费都由当地的一些文人社团捐赠。如拿云社捐银 70 元,崇文社捐银 30 元,文光社捐银 30 元。据光绪《凤山县采访册》记载,恭送圣迹入海当日,"众绅齐到,与祭者数百人,恭送出城,董事预备酒肴数十席以应客,计糜银一百二十元,祭祀五次八十元……"可见,这项活动还具有文化聚会的性质,出席的士绅人数众多,花费的费用十分可观,表明对此十分重视。

　　台湾许多"敬惜字纸"活动依托当地的书院进行。澎湖是台湾的外岛,但这里的文教事业并不落后,当地有一个颇有名气的书院——文石书院,在书院的讲堂中厅祭祀仓颉,外庭建有惜字亭,"敬惜字纸"是这个书院创立之初就倡导的优良习俗。有学者考证认为,早在文石书院建成之前,澎湖就已经开展了"敬惜字纸"活动,制定于道光年间的"仓圣祭祀仪节"证明了这一点。根据这一仪节,我们可以得知,当地的士绅和民众十分看重圣迹的收集,集资合雇数人每月赴各乡拾取字纸储存起来,每年焚烧后送入清流,这

---

　　① 蔡慧怡:《台湾惜字风俗之研究——以南部六堆客家村为例》,台南师院乡土文化研究所 2003 年硕士学位论文。

成为一项惯例。文石书院成立后,恭送圣迹的活动地点定在了书院内。同治十一年（1872）,士绅许树基等人提出,送字纸时士子衣冠齐集文石书院,以鼓吹仪杖,奉仓颉牌位,迎至妈宫,仪式结束后返驾于书院。在他们的倡导下,澎湖所属各澳轮流办理,四标弁丁及郊商民众等各备鼓吹,共襄胜举。光绪年间撰修的《新竹县志初稿》《苗栗县志》《苑里志》等也都有类似记载。

据光绪《凤山县采访册》中的"敬字亭木碑"所记,凤山县城内的敬惜字纸活动依托凤仪书院进行,平日捡拾来的字纸焚烧后,将字纸灰存于书院中的圣迹库,每年正月恭送出海。据光绪初年制定的《文英书院规条》规定,台湾县文英书院指定专人在周边十里之内捡拾字纸并进行焚化,每年给予一定的报酬。乾隆、嘉庆年间,台南的南社书院、中社书院除供奉仓颉牌位外,还建敬字堂,将收集来的字纸灰列架于堂中两侧,院内有供拾字纸雇工居住的厢房。不少书院专设敬字堂,与仓圣堂、魁星堂、朱文公祠形成书院的主要建筑格局。金门的书院每年制作竹篓分送,又催院丁各处收拾字纸,焚灰送海,成为一种常规。

清代,台湾的官办学校不多,私学规模不大,介于官学和私学之间的书院大都由有名望的士绅主持。书院在当地有较大的影响,往往被视为重要的文教机构。"敬惜字纸"属于文化活动,依托书院进行自然名实相符。

一些台湾士绅将"敬惜字纸"与慈善事业紧密联系在一起。在彰化的鹿港镇,乾隆年间来自浙江的魏子鸣同巡检王坦捐倡敬义园,聘请老成之人为董事,以所收租税作为捡拾字纸、收敛遗骸、施舍棺木、修造义塚、铺桥修路之用。显然,敬义园是一个综合性的慈善机构,从事的义举是多方面的。到了道光年间,敬义园转而以造桥修路和收埋骸骨为主,不再参与捡拾字纸的活动。有人认为,这并不表明捡拾字纸在当地已消失,而是鹿港文风鼎盛,诗文社林立,敬惜字纸的善举转而由读书人专任。在新竹,一些民间善堂自行雇工捡拾字纸。光绪《新竹县采访册》收录有"明善堂开销义举条款碑"文,记载了善堂每月雇工捡收字纸并酌给薪酬。该善堂要求雇工举凡破碎瓷器及瓦片上有字者,都要予以收存,并做到风雨无阻。

清代,台湾涌现出许多身体力行地参与"敬惜字纸"活动的士绅,如陈廷瑜、吴国美、辛齐光、郭克齐、林孝、郑崇和、张农佑、陈瑞郑等人。陈廷瑜是台湾县人,于嘉庆初年先后设立敬圣楼、仓圣堂、敬字堂,致力于"敬惜字纸"

的活动。吴国美由福建晋江迁居台湾东安坊,虽然收入仅能维持生计,但爱惜字纸,随所捡拾,卷者舒之,污者净之,晒以洁地,送诸长流。辛齐光是澎湖人,中过举,家境富裕,乐善好施,除兴办当地文教事业外,又建敬圣亭,广拾字纸。郭克齐好劝人读书,要求家中男妇皆知"敬惜字纸",还印有《敬惜字纸文》广为散发。林孝曾携筐篮遍拾字纸,涤以香汤,焚而投诸清流。郑崇和祖籍金门,但在淡水任教,《淡水厅志》记载其许多德行,"敬惜字纸"是其中重要的德行之一。张农佑到处收拾字纸,存于当地养真寺的廊庑间,积累多了就焚烧恭送,虽八十多岁犹杖行收拾不倦,敬重圣迹之情受到当地百姓交口称赞。陈瑞郑爱惜字纸,见片纸只字弃地必取而投诸水火。每当从瓦砾中拾到碎瓷片,都要将上面的字迹磨去。这些人在地方上影响有大小之分,生活状况有高低之别,但大都以"敬惜字纸"的善行赢得人们尊重,并获得许多回报。吴国美享有高寿,活到82岁无疾而终。郭克齐寿至古稀,朝廷赐予八品顶戴。郑崇和以善行入祀乡贤祠。

闽台的敬惜字纸习俗得以长期存在,与地方官员采取切实措施予以大力支持有关。一些负责风尚教化的地方官员率先垂范,提倡敬惜字纸。如嘉庆年间曾任永定县训导的吴廷祺,除待士诚笃外,还大力倡导敬惜字纸。福州的官员则购置田地出租,以租金用于收集字纸所需的开支。道光年间,在福州鼓山镇后浦村立有一块名为"严谕各佃不准拖欠官置惜字田租谷告示碑"的耕田碑,内中明确规定租谷收入系用于敬惜字纸的支出,佃农不得以各种理由拖欠。与此同时,地方官员对秽亵字纸的行为给予严厉制止。道光年间,厦门岛上制作粉面食及豆腐干者往往以招牌字号印在纸上,对此,厦门巡道周凯予以严厉禁止。这就是道光《厦门志》所记载的:"岛中立敬字亭,以惜字纸;买破书、拾遗字焚化者有人。惟作粉面食及豆腐干者,率以招牌字号印其上,巡道周凯禁止之。"[①] 有台湾学者据此断言此事虽然发生于厦门,而近在咫尺的台湾恐亦不能例外,加之周凯后来还出任台湾道,想必任内必有相同的禁令。"大陆各地,均有'敬惜字纸'民俗的存在,且作法与台湾也大同小异。"[②] 稍后的光绪年间,侯官县文童林耀堙、林耀宸上书闽浙总督何璟,

---

① 台湾银行经济研究室:《厦门志》下册,《台湾文献史料丛刊》第二辑,台湾大通书局1987年版,第648页。

② 林文龙:《记台湾的敬惜字纸民俗》,《台湾风物》1984年第34卷第2期。

指出"闽省缙绅人士,敬字诚切。凡有污慢者,均经请官示禁,蔚起人文,似无遗议"。同时,要求严厉禁止在市面上出售写有文字的漆枕,认为使用这种漆枕有辱圣贤字迹。何璟对此表示支持,要求福建布政司在闽台两地将漆枕中的字换用形肖、花朵等,强调这是敬字的一种表现。相关公文到达台湾后,台湾知府要求各厅县立即遵照执行,不得违延。光绪十三年,福州府学生员刘其光上书福建巡抚杨昌濬,要求示禁秽亵字纸,器物照牌以花鸟等绘形代之,经杨昌濬批示"似可照行"。"旋经福建布政司札饬各府转饬所属一体示禁,尔后如有贩卖枕头及金银纸薄、香包糕纸等项器物,印写字号者,务须改用花鸟等项绘行代之,不准印写字号,以免秽亵圣贤字迹。"[1] 应当指出的是,在官方层面上对亵渎文字进行惩罚,这在全国都是一致的。如清政府有过不准在陶瓷上题写诗文的规定,原因在于其易碎且有亵渎文字之嫌,这同"敬惜字纸"习俗所列出的禁忌完全吻合。1873 年 1 月 23 日,上海县令发出晓谕,通知辖区各制鞋店铺不得在鞋上用文字标写店号。同年 12 月 3 日,两江总督李宗羲通令各纸坊铺,不准于草纸等项纸边加盖字号戳记,更不许将废书旧账改造成还魂纸,以免秽亵。在官员们看来,不敬惜字纸者秽亵的不是书账所载内容,而是文字本身所具有的神圣尊严。在这种大背景下,福建官员对秽亵字纸的行为予以严厉打击,应属体制内的一种常规性举动。

台湾的地方官员往往也以禁止亵渎字纸的形式来支持"敬惜字纸"活动。同治十二年(1873),海东书院监院兼台湾县学教谕邱鸿江请求在全台湾严禁贩卖寿金,并要求咨会漳州、厦门一体示禁。这一请求随即由台湾道行文台湾府所辖各厅、县予以严禁,要求各铺户如有贩卖金簿,不准刊用寿字,三个月后再有售卖前寿金者,定追究贩卖者的责任。光绪元年(1875)七月十八日,恒春知县周有基拟定义学学规,其中一条记曰:"义塾内各设敬惜字纸鼎一口,以代炉化;并多备收字纸篓,散给各村,近者由塾内伙夫五日往收字纸一次,远者令各村自收来塾。每斤给钱二文,所收字纸,由塾师督令伙夫查有污秽,须用清水洗净晒干,再行焚化;字纸灰,随用纸包好,年终送之大海。"光绪六年(1880)五月,竹堑士绅吴士敬等人上书知县施锡卫,举报市

---

① 刘宁颜:《重修台湾省通志》卷六《文教志·社会教育篇》,台湾省文献委员会 1993 年印行,第 141 页。

俭奸徒"造买金银纸簿,刊印存号标明,或遗于污秽路旁,或焚于不洁之区,字迹灰飞飘零,诚为目击心伤"。施锡卫下令严禁贩卖金簿寿字店号,要求另刊禽鸟花木为记。针对吴士敬等人的上书,施锡卫的上级闽浙总督何璟要求福建布政司对辖区内的类似情况进行严肃处理。光绪七年(1881),新竹县监生张济川等在设立惜字亭、雇人捡拾废纸的同时,请求官府"广惜字之化,以兴文教,行惜字之风,以崇圣迹,普天之下,只字如金,诚千载之春风,百世之化雨也"。为此,福建巡抚岑毓英指示严禁亵渎字纸的行为,并转饬新竹县知照,新竹知县徐锡祉迅即向张济川进行了反馈。光绪十五年(1889)和光绪十六年(1890),宜兰县、新竹县的地方官员都在台北知府雷其达的支持下,对亵渎字纸的行为进行了打击。① 官员的这些举动带有较大的强制性,与士绅的参与相辅相成,二者的结合有力地促进了这一习俗的发展。

"敬惜字纸"习俗是一项对民众进行启蒙的社会教育活动,下层民众受因果报应思想的影响往往成为接受者和实践者。

在闽台地区,流传着一些"敬惜字纸"得到善报、践踏字纸遭到恶报的具有神秘文化色彩的事例,这在信息不通畅的封建社会里,颇能起到威慑作用,易于使人产生"知敬畏"的心理。连城县宣和乡培田村于1906年编修的《培田吴氏族谱》辑入《朱子惜字社序》一文,记述了宋初状元王曾父亲敬字惜纸的种种善行,赞扬其父敬字不倦,所见必收,净者洁物存贮,秽者香水盥洗。或焚清川,或埋山麓。一天晚上梦见仓颉抚其背说:"汝何敬吾字纸,惜汝老无能为,当命曾参受生汝家,以光大门户。"不久,果然生下儿子王曾,后官至宰相。有人认为王曾是闽南人,其理由是王曾生于晋江旌贤乡,死后葬于晋江二十九都太和山,宋仁宗为其篆碑曰:"旌贤之碑。"如此推断,在宋朝初年,福建沿海一带已开始流传敬字信仰。据《池上草堂笔记》记载,闽县廖氏兄弟的父亲廖太翁,乾隆嘉庆年间曾在台湾担任郡署的吏书。其生前除救人性命、善待婢女外,又最敬惜字纸。"每自背一篮,于穷街僻巷捡之,其受污秽不堪着手者,亦必拾回洗净焚化,行之数十年不倦,盖文人学士之所难者。"此后,他的几个儿子相继荣登科第。长子于嘉庆年间中举,后任广东

---

① 刘宁颜总纂:《重修台湾省通志》卷六《文教志·社会教育篇》,台湾省文献委员会1993年印行,第136页~141页。

知县;次子道光年间中举;三子嘉庆年间中进士,后任江南同知;四子嘉庆年间中进士,后任江西粮道;五子嘉庆年间中榜眼,后任尚书。一门有 3 位儿子出身翰林,时人叹曰"亦近代所稀有矣"。"敬惜字纸"能够登科入仕,这必然促使人们,尤其是知识分子更加热心于从事这项事业。据记载,福州人莲航带着儿子授读于浦城县。莲航平日对当地的"敬惜字纸"活动十分热心,主动负责每日与拾字工交接的工作。一日,他的儿子得了狂疾,于夜晚出走。正巧被尚未收工的拾字工遇到,将之引入粤山道院,并派人即时通知莲航。他的儿子凌晨返家后,疾病居然不治而愈。于是有人认为,"此惜字之功也"。"敬惜字纸"获得善报,亵渎字纸则会受到毁灭性的报应。《池上草堂笔记》记载,安溪李家先人系读书人,虽去世已久,但室中书籍盈架。李家的一位妇女每逢刚满周岁的儿子出恭时,都随手撕下书中的册页拭秽。一天晚上丈夫外出,这位妇女闭门睡觉,一觉醒来发现儿子不见,欲起寻觅,忽被雷震死。第二天,族人在其家门外见到李氏的儿子,急忙破门而入,惊视册页成堆,皆沾秽物,李氏已死去多时。作者借这个例子想告诉世人的是,即便你不是读书人,也不能践踏字纸,否则引起上苍动怒,其后果极其严重。同书还指出,道光十三年二月初三这一天,同安洋宅一位陈姓人士,因为连续几天赌博输了,迁怒印有字迹的赌具,将之投进粪缸中。薄暮时分,其在回家时经过粪缸前,心头一悚,被雷打死。待到天明,人们发现其尸体,而赌具尚在破缸之底,"方悟为不敬字迹之报也"。在清代,亵渎字纸要遭到报应,在纸上绘制或印行淫秽内容的图画或文字招致的报应更为严厉。据《文昌帝君惜字功过律》记载,福建的许百川是一个画工笔人物的画师,其专门画彩色春宫画,诸如女子洗浴、裸体跳舞之类,也有人说他善于给黄色小说画插图,一时名重价高,书坊争聘。就在其自鸣得意之时,一日忽然雷雨交加击伤了手。随之,他的妻妾媳女均不守妇道,日夜淫乱,结果招来匪盗,将他及妻儿杀掉,劫去儿媳、女儿及财帛,放火将屋子及淫书稿版一同烧毁。"敬惜字纸的功过如此明白,积功去过如此简单,敬惜字纸的行为在全社会自然流行开去。"①

台湾民间流传极为普遍的来自中国内地的《玉历至宝编》认为,在阴间有一个六殿卞城王,司掌大海之底,在所辖范围内设置大叫唤地狱,在其四周

---

① 高梧:《文昌信仰习俗研究》,巴蜀书社 2008 年版,第 74 页。

另设 16 个小地狱。人世间凡有藏贮悖谬淫书不毁、不敬惜字纸经书、涂扯劝善书章,器皿、卧床、椅桌一切器用渎书字号墨记等项过失者,都将之先发入大叫唤地狱,然后根据所犯事实打入相关的小地狱。台湾民众普遍相信这是阴司对不"敬惜字纸"者的最严厉惩罚。另一在台湾流传甚广的《文昌帝君功过律》则列出了 24 条的"惜字功律",以及 29 条的"亵字罪律",规定详尽具体,简便易行。此外,还针对一些特定人群规定了惜字的福报。没有子嗣者能于灶神前、家堂前、文帝案前申文发愿终身"敬惜字纸",以及根据家庭经济状况印送惜字书籍,便准予生子聪明富贵,增福增寿。凡倡立惜字会,或独自设立惜字社,或劝设惜字会,而自身能令全家敬惜不懈,或化及一方一邑者,准予求子得子,求富得富,求福得福,求官得官,以及病者求安得安,凡有所求必予实现。凡购置惜字篓篓及洋铁篦达到一定数量,并悬挂于街头巷内者,允许增寿五年,不遭恶事,多者依此类推。募印惜字书籍五千部以上者,赐福增寿,子孙显达。独立捐资印惜字书籍千部以上,而不为求子者,准予全家消灾获福,增寿延年。在台湾民间,人们普遍相信"敬惜字纸"可得到善报。如,眼目光明、安乐无祸、德名光显、永无是非,多生贵子、子孙发达、本身增寿、子孙昌盛、增寿一纪、永远富贵、百病不生,以及转祸成福、其人昌达、永得安乐、获福必多、得享清福、转世富贵、科甲连绵、聋者转明、愚者转智、求子得子、求寿得寿、功名富贵、病症不生、邪魔不扰等。① 台湾民间也流传着《醉月山房惜字条》之类的文字,强调从多个方面对违反者进行重究。这些都传给民众一种清晰明白的文化理念,即敬惜字纸是一种美德,定能得到确定无疑的回报。谁胆敢对文字不敬,便是亵渎神明,必然吞食恶果。在民间,便产生了许多禁忌,如手不干净不能触摸书本,写过字、印过字的纸不可随意丢弃地上,以免不小心遭到践踏。于是,人们读圣人之书肃静对之,纸有五经词义及贤达姓名不敢秽用。

　　从以上因果报应的事例可以看出,闽台"敬惜字纸"习俗来源于古老的文字禁忌以及神秘文化中对敬亵字者的奖惩。就古老的文字禁忌而言,由于在一般读书人和普通民众的潜意识中相信会有神祇的降临,相信有因果报应,所以基于敬畏的心理,不仅对字纸、经书毕恭毕敬,不敢有丝毫的亵渎,对

---

　　①　孙荣来:《敬惜字纸的习俗及其文化意义》,《民俗研究》2006 年第 2 期。

与文字有关的日用品,也将之视为禁忌的对象。闽台民间流传的文昌帝君有名的《蕉窗十则》列有"戒废字"之条,明确要求勿以旧书裹物糊墙、勿以废纸烧茶拭桌、勿涂抹好书、勿滥写门壁、勿嚼诗稿等。此外,还有许多分别针对士子、普通民众、各行各业所制定的条文,认为如有违反会招致许多报应。报应的内容既具体又严厉,后果十分严重,这足以起到震慑作用。就神秘文化中对敬亵字者的奖惩而言,在各种以"敬惜字纸"为宗旨的善书中,将敬亵字者的因果报应一一列举,产生了潜移默化的效果。在福建民间流传极为普遍的《玉历至宝编》中,有不少关于敬亵字者奖惩的执行标准。认为凡在人间藏贮悖谬淫书不毁,不敬惜字纸经书,涂扯劝善书章、器皿、卧床、椅桌一切器用渎书字号墨记等,俱发入地狱。《文昌帝君功过律》中列有"惜字功律"24条、"亵字过律"29条,被认为是"敬惜字纸"方面最重要的文献。在善书《金科玉律》中,则有一些较为简略的奖惩标准,如不惜字纸重则罚其双目失明,轻则让其功名零落,或子孙式微,或家道不昌;如果存心敬惜,则可获无穷善报,如遇事安乐、子孙识字、行事吉祥、家道祯祥、长享安乐等等。社会底层民众大都有趋吉避凶的心理,这些宣传针对性强,产生了较大的心理作用。卢公明在谈到福州的"敬惜字纸"习俗时指出:"中国的汉字被称为'圣人之眼',或'圣人之迹'。必须像保护自己的眼睛一样来保护圣人之眼。那些不敬字纸的人被形容成'盲牛',他们这辈子不尊敬字,死后在阴间要受到最严厉的处罚,下辈子非常可能先天就瞎眼。很多迷信的人就是害怕受到这样的处罚而老老实实地服从了敬惜字纸的社会习俗。"[1]遇上等人说性理,遇下等人说因果。仅仅只是单纯枯燥的说教难以让大家都来敬惜字纸,祈求现实的福报是从事这项活动的最大动力。"对生活在底层、与圣贤经典距离较远的'下等人',根据他们实际生活的需要,宣扬敬惜字纸的因果报应比任何说教、法令都有效。"

在闽台地区,惜字通常被认为既是珍惜文化的举动,更是一种善举。一些寺庙也积极介入这项活动。传教士卢公明认为,有些字纸会与某个庙有关系,或隶属于某个庙。卢公明就曾在福州的一座新建的庙里见到有三四十口盛放字纸灰的瓦缸,等待清空倒入江中。1859年秋季,他碰巧在街上看到一

---

① 卢公明:《中国人的社会生活》,陈泽平译,福建人民出版社2009年版,第319页。

次送纸灰的游行,有一百多人,每人挑着两个盛纸灰的大箩子,这是福州城内最大的一个庙宇属下的字纸会组织的活动。游行队伍人数众多,吹吹打打,浩浩荡荡,从南门一直走到闽江边,队伍中有很多服装齐整的读书人。[①] 福州的敬惜字纸习俗与寺庙存在着紧密联系,这在日本人伊能嘉矩所写的《台湾文化志》中得到证实。他指出"鼓励敬惜字纸之风,不但依崇尚儒学之一部分团体所行而已,亦作为僧道等布教之手段,夙所劝导,现于福建福州之鼓山涌泉寺发行题为长生保命戒杀文(光绪十一年重刊)记善之一中,附记有:'敬惜字纸慎勿亵渎'文之实例。凡承鼓山流派之全台各佛寺,皆能见有承传遵行此教旨之痕迹者乃属事实也"[②]。伊能嘉矩不但提到福州佛教界的"敬惜字纸"活动,还强调了受福州鼓山涌泉寺影响的台湾各寺庙也都有"敬惜字纸"的活动,表明两岸佛教界在这方面有着积极的互动,这是很有意义的。

　　敬惜字纸习俗不仅出现在经济相对发达的闽中、闽南地区,在边远落后的闽西客家村落,也很好地保持了这种习俗,出现了许多这方面的典型人物,成为当地人效仿的楷模。武平县的李奎章,居家生活养成敬字惜纸的良好风尚,"居恒敬惜字纸,拾即焚炉,其崇文爱士,已见一斑"。每逢县试,他必亲送子弟入考场,然后提筐至各号拾字纸焚于库内。连城的杨发泗,"家贫好学,性廉介、貌温恭,极敬惜字纸,尊礼士大夫"。黄效彰"好学,生平见片纸秽污,必净焚化洒诸清波"。永定县人邱天培,"读书展卷必恭,残文废字,皆加敬惜"。林茂魁生平敬惜字纸,出即携一囊,片纸只字,必拾而贮之,积久焚化,埋之土中,至老不辍。[③]

　　士绅、官员、民众因社会地位、所处环境、知识状况等方面的差异,在"敬惜字纸"习俗中各自扮演着不同的角色,表现出的文化情感或复杂,或单纯,但总体上较为接近,相互之间没有产生明显的抵触,能够形成较为一致的共识。"清代台湾官方与地方士绅对于敬惜字纸的态度是采取一致的态度。无论从地方士绅的告白规条或是官方的出示禁谕中都可以发现当中充满了阴骘思想与因果报应观,显示不论是当时朝野的知识阶层,亦同样深受民间信

---

① 卢公明:《中国人的社会生活》,陈泽平译,福建人民出版社2009年版,第320页。
② 伊能嘉矩:《台湾文化志》中卷,台湾省文献委员会1991年印行,第108页。
③ 俞如先:《论海峡两岸一脉相承的敬字信仰》,《龙岩学院学报》2008年第5期。

仰所影响,成为其惜字行为背后的主要力量。"① 就士绅和官员而言,"敬惜字纸"的最终目的,是尊崇文化经典,消除异端文化,这是一种隐性目的。就民众而言,在于实现获得善报的自利现实愿望,这是一种显性目的。"个人利益与社会公益达成一致,社会隐性目的体现于个人显性诉求之中。"②

第三节　教育习俗表征的文化意义

闽台地区的"敬惜字纸"习俗是一项非常重要的教育习俗,具有广泛的社会影响,其所表征的文化意义也是显而易见的。

闽台社会普遍存在的"敬惜字纸"的文化情感,是传统社会注重文化存贮的具体体现。这一习俗历经长期发展而深入人心,既成为一种文化追求,也成为一种生活习惯,有助于引导人们尊重文化、敬畏知识,形成广泛的崇文氛围,其积极意义显而易见。

"敬惜字纸"实质上是文字崇拜的一种发展形式。从文字产生之初,人们对文字的敬畏就产生了。相传仓颉造字,破解了天地的秘密,以致天为雨粟,鬼为夜哭。"造字之神仓颉是一位人人意中有,个个笔下无,被神格化了的传说人物。"③ 同大陆一样,台湾社会也将仓颉造字涂抹上神秘色彩,由此促使人们产生高度的文字崇拜,结果便衍生了"敬惜字纸"的传统。文字初创时期,文字掌握在少数人手中,文字与权力之间发生一定联系,易于使人们产生崇拜文字的心理。"传统社会结构是明清封建制度建立和依赖的政治、经济基础,正统主流文化是明清封建统治的思想工具。正统主流文化又主要由士人在传承阐扬,故圣贤的经典诗文及其载体的文字,皆被上层社会视为正统文化的权威与士人特殊身份的象征,具有神圣道德性。"在封建社会里,教育不普及,闽台民众对能识文断字的读书人衷心敬重,对文字更是将之近乎神

---

①　蔡慧怡:《台湾惜字风俗之研究——以南部六堆客家村为例》,台南师院乡土文化研究所2003年硕士学位论文。

②　万晴川:《"敬惜字纸"的民俗信仰——论〈桂宫梯〉和〈青云梯〉》,《内江师范学院学报》2006年第3期。

③　周濯街:《造字之神——仓颉》引子,团结出版社1995年版。

化,从对文字的崇拜中衍生出对掌握文字的统治阶级的敬畏。强调文字的尊严性,对于引导闽台民众重视文字的价值,以及敬重文化知识的心理培养,具有潜移默化的重要作用。有台湾研究者认为,"旧社会的人们受儒家思想的熏陶,敬重字纸的观念十分强烈。无论是城乡中广设的'圣迹亭'或是将仓颉等人神格化,皆可见农业社会对读书人地位的抬升和尊敬,或依现代的眼光来看,还带着一丝环境保护意味呢!"①

在中国传统的乡土文化背景下,文化就是文字,文化的神圣感缘自文字的神圣感,敬重文化人是因为文化人拥有让人敬畏的文字。"在中国古代社会中,物质贫乏、知识不普遍,读书识字不是件容易的事,加之纸张产量有限,处于匮乏的小农经济社会中的惜物心态,使人们对于纸张也就特别心存敬重爱惜,对写有文字的纸更是充满敬畏与尊重。这也是这一习俗的形成原因之一。"② 在崇敬者的意识中,文字是通贯古圣先贤与天地乾坤的存在物,是连接自然秩序和人文秩序的不可或缺的载体,体现了中国传统文化中的天人合一观,理应受到敬重与珍惜。"惜字当从敬字生,敬心不笃惜难成;可知因敬方成惜,岂是寻常爱惜情。"从闽台"敬惜字纸"习俗流传来看,其强烈地表达了一种明确的文化意识,与长期存在的尊孔崇儒的主导倾向有着密切关系,是封建社会主流意识形态的一种表现。

日本占领台湾后,一些日本文人在所撰写的记载台湾民众衣食住行及信仰崇拜等习俗的文字中,对清代以来存在的"敬惜字纸"习俗给予正面评价。日本人片冈岩在《台湾风俗志》中写道:"台湾上自知识分子,下到老弱妇孺,一般都有爱惜文字的良好习惯。只要一进入台湾地区,就立刻可以看出这种风俗的存在。例如台湾的各乡镇街庄,都共同出钱每一区雇一个老人,专门负责在大街小巷捡拾掉在地上的字纸,其中包括一切报纸和名片以及广告纸等等,只要是上面写着字或印着字的纸都捡起来,一起倒进庙前或街头巷角的字纸炉内焚烧,这种字纸炉是专为焚化这种字纸而建的,每到一个相当的时期就把炉内的纸灰取出丢进大海。可见这种重视文字的善良风俗,都是基于对儒教的崇拜而形成的。"日本人后藤在《台湾惯习记事》中指出:"目

---

① 林文龙:《台湾的书院与科举》,台湾常民文化事业股份发行有限公司1999年版,第232页。

② 孙荣来:《敬惜字纸的习俗及其文化意义》,《民俗研究》2006年第2期。

不识丁之村氓妇孺,亦知敬惜字纸,乃其好例。于是乎,其结果表现,乃普设惜字亭为风,又称敬圣亭或敬字亭,凡公署书院所在,城街康庄地之要所,必设一基炉亭苟书有文字之大小纸片,悉聚于此亭中焚化为习常。盖因笃信文字为圣教遗迹之余,弃之污之,悉被视为失敬于先圣之故。"① 日本人佐仓孙三在《台风杂记》一书中指出:"官衙及街上,处处已炼瓦筑小亭,形如小灯台,题曰'惜字亭',收拾屋外及路上所遗弃字纸,投亭火中,可谓美风矣。"② 片冈岩认为"敬惜字纸"是台湾不分社会阶层共同拥有的良好习惯,后藤称"敬惜字纸"习俗为"好例",佐仓孙三称"敬惜字纸"习俗为"美风",表明即便是占领者对这种风俗亦保持着较高程度的敬意。日据初期,不少台湾士子和民众存故国之思,在致力于存汉学、续儒道的同时,不忘保持"敬惜字纸"的习俗,其意义不能仅简单地从习俗本身去理解。

台湾的"敬惜字纸"习俗来源于大陆。明末清初,大批闽粤人士赴台开垦,包括"敬惜字纸"在内的各种习俗随之传入。随着书院、官署、庙宇的陆续建立,"敬惜字纸"习俗逐渐在台湾各地流传开来。起初以参加举业的士子为倡导的主体,通过各项祭祀仪式,以及书院、读书人的共同推动,后来逐渐普及于民间。诚如台湾研究者所言,"敬惜字纸,来自中国传统儒家思想,结合宗教信仰所形成的一种风俗习惯,从早期的魏晋南北朝就逐渐发迹,到了明末逐渐成形,在清代的中国内地与台湾成了一股民间风潮。不论在食衣住行育乐各方面,或多或少影响了一般民众的生活方式"③。台湾"敬惜字纸"习俗并非孤立存在,而是植根于中华源远流长的人文传统。就习俗本身的保存及研究而言,台湾的措施较为完善,形成了一些有特色的成果。"把海峡两岸的敬字信仰联系起来考察,探讨其渊源关系,不仅可以进一步拓宽敬字信仰研究的视野,而且也具有不同寻常的意义。"④

众所周知,传统社会结构是封建制度建立和依赖的政治、经济基础,正统主流文化是封建统治的思想工具。圣贤的经典诗文及其作为载体的文字,一

① 台湾惯习研究会:《台湾惯习记事》,台湾省文献委员会 1984 年印行,第 17 页。
② 佐仓孙三:《台风杂记》,台湾银行 1961 年印行,第 10 页。
③ 蔡慧怡:《台湾惜字风俗之研究——以南部六堆客家村为例》,台南师院乡土文化研究所 2003 年硕士学位论文。
④ 俞如先:《论海峡两岸一脉相承的敬字信仰》,《龙岩学院学报》2008 年第 5 期。

向被视为正统文化的权威与士人特殊身份的象征,具有神圣道德性。从清代闽台"敬惜字纸"习俗的盛行,反观出处于社会转型时期文字本身的神圣道德性减弱,亵渎文字及字纸的行为增多,使得正统主流文化的权威性受到挑战,既存的社会结构的稳定性遭到破坏。倡导而"敬惜字纸"习俗则起着恢复、强化文字的神圣道德性,进而维护封建正统文化的权威,维系社会既有结构的稳定,并最终巩固封建统治制度的功能。"敬惜字纸的习俗虽涉鬼神迷信,但有利于在全社会树立崇文的观念,对社会的文明进步有一定的意义。"① 但是,"物质文明的发展和社会的变迁是无法阻挡的,随着封建制度的消亡及其文化的式微,文字及字纸的神圣道德性的消失与其实用工具性的增强,是不可逆转的趋势。敬惜字纸信仰最终也在此趋势中,失去存在的社会环境而走向了衰落"。显然,从文化发展史的视角对此加以观照,人们对这一历史发展的必然趋势不难进行合乎逻辑的解读。

有台湾研究者认为,早年由于台湾印刷术不发达,教育未能普及,而成为敬惜字纸风气凌驾其他省份的最主要因素。如今印刷术日新月异,各级学校林立,文字的应用也日趋广泛,无论是食、衣、住、行、育、乐,鲜有不使用文字的。时代在发展,不能以前人的眼光来作为敬亵字纸的准绳。但是,亦不能将前人视为神圣的惜字观念,概以"迷信"、"无稽"为理由全部抹杀。还有台湾研究者认为,"敬惜字纸"代表的是儒家文化所影响下的传统社会对于知识与文化的崇敬。惜字风俗亦是一种"大传统"与"小传统"交互影响下文化涵养的传播过程。虽然焚字纸的习惯已不符合现今社会的要求,知识的普及率高,知识流通方式日新月异,印刷、书写废纸激增,文字的传播不一定靠字纸才能完成。由于环保意识抬头,过去官府所明令禁止的"还魂纸",反而是今日所必须推广的;而送字纸入河海也有环境污染之虞。但是,"敬惜字纸"这一习俗对于读书人品格的养成,以及百姓教化的实施而言,都是一项善良的风俗。因此,不能将之归于"迷信"。② 大陆的研究者则认为,"这一习俗信仰虽然消失不久,但似乎离我们现代生活已非常遥远

---

① 高梧:《文昌信仰习俗研究》,巴蜀书社 2008 年版,第 74 页。
② 蔡慧怡:《台湾惜字风俗之研究——以南部六堆客家村为例》,台南师院乡土文化研究所 2003 年硕士学位论文。

了,我们对此知之甚少,甚而产生一些误解。然而,这一习俗信仰曾对我们古人的生活、文化产生过重要影响,因此,对这一习俗信仰进行介绍和研究十分必要"①。综合这些观点,我们可以确信,海峡两岸的研究者对于"敬惜字纸"习俗都是肯定的,与时俱进地看待这一习俗,赋予其现代意义,是海峡两岸研究者的共同意愿。

---

① 万晴川:《"敬惜字纸"的民俗信仰——论〈桂宫梯〉和〈青云梯〉》,《内江师范学院学报》2006年第3期。

第七章　日据时期的闽台教育关系

中日甲午战争后,清政府被迫将台湾割让给日本。日本殖民者在台湾施行同化政策,台湾与祖国大陆的联系受到种种人为限制。相对隔离的状态并不能彻底割断闽台两地的教育关系,在日据的 50 年间,虽然闽台间的教育往来并不活跃,但却是客观存在的。

第一节　台湾籍民在福建接受教育

所谓籍民,是指日本占领台湾之后编入日占"台湾籍"的台湾人。居住在祖国大陆的籍民只归日本使领馆管辖而不受当地中国政府的节制。台湾籍民在福建省有相当的数量,他们与台湾的亲友保持着频繁的联系。据台湾总督府 1930 年 11 月的调查,当时在福建的由当地日本领事馆管辖的台湾籍民所从事的职业多种多样。在福州的台湾籍民中,有 20 余人是在领事馆、学校、医院工作的所谓"薪水生活者",其他人分别为海产物之进口及零售商、杂货商、薪炭商、布匹商、药材商、青果商、木材商和金融业的从业人员。其中,青果商推销台湾的香蕉,木材商运销福州的杉木,都有一定的影响。但也有人偷贩鸦片,为多数台湾籍民所不齿。在厦门的台湾籍民中,从事所谓"基础确实"的商业的 186 人,从事商业及其他事业的 26 人,从事与医疗有关事业的 60 人,所谓"薪水生活者"103 人,从事家庭手工业及匠工的 38 人,小商人 235 人,从事饮食店业的 122 人,从事杂业的 60 人,从事其他职业的 300 人。① 在福建的台湾籍民中,大多数人经商或从事服务性行业工作,但其中也

---

① 　林衡道:《日据时期台湾总督府与华南各埠》,《台北文献》1992 年第 100 期。

不乏巨商大贾。如在厦门的台湾籍民中拥有 10 万元以上资产者有 20 人,他们在厦门市区拥有价值 600 万元的土地。同时,也投资电灯、自来水、海运、长途公共汽车等行业,在厦门经济界形成一股大势力。他们在当地的身份十分特殊。由于要生存和发展,对官府大都采取合作的态度,力图融入当地社会之中。1926 年 9 月,在东京召开了第一届南洋贸易会议,日本驻厦门领事井上庚二郎在会上谈到在福建的台湾籍民时指出:"他们平时完全站在与中国人同样的地位,服从中国地方官统治,在未发生问题之前,不表露台湾籍民的身份以要求日本领事馆之保护。"①

日本占领台湾期间,根据"北守南进"的政策,试图以籍民教育为突破口,向福建及粤北等地进行殖民主义的渗透,从而将日本的影响扩展到整个南中国。

籍民之居住于厦门者,1898 年有 500 余人,1917 年有 2800 余人,1924 年约有 6000 人,1929 年有 6879 人,1935 年有 7356 人,1936 年有 9000 余人,1937 年有 10217 人。以上指已登记者,其他未登记者有 15000 人。厦门的台湾籍民数量较多,籍民教育的规模也较大。

1899 年 4 月,在日本驻厦门领事上野专一的推动下,第一所台湾籍民学校——东亚书院在厦门成立,并于次年得到清政府的正式承认而予以注册。书院由原日本陆军大学教务长濑凤浦任院长,另有 1 名日本教习和 3 名中国教师,学生有 40 名,开设日语、英语、汉语、理科、博物等课程。为了使籍民教育能够适应中国社会的环境,从而获得中国士绅的认同,以便更好地生存与发展,20 世纪初,在台湾总督府民政长官后藤的授意下,厦门东亚书院聘请中国地方士绅担任名誉性的书院领导职务,握有实权的总教习一职则由日本人担任。同时,规定学生毕业后可到台湾或日本接受高一级教育,或升入福州的东文学堂以准备参加科举考试,或毕业后由日本三五公司及中日各商会录用。这一"改革"造成了中日合办共管的假象,实际上日本人仍牢牢控制着书院的管理权。台湾总督府每年拨出 1 万元作为办学经费,学生常年保持在 60 名左右。书院于 1910 年停办。

1907 年,厦门成立了台湾公会,其首要工作是发展教育,其次是关注卫

---

① 　福建省档案馆等编:《闽台关系档案资料》,鹭江出版社 1992 年版,第 12 页。

生、施行救济等。1908 年,日本在厦门设立附属于台湾公会的又一所重要的籍民学校——旭瀛书院,由日本人小竹德吉任教谕,为台湾和祖国大陆学生开设了一年制和两年制的专科课程。1917 年,在鼓浪屿等地增设 3 个分院(均为初等教育性质),全部学生有 340 余人,日籍教员 8 名。1926 年时,有学生 500 名,教职员 20 余名。书院的地皮及校舍,大部分是以台湾总督府所提供的补助费永久租借或购买的。台湾总督府还负责选择教员和提供每年 1 万元左右的补助。台湾公会中虽然有专门的委员来掌管校务,"但全体校务则由日本籍之院长依其意志策划及实施"。① 1928 年,书院有学生 295 名(内有台湾籍民学生 219 名)。1932 年,书院学生锐减至 99 名学生。

闽南地区的台湾籍民学校,除厦门的东亚书院和旭瀛书院外,还有 1902 年 8 月创办的泉州彰化学堂、1903 年 4 月创办的漳州漳华学院、1903 年 8 月创办的石码瀛夏书院。这 3 所学校均由日本佛教界的本愿寺派人出面创办,但都受台湾总督府的节制。其中,彰化学堂是直接从台湾彰化迁移到泉州的,每年接受台湾总督府 15000 元的经费资助。

台湾籍民旅居福州者初期数量相对少些,光绪三十三年(1907)只有 330 余人。1913 年以后人数逐渐增多,1929 年为 1121 人,1937 年达 1777 人。其中,半数以上从事实业及农业。福州是福建省政治、经济、文化的中心,也是日本势力大举渗透的重要地区。在这种背景下,籍民教育在当地获得了发展。

1898 年,在福州成立东文学堂,由台湾抚垦署长、日本人冈田兼次郎任总教习,办学经费由台湾总督府提供,开设课程与厦门的东亚书院大体相似。1903 年年底,在陈宝琛的倡议下,东文学堂改制为全闽师范学堂,由清政府管辖。这种改制不合日本人的胃口,在某种程度上与其将籍民教育作为侵略华南的桥头堡的办学初衷有很大距离,台湾总督府在翌年停止了经费资助。尽管如此,该学堂仍由日本人桑田咸丰任总教习,并聘有 4 名日本教习。日俄战争爆发后,迫于民众的压力,该学堂宣告停办。

1907 年,福州东瀛会馆设立了东瀛学堂,仿效台湾的公立学校制度,定学制为 6 年,学生大多是中国人(包括籍民),由台湾总督府派三屋大五郎任教谕,日本驻福州总领事负责对教员进行监督,经费则由福州的籍民负责筹措。

---

① 福建省档案馆等编:《闽台关系档案资料》,鹭江出版社 1992 年版,第 15 页。

1915年,东瀛会馆改为福州台湾公会,东瀛学堂改称福州东瀛学校,并将教育范围扩大到非籍民。至1917年止,该学堂有学生250名,日籍教员7名。1917年春天,在福州爆发了抵制东瀛学校事件,《福建新报》等报刊发表署名文章,揭露日方利用籍民教育进行侵略活动,认为在闽的欧美教会学校是为了传教而办学,籍民学校并不以传教为目的,更容易损害中国的主权。地方当局对该校也采取了相应的限制措施,一时学校生源锐减。日本驻福州总领事馆被迫于当年年底对该校进行改革,如实行13年一贯制,设立高中部给学生以升学机会等。同时,将籍民与非籍民的学生区分开来,在普通部专为"籍民"另设一个班,实施彻底的"皇民化教育",力图把籍民培养成标准的日本臣民。对于非籍民学生,则着重于施行地方当局能够接受的与公立学校大致相同的教育活动。五四运动以后,东瀛学校的学生数一直维持在200名以内,到1929年时达到234名(内有籍民86名)。

籍民教育的大权掌握在日本的台湾总督府手中,经费、教员均由台湾总督府提供,实施的是赤裸裸的奴化教育,因而受到中国人民的抵制。"九·一八"事变后,在福州的籍民学校便开始走下坡路,学生人数锐减,学校办学规模萎缩。抗战期间,在日军的刺刀保护下,曾一度回光返照,获得畸形发展,但随着抗战的胜利而最终停办。

籍民教育是日据时期闽台教育关系继续维持的重要体现。籍民学校为在福建的台湾籍少年儿童提供了一定层次的教育。由于这类学校后来也吸收本地学生入学,使闽台的少年儿童之间有了沟通的机会。虽然籍民学校在数量、办学规模、学生出路方面与欧美系统的教会学校相比大为逊色,但毕竟吸收了日本明治维新以来教育改革的许多成果,在学制、课程等方面具有先进性,与福建的公立、私立学校有着一定的互补性,这是应当予以肯定的。

第二节　台湾学生赴福建就读

日据初期,在日本殖民者的严酷管制下,台湾青年赴祖国大陆就读的人数很少,而且主要集中在福州和厦门。

台湾著名的板桥林家的子弟林熊征,其母亲陈芷芳系福州市郊螺州镇人,舅舅陈宝琛曾担任过清朝末代皇帝溥仪的老师。林熊征与福建有着千丝万缕的联系。晚清时他在厦门鼓浪屿接受启蒙教育,10 岁以后到福州当地的高等师范学堂就读,后返回台湾。

台北人林凌霜,晚清时就读并毕业于厦门鹭江学院,1946 年曾当选台北市首届参议员。

来自台湾的黄再得和卢国治,晚清时就读并毕业于厦门英华书院。

林熊征的弟弟林熊祥从小也是在福建接受教育的。晚年他回忆道:"我四岁〔光绪二十五年(1899)〕入家塾读书,第一位授业师是我姑丈郑星凡(名祖庚),他是位举人,福州籍,用福州音教的;七岁至九岁到福州外祖母家,同时入家塾读书,老师是陈观泉;九岁至十一岁,仍居鼓浪屿,那时老师是福州举人陈樵琴,此外尚有郑、吴两位福州人,已记不起他们的名字了;十一岁返台湾……"①

上述几位是被现今台湾的一些学者称为最早赴祖国大陆"留学"的一群人。其实,他们的祖籍大都在福建,确切地说是返乡读书,而不是"留学"。晚清时,台湾学生赴祖国大陆求学往往首选厦门,这是为什么呢?"因为厦门是离台湾最近的,而且语言也是相通的,早期的台湾学生去厦门求学,可以说是理所当然的。"② 在此后的岁月里,他们往往对福建怀有深厚的感情,并自觉地负起促进闽台两地文化教育交流的使命。林熊征曾捐 4 万两银子给福州高等师范学堂,作为建筑校舍的费用,清政府以其所捐数目极多,乃予奖叙,以道员分省补用。他还为福建旭瀛书院和东瀛书院的优秀学生提供奖学金,同时资助台湾学生到祖国大陆就读,资助祖国大陆学生到台湾学医,而不论这些学生的政治倾向如何。

辛亥革命后,台湾青年赴祖国大陆求学的依然不多,其中较为有名的是杨仲鲸。

杨仲鲸出生于 1898 年。少年时代先是到日本读书,15 岁时转到福州英华书院就读,专攻英文,一直到 1916 年止。在这期间,组织同学反对日本的侵略,在福州的日本警察知道他是台湾人,便要抓他。他只好连夜逃离福州,

---

① 黄富三、陈俐甫等编:《近现代台湾口述历史》,台湾林本源中华文化教育基金、台湾大学历史系 1990 年印行,第 245 页。

② 《第八十二回台湾研究研讨会演讲纪录》,《台湾风物》第 42 卷第 3 期。

搭轮前往美国,在美国留学长达9年。杨仲鲸先到日本,再到福州,又到了美国,这在台湾青年的求学经历中是很特殊的例子。台湾光复后,杨仲鲸担任花莲县长,为官正直清廉,受到当地百姓好评。

五四运动以后,祖国大陆的启蒙思潮日渐活跃,新思想、新事物不断涌现,科学与民主的思想风行一时。不少台湾青年对祖国心怀向往,争相前来就读。20世纪20年代后,台湾青年来祖国大陆求学的人数逐渐增多,并且形成一种风气,他们或绕道日本辗转赴祖国大陆,或冒险偷渡而来。从1920年年初至1923年10月的近三年时间里,仅借道日本回祖国大陆求学的台湾青年就从19名猛增到273名。他们中的绝大多数人在厦门、广州、上海、北京、南京等地学校求学。台湾近代著名文学家赖和于1918年至1919年曾在厦门博爱医院服务,在此期间受到了五四新文化运动的洗礼。1922年,他鼓励五弟回祖国大陆求学,先入厦门集美学校,后入北京大学。据不完全统计,1922年,在北京求学的台湾青年有32人;1923年,在厦门求学的台湾青年有195人;1924年,在上海务本英语专科学校求学的台湾青年有50余人;1925年,在广州黄埔军校求学的台湾青年亦有50余人。他们分别接受了不同的专业训练,成为各种专业人才,弥补了台湾教育之不足。

这一时期,由于语言相通,生活习俗相近等因素,厦门吸引了不少台湾青年。20世纪20年代初,由著名爱国华侨领袖陈嘉庚先生创办的厦门大学此时迎来了一些台湾青年。据统计,1922年至1924年,在厦门大学就读的台湾青年有本科生3人,预科生6人;1925年,有预科生2人;1934年,有1人在该校理学院就读。人数虽然不多,但意义却很大,标志着台湾青年在福建接受高等教育的开端。

日据时期在厦门大学求学的较为有名的台湾校友有黄玉齐、黄启显、林慎等人。黄玉齐是台北人,1927年毕业于厦门大学法学系,后赴美国留学。1925年,曾以"汉人"为笔名写了一本《台湾革命史》,由上海泰东图书局出版。为写作此书,他返回台湾搜集资料,因而引起日本情报机构的关注。黄玉齐于光复后曾当选为台湾省参议员。黄启显是嘉义人,1922年3月由台湾商工学校毕业后到厦门大学物理系学习。到祖国大陆学物理的台湾青年很少,黄启显是比较特殊的一位。林慎则是厦门大学社会系毕业生,后曾任台湾省的"立法委员"。此外,还有一些台湾青年在厦门大学就读,但因各种原因没有毕业便离开了。何景寮、李思祯是 1922 年 9 月入学的,读了 1 年预科和 1 年本科。1924 年 6 月,厦门大学发生学潮,一些教授愤而率领一批学生前往上海创办大夏大学,何景寮、李思祯等台湾学生便跟着去了。所以,大夏大学的早期台湾籍毕业生反而比厦门大学的多。还有的台湾青年在厦门大学未毕业便先离去则是事出有因。林金波(笔名木马)为板桥林家三房林嵩寿的长子。1914 年,他生于厦门鼓浪屿,先后就读并毕业于旭瀛书院小学部、英华书院初中部及高中部,1933 年考入厦门大学理学院。学习期间,参加了由厦门大学、集美中学等校内外文学青年组成的"鹭花(华)文艺社"。1934 年离开厦门大学赴上海,为的是报考圣约翰大学。1935 年其父去世,他返台奔丧,此后常往来于祖国大陆和台湾之间。1945 年"台湾留学国内学友会"成立时,他被选为三位常务理事之一,是抗战胜利后较早在台湾介绍鲁迅及其作品的作家。

至 1926 年 9 月,在厦门就读中等专业以上学校的台湾青年共有 29 名。其中,厦门大学 3 名,闽南佛学院 13 名,厦门美术学校 2 名,博爱医院附属医科学校 7 名,鼓浪屿商业专门学校 3 名,禾山商职 1 名。

除少数人接受中专和高等教育外,还有一定数量的台湾青年在福建接受了普通教育。据日本驻厦门领事馆调查,1926 年 9 月,厦门及其周边地区接受中等教育的台湾青年达 175 名。其中,集美中学 67 名,中华中学 39 名,英华书院 26 名,美华中学 7 名,新华中学 3 名,厦南女中 1 名,育才学社 1 名,三育中西学校 1 名,同文书院 15 名,第十三中学 2 名,泉州培元中学 4 名,漳州崇正学校 7 名,漳州西河学校 1 名,漳州浔源中学 1 名。

日据时期,除台湾青年自行到福建求学外,台湾的一些民间社团还通过国民政府驻台北总领事馆等机构,派送子弟到福建求学。1931 年 7 月底,经国民政府驻台北总领事馆居中介绍,台湾中华总会馆派职员肖志仁专程赴厦门商讨派送子弟就读事宜,受到厦门地方政府和教育机构的热诚接待。1931 年 7 月 29 日的《江声报》对此进行了报道。

对于在福建求学的台湾籍学生,日本驻厦门领事井上庚二郎指出:"一部分是当地台湾籍民的子弟,但是大部分来自台湾省,则是在台因学业拙劣、操行不良无法入学者,或因入学后参加罢课而被退学者,另外又有看中此地学校低廉而来者。综合上述,可说大部分是在台之落伍者。因此他们大多数对台湾并无好感,加上此地(厦门)又在广东国民党之势力范围内,此辈对台湾不满学生,朝夕所接触之教师、朋友、新闻杂志等国民党之色彩浓厚,致使他们直接间接或有意无意之中,沉溺于孙文主义乃至于革命思想,而对台湾政府(台湾总督府)有更加痛恨之趋势。"① 上述青年自然并非如井上庚二郎所说的大部分是在台湾的落伍者,他们中的不少人后来的成就已证明了这一点。但他们对台湾的现状不满,为日本殖民当局所不容,这确是不争的事实。

值得一提的是,日据时期到祖国大陆来求学的不少台湾青年多自称福建人。后来曾任台湾"中华民国副总统"的谢东闵于 20 世纪 20 年代末从台湾辗转来广州中山大学求学。据谢东闵的同窗学友章振乾回忆:"他勤奋好学,性格开朗,为人诚恳,我与他相识不久,即对他有好印象,且很谈得来。听他的口音,似是闽南人,所以向他透露拟组织福建同学会的事。有一天和他闲聊。我问:'老谢,你是哪里人?'他脱口而出:'福建人。'我介绍自己是福建连江人,他迟疑一下补充说他是'福建台湾人'。此时台湾还被日本割占,但历史上台湾曾隶属于福建省,'台湾府'曾属'厦门道'管辖啊!于是我们同学加老乡,便倍感亲热。"② 谢东闵虽然是台湾人,但在当时他的观念中,福建和台湾始终是同一个概念。1944 年,他为《民意月刊》撰写了《福建与台湾——论福建省临时参议会的特殊使命》一文,指出:"无论从哪一方面说,地理关系也好,政治历史也好,居民祖籍也好,风俗习惯也好,文化语言也好,福建与台湾都有着不可分的密切关系。"他认为,处于日寇统治下的六百余万台湾同胞并未忘记祖国,而祖国——尤其是福建同胞,亦时时在怀念着他们。③ 显然,谢东闵称自己是福建人是有着深厚的思想基础的。不过,另有一些台湾学生这样称呼则是出于别的考虑,他们担心若照实说自己是台湾人,易遭日本使领馆监视甚至迫害,有的还可能被绑架回台湾。闽台语言、生活习俗相似,称自己是福建人也很自然。当然,这也与台湾浪人在福建等地为非作歹,引起当地百姓不满而产生排斥台湾人的因素有关,因而称自己是福建人可避免被当地民众视为台湾浪人而不致遭歧视。

除到福建就读外,日据时期,还有一些台湾学生冲破重重阻力到福建等地

---

① 福建省档案馆等编:《闽台关系档案资料》,鹭江出版社 1992 年版,第 13 页。
② 章振乾撰:《久别天涯思旧谊——记我与谢东闵先生的一些往事》,《炎黄纵横》1999 年第 4 期。
③ 同上。

开展"修学旅行"活动。如1920年11月,台北医科专门学校的四年级学生一反过去到日本进行毕业"修学旅行"的惯例,组织观光团到厦门、汕头、广州等地旅行,从而体会到了祖国的辽阔和历史之悠久。

第三节　台湾学生在福建的爱国活动

台湾共产党的创始人翁泽生,于1921年冬奉父亲翁瑟士关于回祖国大陆"读祖国的文字","不要上那种奴化教育的学校"的旨意,回到祖籍地厦门,考入集美中学就读。在此,他接受了新思潮,于求学期间积极参加进步社团的活动,并利用假期返回台湾进行反对日本占领的活动。1924年,从集美中学毕业后他又考入厦门大学,一个学期后转学到上海大学继续求学。

出身台南的杨诚于20世纪30年代初来到厦门集美学校读书。在此期间发生了"九·一八"事变和上海"一·二八"事变,激起他的爱国义愤。他积极参加了抗日宣传和抵制日货等活动。

日据时期,台湾人民不屈服于日本帝国主义的殖民统治,开展了长期的反抗斗争,遭到日本占领当局的残酷镇压。像翁泽生、杨诚这样的有识之士认识到要光复台湾就必须以祖国大陆为依托。因此,许多内渡祖国大陆的爱国志士和在祖国大陆学习的青年学生,以各种形式组建了不少爱国团体,从事收复台湾的民族解放运动。在上海、北京、南京、闽南等地,长期以来活跃着数十个这样的抗日爱国团体。他们和台湾本岛的青年学生运动,以及在东京的台湾留学生的文化启蒙运动遥相呼应,构成了日据时期声势浩大的台湾学生的爱国运动。其中,在福建闽南地区求学的台湾青年学生的爱国抗日活动尤为活跃。

闽南地区最早出现的台湾学生爱国团体是台湾尚志社。1923年6月20日,正在厦门大学求学的李思祯为唤起台湾民众的民族意识,实现民族自决,在厦门成立了尚志社。该社由在闽南学习的台湾男女学生组成,表面上以互助精神、切磋学术、谋求文化的促进为目的,实际上是站在民族自决的立场上进行抗日活动,最终使台湾脱离日本帝国主义的统治。该社公开活动的时间不长,其间主要开展了几个大的活动。如发行机关刊物——《尚志厦门号》,

旨在弘扬民族意识,抨击台湾总督府的暴政,号召民众起来反抗。又如发起声援台湾岛内由林献堂、蔡培火等人领导的台湾民选议会请愿团的活动。为此,在厦门召开台湾学生大会,发布了"宣言书"和"决议文",表示"反对台湾总督府历届之压迫政策,反对总督府对社会请愿者之不法拘束",从而形成较广泛的社会舆论。

由于日本驻厦门总领事馆的迫害,尚志社的活动仅维持了较短的一个时期。此后不久,李思祯又与就读于厦门的台湾师生,如郭丙莘、王庆勤、翁泽生、洪朝宗,江万里等,组织了闽南台湾学生联合会。该会于 1924 年 4 月 25 日在厦门召开有四百余人参加的成立大会,与会者纷纷上台发表演说,抗议日本对台湾的殖民统治。第二天,又演出《八卦山》、《无冤受屈》等抗日题材的戏剧。此后,他们开展了一系列的活动。当年 7 月,该会印刷大量的传单,寄往台湾各地,揭露卖身投靠日本总督府的台湾富商辜显荣等人的卖国行径。11 月,该会在厦门的思明书馆召开秋季大会,共有六十余名台湾学生出席,与会者纷纷上台发表抗日言论。其中,祖籍台南的郭丙莘演讲的《日本管辖后台湾所遭致的惨状》深深打动了与会者的心,这一演说内容被厦门的《思明日报》全文刊登。与此同时,该会还创办了《共鸣》杂志,设有台湾通讯等栏目,强调用台湾同胞的血泪换取台湾同胞的自由。该刊还载文揭露了日本殖民主义者掠夺台湾资源、压迫台湾人民的暴行。

20 世纪 20 年代中期,在厦门的台湾学生组织了"厦门中国台湾同志会",这是一个台湾青年学生的秘密团体。该会于 1925 年 4 月间先后两次在厦门市内张贴宣言,指出"我们台湾人本亦属汉民族,我们的祖先来自福建、漳州、泉州、广东、潮州等地。但为了脱离满清的虐政,另图汉民族的发展,而移往台湾。不意,光绪二十一年的日清之役,清朝竟把它割让给日本,由是,东洋第一宝库的台湾便沦入野蛮的倭人手中了"[①]。由此,表示要坚决废除丧权辱国的不平等条约,收复台湾,实现中华民族的复兴。

20 世纪 20 年代末期,在闽南就读的台湾青年学生于漳州成立"台湾解放运动牺牲者救援会",印制了数千份特刊,在漳州、上海、东京和台湾岛内散

---

① 转引自蓝博洲编著:《日据时期台湾学生运动》,台湾台北时报文化出版企业有限公司 1993 年版,第 268 页。

发。内容包括《日本最近对台湾的暴压政策》、《暴压政策下的各阶级民众》、《岛内各团体的斗争情势》、《海外台湾青年的活动情势》，以及一份《宣言》。《宣言》强调成立救援会的目的是："将募得的钱赠给入狱的同志及其家族。一方面借以抚慰入狱的同志及其家族，另一方面则激励解放战线上的斗士，进而巩固革命势力，为将来的革命斗争而努力。"① 该会还组织了大型的游艺晚会，有专人报告台湾革命运动的经过和救援牺牲者的必要性，同时演出充满抗日色彩的歌舞、独幕剧等。

20 世纪 30 年代初，在厦门各校就读的台湾学生还组建了闽南学生联合会。该会在成立宣言中指出："凶暴的日本帝国主义不断地蹂躏我等 400 万同胞，因此，我等的斗争工作一日也不能停止。我等闽南台湾学生联合会正准备作殊死的斗争。它是在台湾解放运动的过程中产生的。'为斗争而组织'是本会的宗旨，也是闽南学生联合会产生的原因。"② 该会利用其成员假期回台湾的机会，与岛内的爱国团体联络，同时出版各种介绍台湾的出版物，救济因从事爱国活动而遭迫害的岛内爱国人士。

上述在福建的台湾学生抗日爱国团体虽然存在的时间都不长，开展的活动也有限，但他们的目标却是高度的一致，就是最终使台湾摆脱日本的统治。由于他们的活动大多融入到当地的反帝爱国活动之中，因而具有较为广泛的影响。他们的抗日爱国活动是近代以来中华民族反抗外来侵略的一个重要组成部分，其历史意义是不言而喻的。同时，透过这些团体及其活动，使我们认识到日据时期闽台教育联系是一种客观的存在。

第四节　福建师生赴台湾学习、工作、参观和实习

王兆培曾于 1910 年春从厦门前往台湾，入医学校学医。同时，秘密进行"驱除鞑虏，恢复中华"的革命活动，并建立了中国同盟会台湾分会。他先后

---

① 转引自蓝博洲编著：《日据时期台湾学生运动》，台湾台北时报文化出版企业有限公司 1993 年版，第 281 页。
② 同上书，第 289 页。

发展翁俊明、蒋渭水等一批台湾有为青年加入同盟会。

著名台湾爱国人士李伟光于 1916 年考入台北医科专门学校。后来他回忆道:"1919 年祖国五四运动的消息传到我们学校,给我很大刺激,我又受到第一次世界大战的民族自决潮流的影响,奠定了民族意识的基础。我开始认识到群众团结的力量和革命道理。我们几个同学和厦门来的学生于学校地下室,在日本台湾始政纪念日——6 月 17 日当天秘密举行'岛耻纪念日',向祖国的五色国旗行礼,表示决心。"[①]

可见,清末民初时就有厦门的学生在台湾就读。尽管人数不多,但表明日据时期,两岸的教育交往是一种双向式的交往,而不仅仅是台湾学生到祖国大陆来就读。

日本占领台湾之前,常有福建人到台湾工作。1877 年 5 月 1 日,闽海关税务司杜维德在一份报告中称,福州电报学校的毕业生多数留在福州的船政局工作,但也有学生去台湾当工程师,设置新电报线。可见,当时就有毕业生去台湾工作。

日据时期,福建教育界人士赴台湾工作的很少,其中最为著名的是林森。林森系闽县人,任国民政府主席达十余年之久。青年时代,他曾五次从福建赴台湾工作。前三次赴台时,台湾尚处在清政府的管辖之下。后两次赴台时,日本已占领台湾。第四次赴台时正值日军刚刚上岛,林森当时一面在台北电报局任职,一面在中西学堂和电报学堂担任教习。他目睹山河变色,愤而与电报局的同仁和两所学堂的师生一道组成一支义军,以抗日为职志,因寡不敌众而被迫内渡回到福州。

1933 年,国民政府委派著名的"日本通"陈仪任福建省主席。陈仪到任后,大力提倡对日"国民外交",主张中日"亲善"。在此背景下,福建于抗战前曾组织数次较大规模的赴台湾考察活动,与教育有关的有两次。

第一次是 1934 年 11 月,福建省政府组织了由建设厅厅长陈体诚任团长的考察团,团员有 21 人,由省政府高级职员及社会团体的代表组成,其中有教育界的代表。他们在台湾两周的时间里,侧重考察了农业、水利、电气、财政、警政、教育、卫生等方面的情况。

---

① 蔡子民:《台湾革命医生李伟光自述》,《台湾史志》,台海出版社 1997 年版,第 238 页。

第二次是 1936 年，由厦门市长李时霖任团长，团员有 10 人，其中县长 4 人，特种区长 1 人，厦门市府高级人员两人，教育、金融、经济界人士各 1 人。在 3 周的时间里，他们考察了农林、水利、交通、卫生、渔牧、教育和鸦片公销制度等。

这两次考察曾受到时人的批评。"两次考察，在事实上鲜有成果，病在无整个考察计划，到台后，受日人招待，只能走马看花式之浏览风光，记载若干呆板资料（如数字、条文等），对于日人开发台湾之整个策略、体系和方法与技术之运用，无从探究，在本省建设事业上自难发生作用。"[①] 尽管如此，由于有教育界代表参加，考察项目中有教育的内容，应视为日据时期闽台教育的两次交流活动。

除官方组织赴台湾考察外，亦有教育界人士自行组织师生赴台湾参观、实习和考察教育问题。

1929 年 6 月，厦门集美水产航海学校的 7 名学生和集美中学的 23 名毕业生组团前往台湾参观实习。他们由集美水产航海学校校长苏国铭、教员吕希清、秘书施缉亭带领，于 6 月 4 日乘凤山丸从厦门出发，5 日抵达基隆。在基隆、台北、淡水、新竹、台中、台南、苏澳等地共逗留两周，参观考察了各地的制糖厂、制盐厂、制纸厂、制罐厂、制冰厂、冷藏库、鱼市场、水族馆、养殖场、水产试验场、农事试验场、测候所、电气会社、水产会社、渔业会社、造船所、铁工厂等单位。两周后，苏国铭带领集美中学的毕业生先行返回厦门，吕希清和施缉亭带领集美水产航海学校的学生暂留台湾，随当地拖网轮船出海实习，每次出海 1 周左右，共出海两次。实习完毕后师生于当年 7 月初返回厦门。

1935 年 1 月，闽南教育界组织了"闽南日本职业教育考察团"，团员有厦门集美水产学校校长张荣昌和该校教务主任邓腾裕、漳州职业中学教务主任莫大元与教员张典聘等人。考察团成员痛感中国教育之落后，欲借鉴台湾有关职业教育的经验，以资能有所裨益于中国将来之教育建设。考察团乘广东丸前往，在台湾考察后，又赴日本东京了解各教育机关和学生的生活状态。

如果说，抗战前福建教育界组团赴台湾限于参观、实习、考察以了解台湾教育经验为我所用的话，那么抗战期间伪政权组织的赴台湾活动则明显带有

---

① 福建省档案馆等编：《闽台关系档案资料》，鹭江出版社 1992 年版，第 432 页。

不可告人的目的,即从教育界入手推行所谓大东亚共荣圈。抗战期间,日军曾一度占领厦门,在当地建立了伪政权。1939 年 10 月,伪厦门市政府奉兴亚院驻厦联络部的指令,组织了厦门教育界人士赴台湾考察团。考察团团长为王沌名,副团长为陈祝尧,日本人野横山长和森德一郎担任指导,团员有市立第一小学校长黄桢明等 10 位小学校长,许希遵等 8 位来自各校的教职员。他们于 10 月 27 日搭广东丸由厦门赴台湾,11 月 11 日由基隆搭香港丸返回厦门。在台期间,除考察台湾教育外,还接受了奴化宣传。

日据时期,日本殖民者在台湾强制推行文化同化政策,海峡两岸原本一体化的文化联系被人为切断了。但是,相对隔离的状态并不能阻止台湾青年对祖国文化的向往,他们以各种方式来到祖居地福建接受教育,从而获得对中国传统文化的认同,这使得闽台间以教育为媒介建立起一定程度的教育联系。就日本方面而言,早在甲午战争之前,就将福建和台湾纳入其势力范围。民国建立以后,日本又对福建进行了政治、经济、文化等方面的渗透,为在福建的台湾少年儿童开办籍民教育,是这种渗透的一个重要方面,这从一个侧面反映了这一时期闽台教育关系的复杂性。此外,福建师生前往台湾参观、考察、实习也都验证了两地教育联系的客观存在。显然,日据时期的闽台教育关系并非像以往有人认为的是一个空白期,而是存在着一定程度的联系。这种格局的形成与闽台的独特条件,如地理相近、语言相通、文化背景相似等因素是分不开的。

第八章　抗战胜利后闽台
教育关系的发展

抗战胜利后，台湾回归祖国，海峡两岸各方面的交往日益密切。随着台湾教育祖国化进程的加速，闽台教育关系也进入了一个新的历史发展时期。

第一节　福建为台湾培养和提供师资

由于历史和地域的原因，福建与台湾的渊源十分深厚。抗战胜利后，台湾教育当局在全省范围内曾开展了一个查报学生祖籍的活动。其办法是制作学生祖籍调查表一份，分发各校填报。调查程序是先进行各校儿童部学生的祖籍调查，然后再进行各校民教部学生的祖籍调查。调查结果表明，在校生中有相当数量的人祖籍地在福建。以台南市为例，当时全市民教部学生共1753人，祖籍地在福建的占99%，其中属于晋江县者居多，计有947人；龙溪县次之，计有200人；其他则分属同安、惠安、诏安等县。开展学生祖籍调查的目的，在于促进台湾青少年对祖国的总体认识，使他们及他们的家长增强对中华民族的亲和力。

当时，大批日籍教师被遣送回国，师资严重匮乏，留用的一部分本地教师对祖国大陆的教育体制、教科书使用，乃至具体的教学方式均不了解，难以适应教育祖国化的实施要求。在这种情况下，多数台湾学生祖籍地的福建便自然而然地担负起了为台湾教育培养和提供师资的重任。

抗战胜利前夕，鉴于日本战败已成定局，在福建省临时参议会二届二次会议上，曾有与会者提出："拟请政府速在闽南设定特种师范学校，培植台湾小学师资。"由此，引出设专门学校为未来的台湾教育培养师资的问题。被国民政府内定为未来台湾最高行政长官的陈仪,则更早地意识到了这一点。1944 年 5 月,他致函教育部长陈立夫,提出接管台湾时急需几种教育人才,应设专门学校培训师资。陈立夫收到陈仪的信函后,即令有关部门研究筹划,最后确定在福建设立国立海疆学校,为台湾培育师资力量。

海疆学校开设了不少有关南洋历史、地理、经济、华侨教育等方面的课程,而且拟定南洋侨校学生保送办法,要求菲律宾中正中学、马来西亚南洋女中、荷属棉兰苏东中学等 10 所学校,每校选送 4 名学生入学。这给人一种错觉,似乎该校并不仅仅为台湾培养师资,而是为发展东南亚的华侨教育培养师资,其实不然。其一,《海疆学校一览》指出:"民国三十三年五月,中央鉴于海疆建设之亟待展开,爰特创设本校,以为培植人才,推进工作之基地。盖自开罗会议决定以台湾归属中国后,基于该地制度环境之特殊,及其与祖国隔绝之久远,自不能不有相当机构以造就干部,藉为将来因地制宜,施政布教之准备,于是由教育部派蒙藏教育司科长张兆焕、特约编审周钟侠及黄景文三氏来闽筹备,以张氏为主任委员。"[①] 从这段话可以看出,该校的开办完全是为抗战胜利后的台湾教育培养师资。其二,这一点还可从永春侨领、富商郑玉书《关于改设海疆学校于南安致福建省政府代电》中得到验证。海疆学校的主要筹办者张兆焕等是福建仙游人,故选择仙游为该校校址,郑玉书对此颇不以为然。他于 1944 年 8 月 15 日致电福建省政府主席刘建绪,表示了不同意见。他指出:台澎人口约 600 万,其中番人(高山族)16 万余,日本人 18 万余,欧美南洋及其他地区人口 2 万余,此外都是汉人。而在汉人中,漳州、泉州等地的移民后裔居十之七八,习国语者本极少数,沦陷后汉文国语同遭废止,今日台澎民众所识的是日文,平时会话用日语与闽南方言,他们中兼识汉文国语者无异于凤毛麟角。"政府欲准备接收台湾,既须准备接收各项企业之专门人才,又须准备善操闽南方言之中下级行政人员和中小学教师。姑举小学言之,学生 38 万余人,需教师 9000 余人,除体操、音乐、图画各科任何省人均可教授,若党义、历史、国文各科在此过渡时间非用闽南方言则须用译人也。"[②] 他认为,政府在仙游设海疆学校,训练接收台澎之师资及行政人员,

---

① 福建省档案馆等编:《闽台关系档案资料》,鹭江出版社 1992 年版,第 745 页。
② 同上书,第 740 页。

是一件盛事,但莆仙方言与闽南方言差异很大,而学校势必会多招收当地学生,为台澎与该校前途计,似应将学校改设于各种条件具备之南安九都。郑玉书的这番话明白无误地说明了海疆学校系专门为培养台湾教育干部而设的性质。考虑到郑玉书与福建省政府有着密切关系,这番话的可信度是比较大的。其三,海疆学校设立后,与台湾教育界交流频繁。1947 年 7 月 19 日,海疆学校校长梁龙光专程赴台湾搜集海疆资料并考察战后台湾教育。1948 年 6 月,该校第五届师范专科毕业生为考察海疆教育,慰问台湾同胞及宣扬祖国文化,特组织了台湾教育参观团,乘招商局"海穗"轮赴台,先后考察了基隆、台北、新竹、台中、嘉义、台南、高雄等地的教育。返回后,编写并出版了《台湾教育》一书,介绍台湾高等教育、中等教育、国民教育、职业教育、女子教育、幼稚教育、特殊教育及社会教育等,并评论其各自的优劣。该书除呈交教育部,作为改进台湾教育之参考外,还在国内各大书局发售。此外,该校还设有专门研究台湾问题的海疆问题研究室。显然,为台湾教育培养师资、为台湾教育服务的办学宗旨,决定了该校必然关注台湾教育,注意研究和考察台湾教育。其四,该校历史较短,至 1950 年 5 月便因院系调整而宣告停办,其间数易校长,张兆焕、梁龙光、蚁硕、彭传珍等都曾任过校长。学校先是设在仙游,后迁南安九都,最后定址在泉州。尽管在办学过程中,人事和校址变动较大,但始终由教育部直接管理,校长由教育部任命,学科不断发展,学生人数逐渐增加,毕业生大多分配台湾工作。"三十六年元月首届二年制学生 4 班卒业,计 162 人,多服务于台湾等地,是为本校有校友之始。"[1] 这 4 班学生中,师范科学生 2 班,法商科学生 2 班,他们到台湾后主要在教育界工作,也有的在政法、商业、民政等部门工作。当年 7 月,又有二年制学生 99 人毕业,大都应聘到台湾就业。在 1948 年 6 月赴台湾参观的学生中,有一部分人则直接留在台湾工作。综上所述,我们有理由认为,所谓海疆,系专指台湾,海疆学校是专为培养服务于台湾(尤其是台湾教育界)而设的一所学校,是抗战胜利后联系闽台教育的一座桥梁。至于开设了有关南洋的课程,要求南洋侨校保送学生等,只能说明该校意在拓宽学生的知识视野,并力图使生源多样化。

---

[1]　福建省档案馆等编:《闽台关系档案资料》,鹭江出版社 1992 年版,第 746 页。

　　除设校为台湾教育培养师资外,福建省还为光复后的台湾提供了相当数量的现成师资。

　　由于台湾师资紧缺,台湾省行政长官公署教育处专门成立了"中等、国民学校教员甄选委员会",并在福建、北平、上海、重庆等地设立了"台湾省征选教员临时办事处",征聘志愿赴台服务的教师。福建与台湾语言相通,地域相近,风俗相同,故成为征聘教师的首选之地。

　　征聘的途径多种多样,方式灵活,手续简便,但对征聘对象的要求却不低。一是委托有一定社会地位的福建人士代为征聘。如 1946 年 1 月,台湾省训练团委托厦门市财政局局长杨庚代为征聘国语教员,要求须大学毕业,曾担任过高中国语教师,能教注音符号及通闽南语,待遇从优,旅费另发。杨庚便在厦门的报纸上刊出招聘启事,经审查应聘者,招收了 6 人。二是委托社团或有关机构代为征聘。1946 年 1 月,台湾高雄市政府委托泉州的新南书社出面招聘 100 名闽南籍的小学教师。同时,还委托厦门市银行招聘 72 名教育人员和区政人员。录取名单一公布,便要求第二天成行,由此可见教师紧缺之程度。三是委托福建地方政府代为征聘。1946 年 2 月,台湾行政长官公署以陈仪的名义委托厦门市政府在闽南招收 240 名国民学校的国语教师。要求这些人须师范毕业,年龄在 26 岁以上,能操国语和闽南语。提供的待遇是:每人发给旅费 3 万元,录用后薪金以委任 9 级起支,特别优秀者给以荐任待遇。厦门市政府随即在市教育局内开设了登记处,规定先登记者先行赴台,在二十余天时间内便分 3 批将应聘人员送往台湾。澎湖县政府于 1947 年 9 月 10 日委托厦门市政府招聘中小学教员,其中中学的英语、历史、国文教员 15 名,小学教员 25 名,所承诺的待遇较去台湾本岛高出两成,并酌助旅费。厦门市政府即令人事室出面招聘。当时,只要是台湾需要聘任教员,福建总是予以大力配合,满足台湾在这方面的要求,并在最短时间内将应聘教员送往。

　　1947 年 3 月,台湾省有关方面在《教育复员工作报告》中指出:抗战胜利后接收台湾之初,即成立教员甄选委员会,派员向闽、沪各地征选教员。至 1946 年 9 月底,已征收来台的国民学校教员 600 余人,中等学校教员 400 人以上。同时,在北平、上海征选中小学教员 400 人。由于从 1946 年起,台湾各级学校一律用国语教学,又先后从厦门和北平征聘了 200 余名国语教员到各个国民学校服务。显然,福建只是抗战胜利后征选教员到台湾工作的一个区域,但却是十分重要的区域。

这一时期,在福建的中等以上学校中,不少毕业生也踊跃要求前往台湾工作,一方面是那里急需人才,另一方面也是为了解决个人出路问题。如1947年冬,厦门侨民师范学校的林清德等11位漳平籍毕业生便直接被分派到台湾的教育部门工作。

表 8-1　厦门大学、福建农学院、国立海疆学校
1945 ~ 1947 年度毕业生愿往台湾工作人数 ①

校 名	学 期	系 科	毕业生数	愿往台湾工作人数
厦门 大学	1945 年第一学期 1946 年第一学期 1947 年第二学期	文学院	17 30 18	10 11 9
福建农学院	第四届（1947）		43	2
国立海 疆学校	第二届（1947） 第二届（1947）	师范专科 商业专科	48 53	20 25

福建教师去台湾后的情形如何呢? 据从福建赴台东地区参与接管工作的谢真回忆:"从福建去的人中,中、小学教师为数颇多。这些人大都是稍后才从厦门或其他港口搭乘商船或机动渔船去的（也有少数人乘坐帆船）。他们的动机多比较单纯,只要有工作,不论是穷乡僻壤还是海岛都在所不辞。"②他们中的许多人热情很高,很想为教育事业做点事,就是到火烧岛（后改称绿岛）、红头屿（后改称兰屿,为阿美人的聚居地）这样的地方或僻远山区亦在所不辞。后来,谢真走遍上述地方的乡镇学校,多处都见到由福建来的教师（他们中有不少人生活在原住民同胞之间）。"1947 年 4 月我到了孤悬东南海上的兰屿,这里的海域黑潮（暖流）湍急,交通不便,行驶于兰屿与台东、新港间的交通船,有时数月才来一次。但就在这样的孤岛上,也有来自福建

---

① 福建省档案馆等编:《闽台关系档案资料》,鹭江出版社 1992 年版,第 756 页。
② 福建省政协文史资料委员会编:《福建文史资料》1995 年第 34 辑。

的一班青年在小学和乡公所勤奋地工作着。"① 有的福建籍教师还付出了生命的代价。"二·二八"事件期间，在台湾南部山地发生了一起原住民同胞误杀当地一位福建籍小学教师的惨痛事件。这一不幸的事件令许多教育界人士感到震惊。后来，这些原住民同胞知道错了，悔恨至极，立即按照部族的隆重仪式安葬了死者，然后推派代表多人至县府认罪，自请处分。

由于"带一颗诚心为台胞服务"，加之个人素质较高，工作勤奋，不少在台湾教育界工作的福建人取得了一定的成就。

以厦门大学为例。至1948年4月，在台湾工作的该校校友已达300余名，分布在基隆、台中、嘉义、台南、高雄、屏东、花莲、台东及台北等地。他们中从事各行各业工作的都有，但有相当一部分人在教育界工作。台中的厦门大学校友便有一半人从事教育工作，有的还卓有成就。如教育系第一届毕业生陈泗荪，任台中市男中校长；第四届毕业生徐瑛，任台中市立中学校长；第15届毕业生余丽华，任台中市女中校长，该校的训导主任及5位主要教员也是厦门大学校友。在台北市从事教育工作的厦门大学校友中的不少人在台湾教育界有较高的知名度。如台湾大学教授刘天予、黄玉齐、傅从德、王师复、卢乃沃，师范学院教授李祥麟、洪应灶、张荃、林超雄等。台北师范校长唐守谦、台湾教育厅督学罗保基和梁厚溥等也都是厦门大学的校友。台湾"二·二八"起义爆发后，一位厦门大学校友在致母校的报平安的信中写道："我们值得自己最大的安慰，那就是每个校友在各地工作，都给予当地的人民十二万分好感。台湾语是说'有人气'、'风评好'、'真优秀'。就这点看，可以说我们仍一本来台的初衷，不受俗流所熏染。我们能自爱，能爱人，我们都深深地永远地牢记着母校校训，我们要将我们的学识、经验、心境求到'止于至善'。""今后，在台湾的厦大校友更要担当起为台湾的教育、心理建设的艰巨工作作更大的努力，把台湾改造为祖国化，使她永远成为中国的一个环节。"② 正是怀着这样的信念，在台湾教育界工作的福建籍教师们以自己的工作实绩，为抗战胜利后的闽台教育关系谱写了新的篇章。

---

① 福建省政协文史资料委员会编：《福建文史资料》1995年第34辑。
② 厦门大学校史编委会：《厦门大学校史》第一卷，厦门大学出版社1990年版，第265页。

第二节 福建学生赴台湾就读

抗战胜利后,不少福建学生前往台湾求学。他们大多先在福建接受中等教育,然后入台湾的高等院校学习,台湾大学、台湾师范学院、台中农学院、台南工学院等院校都有不少福建籍的学生。

台湾著名人类学家、中央研究院院士李亦园系福建泉州人。1948年,他从泉州培元中学毕业后赴台报考台湾大学。其志愿是学习地理,但由于当时台湾大学未设地理系,便报考了该校的历史系,时年仅17岁。数十年后,他写道:"几十年两岸的分隔,无法来往,造成我很大的心理困境,对故乡、祖国都一直怀着无限的怀念。后来,在专业的研究上从少数民族异文化的研究转而从事中国文化的研究,就对祖国大陆各地的文化现象,特别是华南以及故乡福建的民间文化更怀着一种职业性的关怀,同时对祖国大陆的54种少数民族(不算高山族在内)的文化现象也一直保持高度的关心。"[1] 对故土的眷念,使他完成学业并在台湾学术界取得突出成就后,仍时时关注着祖国大陆(尤其是福建)的文化现象的演变。

抗战胜利后,在台湾各大学就读的有不少来自福建莆田和仙游的学生。莆仙地区离台湾较近,水路交通方便,尽管当地经济不发达,人民生活困苦,但长期以来形成"地瘦栽松柏,家贫子读书"的优良传统,何况读书也能解决日后的生活出路问题,故当地人对子弟读书都很关注。由于福建的大学不多,去台湾上大学路近费省,故莆仙学子争相前往。值得一提的是,莆仙籍学生在台湾各高校表现都很活跃,除完成学业外,还牵头组织许多进步社团。台湾大学的郑以平等人成立了戏剧研究会,组织同学观看曹禺的话剧《原野》、《日出》和《雷雨》。他们组织的以台湾大学学生为主体的麦浪歌咏队在台湾各地巡回演出时受到普遍欢迎。台湾大学的陈钱潮、周自强编辑出版了《学生报》,每期发行5000份。陈实等人编辑出版了《方向导报》。陈秋玉和蔡来盛发起组织"子不语"学社。黄起尤等成立了"新陆"社。台北

---

[1] 李亦园:《田野图像——我的人类学研究生涯》,山东画报出版社1999年版,第44页。

师院的林庆清、谢平北组织了历史研究会。台中农学院以薛秋帆、吕从周、秦长江为主成立了"大家来"学社。这些以莆仙籍学生为主的学社,既活跃了课余生活,也对团结广大爱国学生起了积极作用。

对于这一时期福建学生踊跃赴台湾就读,曾有人认为,这只是一种个人的自发行为。其实,福建省的一些地方政权对此是很支持的,并且也采取了扶持措施。1948 年,在当年召开的福建省政府的行政会议上,厦门市市长黄天爵提交了《关于保送闽南学生赴台深造的提案》。他认为,福建省医、理、工、农人才尚感缺乏,主要原因在于缺少培养这类人才的专科学校,而创办此类学校又有困难。台湾与闽南一衣带水,语言相通,台湾省的医、理、工、农各科学校设备完善,规模宏大。福建省若能逐年保送闽南学生前往深造,"既可补本省理工教育之不足,亦可为闽台文化之一助"。[①] 嗣后,福建省政府通令闽南各公私立中学校以考选方式选拔高初级优秀毕业生,保送台湾省教育所分发。每科 50 名,由省政府补贴旅费及在学膳费,以资鼓励。同时,函商台湾省当局,请求对这些学生予以优待。尽管由于各种原因,这些措施没有得到落实,但从中可以看出闽台教育交流的趋向。寻求闽台教育的优势互补,是官方支持福建学生前往台湾就读的重要原因之一。

第三节　福建师生赴台湾实习、参观、考察和讲学

抗战胜利后,福建的不少大中专学校都曾组织师生赴台湾实习、参观、考察和讲学,借以在教育上加强合作,增进了解,扩大交流。

1947 年 7 月,福建省立医学院的第七班结业学生为增广见闻,前往台北进行实习进修,受到台北卫生处、台湾大学医学院、台北热带病研究所、台北市卫生院等单位的大力支持和热情接待。实习结束之后,该院院长黄震亚特致函上述单位的负责人表示谢意。1948 年年初,福建省立医学院就轮派助教和讲师前往进修一事与台湾大学医学院达成共识,进修的学科为病理、解剖、

---

① 福建省档案馆等编:《闽台关系档案资料》,鹭江出版社 1992 年版,第 771 页。

细菌、生化、内科、外科、儿科、妇产科、耳鼻科、皮肤科、花柳科、眼科等,涉及学科相当广泛。

1948年7月,福建省立农学院三年级学生利用暑期之机赴台湾考察农业。为此,福建省政府专门致函台湾省政府,要求给予交通和住宿之优待。

厦门大学多次组织师生前往台湾实习和考察。1947年2月,该校化学系二十余位师生赴台参观了高雄、台北等地的化工厂及研究机构,前后历时1个月。他们在学习台湾化工界有益经验的同时,也提出了一些建设性意见,受到台湾同行的好评。1948年暑期,化学系又选派7名四年级学生前往台湾的溶剂、肥料、樟脑、制糖、造纸等工厂实习,为期两个月。由于这些学生虚心好学,勤谨实干,上述实习工厂均对之表示满意。1948年7月,厦门大学土木工程系的33位学生在讲师林梦雄、方虞田的带领下,应邀前往台湾基隆港进行测量作业。他们先进行导线测量和水平测量,接着又进行三角测量、细部测量和港深测量。在七十余天的时间里,师生们冒着台风侵袭,顶着炎炎烈日,通力协作,力排万难,保质保量地完成了测量任务。

除大学生前往实习外,福建省的一些中专和中学也组织师生前往台湾参观考察。1947年10月,福建省立林森师范学校普师科、艺师科三年级的124位学生赴台参观,为此还请求福州招商局给予6折船票优待。同年11月9日,厦门集美高级商业学校的应届毕业生24人,在训导主任吴玉液的率领下乘台湾省第二届光复节举办工商展览会之机前往参观考察。1948年4月,省立龙溪师范学校第七组甲乙两级50名学生,取道厦门前往台湾,考察高雄、台南、台中、台北、基隆等地的教育情况。同时,还参观了嘉南大圳、日月潭及一些工厂,前后历时1个月。当年7月,晋江县石光中学和南侨中学的首届毕业生分别组织了参观团前往台湾参观。当年10月,国立第一侨师三年级60名学生在教师刘德枢带领下前往台湾参观。为此,该校专门致函台湾省教育厅,请求"惠予转饬贵辖各县市政府及公私立教育文化机关学校于本校参观团抵达时赐予指导为荷"。

除了学生在教师带领下赴台实习、参观外,福建省的各大专院校还派遣了为数不少的教师专门前往台湾参观考察。1947年夏天,福建省立农学院选派农艺、森林、园艺、病虫害、农业经济5个系的5位教授赴台考察各项农林设施,时间为1个月。该院院长周桢在致福建省政府的呈文中认为:"及抗战胜利,台湾系新收回省份之一,其农林渔牧之发展均具有现代规模,如水稻、甘蔗、茶、香蕉、柑橘、烟草品种之改良,病虫害之防治,新式农具之利用,森林之栽培保护以及农村之组织等等,均有数十年之研究实验,成绩斐然,实有详细考察之必要,以为本省农业改良之借鉴。"[①] 1947 年 6 月,晋江县组织国民教育参观团赴台湾,先后参观考察了台北、台南、台中、高雄等县市的教育机构,返回后又到福州、厦门等地进行教育考察。该团成员将闽台教育状况进行了一番对比,指出:"综观台省教育情况,尚可称意,所差者为未能尽合国族之需要,一如国族文化之未深认识,部定标准未全实施,奴化教育之遗毒未尽清除,民教事业未能推广等,均足重视,然就数量而论,已较本省为佳。" 至于福、厦两地的教育,参观团成员认为:"榕垣教育(福州教育)一落千丈,大非昔比,省立实小与一般中心学校无异,而对厦大附小,侨师附小,集小等三校大加赞赏,认为足列为闽台两省间第一流之小学。"[②] 可见,福建教育界对台湾教育的参观、考察并非走马观花,而是注重深入调查与了解,既看到好的一面,也看到不足之处,并能与福建的教育状况进行比较,提出借鉴吸收其经验的意见。

此外,福建一些高校的名教授和负责人也前往台湾考察。1948 年暑期,私立福建学院教授陈遵统前往台湾考察文化,福建省政府为此致函台湾省政府,请求予以接洽并提供便利。1949 年 8 月,福建协和大学训导长孟良波、厦门大学校长汪德耀先后前往台湾,除参观考察教育外,还负有加强教育交流的使命。汪德耀与台湾教育厅洽谈了该厅保送学生就读厦大问题,并与台湾大学会商两校互换教授及合作事宜。当时局势十分紧张,在这样的时候,仍有学者按计划前往台湾考察教育,表明闽台两地的教育交流实在是太密切了。

这一时期,不少福建学者还应邀跨海到台湾讲学。1947 年 7 月,台湾省训练团在暑期举办公立和私立中小学校长和教导主任训练班,特聘厦门大学教育系教授郭一岑、李培囿、陈景磐及中文系教授虞愚等前往台湾讲学。1948年 8 月,台湾省政府举办教育人员暑期讲习会,邀请厦门大学教授虞愚前往

---

① 福建省档案馆等编:《闽台关系档案资料》,鹭江出版社 1992 年版,第 747 页。
② 同上书,第 752 页。

开设专题讲座,虞愚在台先后讲了《文化之意义》、《怎样复兴中国文化》、《美学基本原理》,受到听众欢迎。直至1948年年底,仍有福建学者赴台讲学。当年12月初,厦门大学法学院院长王亚南应台湾大学之邀前往讲学便是一例。

第四节　台湾学生赴福建就读

抗战胜利后,不少台湾学生通过各种途径赴福建读书,他们主要分布在中等学校和厦门大学、协和大学等大专院校。

福建省方面对台湾学生到福建读书采取了许多优待措施。1947年2月27日,福建省教育厅发出《关于台籍学生求学应从宽录取的代电》,要求省内各公私立中等学校,除按照教育部制定的优待办法执行外,对于台湾学生在语言文字方面的缺憾尤应订定补救办法,并宽予录取。对于在福建省的师范学校学习的台湾学生,应鼓励其毕业后返台服务。实际上,在这之前福建省的一些学校已为台湾学生采取了照顾措施。厦门大学为提高台湾学生国语、国文程度起见,于1946年12月设立了台湾学生国语、国文补习班,为三十余位台湾学生进行了补习。知名学者黄典诚为这一补习确定了教学程序:国语发音、中国文字之组织、国语会话、白话文选读、浅近文言文选读、文法要略。同时,请求学校允许台湾学生以补习成绩来替代国文成绩。

从1947年开始,福建省的一些大学还在台湾设立考区,直接招收台湾学生到福建就读。当年夏天,协和大学首先在台湾设立考区,报名日期为7月7日至7月14日,考试日期为7月18日至7月19日。福建教育界人士认为:"闽台两省较近,交通素繁,闻过去日人统治台湾时,即有若干憎恨日本化教育之台籍青年偷渡台湾海峡往投协大,读书该校。及于决定在新加坡设立考区,招收华侨学生以外,再设台湾考区,并将降低标准,俾使台省青年多获录取机会。"[①] 由此,有关人士建议闽台两地的最高学府应当互设考区,内地其他著名大学也应到台湾设立考区。

---

① 　福建省档案馆等编:《闽台关系档案资料》,鹭江出版社1992年版,第753页。

厦门大学是福建省的最高学府,为台湾教育界所瞩目。1946 年 6 月,台湾省行政长官公署教育处在岛内通过公开招考、择取、训练,然后将一批台籍学生分送到祖国大陆的 9 所国立大学就读,这批人被称为"升学内地大学公费生"。其名额为 100 名,其中文科 30 名,法科及商科 35 名、理科 7 名,工科 10名,数科 8 名,医科 10 名,最后正式成行 98 人。其中,往北京大学学习的有10 余人,往上海 4 所大学(复旦、暨大、同济、上海医学院)学习的有 20 余人,往武汉大学学习的有 8 人,往浙江大学学习的有 7 人,也有往南京中央大学学习的。志愿选择往厦门大学学习的最多,达 30 余人。据这批学生中赴上海复旦大学新闻系学习的江浓分析:这是因为喜欢厦门的人比较多,理由不外是语言相通,气候比较合适,以及风俗习惯一样等。1947 年 5 月,台北中学毕业生升学指导会致函厦门大学,指出:"台湾绝国 51 年,同胞深受日本毒化教育之害,此辈学生未事负有阐扬祖国文化之艰巨任务,若得往内地大学受教,收效必宏。"① 要求厦门大学考虑台湾学生报考该校受大海阻隔、应考费用高等因素,能在台湾设立考区,单独招生或委托台湾省教育厅代招。由于受各种客观原因限制,厦门大学没有同意,但向台北中学毕业生升学指导会寄去了有关刊物和当年的招生简章。在致该会的函中表示:"惟本校为贵省高中毕业生升学便利起见,特别依照教育部新颁三十六学年公私立专科以上学校招生办法第五条规定,除招生考试外,兼采成绩审查方式,请为转达贵校评列优良毕业生历年成绩及志愿院系向台省教育厅申请保送,如经本校审查录取者,得于规定期内来校受国文、英文、数学三科甄别考试,合格者准为正式生,如不合格或未参加甄试者暂为试读生,下年度补受入学试验,合格者得为正式生,不合格者则不能在校继续肄业。"② 这种有别于祖国大陆考生的招考方式照顾了台湾考生,对他们产生了极大的吸引力。实际上,在抗战胜利后至 1949 年的这段时间里,厦门大学是福建省招收台湾学生较多的大专院校之一。仅 1948 年,就先后接收了教育部分派的由台湾省政府保送的一批台湾学生,以及由台湾省教育厅保送的学生多名,并且全部免试入学。

关于台湾学生在福建的学习、生活情况,因限于资料难以窥见全貌。但从

---

① 福建省档案馆等编:《闽台关系档案资料》,鹭江出版社 1992 年版,第 750 页。
② 同上书,第 751 页。

上述所言及的报考优待措施来看,他们的学习与生活当不会有太多问题。语言相通和生活习俗相近,使得他们易于融进当地的社会。所就读的学校也注重发挥他们的特长。如厦门大学于 1947 年年底开设了日语讲习班,报名参加者达百余人,主持此事的学生自治会学术部特别聘请日语娴熟的台湾同学担任讲授之职。

表 8-2　1945 年至 1949 年厦门大学台湾籍学生名录 [①]

入学时间	学 科	姓 名	籍 贯	性 别
1945 年	经济系	林　滨	台北	男
		郭茂松	台北	男
1946 年	银行系	李自然	台北	男
	中文系	杨仲谟	台南	男
	外文系	许龙基	台南	男
		陈技连	台中	男
		黄昆江	台南	男
		沈英凯	台南	男
		姜文鉴	新竹	男
		蔡瑞钦	台湾	男
	历史系	郑鸿池	台中	男
	教育系	林荣祥	台北	男
	化学系	卓维金	台中	男
	机电系	王耀仁	台南	男
		庄正晴	台南	男
		杨正雄	台北	男
		林光政	台南	男
		郑德铭	台北	男
		周志强	高雄	男
	航空系	郑溪北	高雄	男
		谢传祖	新竹	男
		彭腾云	台中	男
	法律系	王化龙	台北	男
	政治系	陈鸿鹏	台中	男
		王长兴	嘉义	男
		李宏昌	台北	男

---

① 厦门大学校史编委会:《厦门校史资料》第六辑"学生毕业生名录",厦门大学出版社 1990 年版。

续表

入学时间	学　科	姓　名	籍　贯	性　别
1947 年 1948 年	经济学系	陈光彩	台北	男
		李泉溪	台中	男
	会计系	何镛铭	新竹	男
		黄国胜	台中	男
	外文系	林光乡	台中	男
	中文系	王绿枫	台北	女
	教育系	张炎明	台南	男
		骆天赞	高雄	男
		黄文嘉	彰化	男
	机械工程系	罗云财	新竹	男
	电机系	孙居旺	高雄	男
		邱垂全	高雄	男
	法律系	蔡长州	台湾	男
	政治系	李锡恺	台中	男
		郭铭川	台南	男
		赖大农	台中	男
		叶子灿	台南	男
	经济系	刘诗敏	台北	男
		陈炎陈	台北	男
		张芳盛	台中	男
		张有义	彰化	男
	外贸系	陈进富	彰化	男
1949 年	电机系	李宝结	台北	男
		廖锡模	台北	男

　　抗战胜利后,闽台教育关系之所以发展较快,原因是多方面的,其中与福建往台湾的相当数量的教育干部介入台湾教育的各个层面有关。如当时的台湾大学校长庄长恭便是福建泉州人。负责接管台东和台中教育的谢真、罗文祥都是由福建派去的。一些地方的教育负责官员也由福建派去的教育干部担任。如福建连江人陈鹏,曾在日本留学,抗战期间在连江担任过中学校长,抗战胜利后赴台湾任台东县教育科长。福建派去的教育干部大都努力勤勉,为清除日本殖民教育的影响,建设台湾的新教育体系,做了许多实实在在的工作。在美国芝加哥大学获得化学博士学位的庄长恭与一位在台湾工作的福建同乡谈到自己接受台湾大学校长这一职务的初衷时指出:"抗战时曾任中央研究院化学研究所所长,后当选为中央研究院评议员,可是时局动荡,

研究机构往往有其名而无所作为,故决心辞去所长职。承朱部长（教育部长朱家骅）好意,要我任台大校长,初我尚犹豫,后来考虑到内地实在无可作为,台岛偏处海疆,较为安定,倘能办好一间大学,为国家培养一些科技人才,不无裨益,乃决定承担。但是接任之后,检查仪器标本及其他设备大多陈旧残缺,师资质量差;经费缺乏,也是有困难。"[1] 显然,庄长恭接任台湾大学校长是因为时局动荡,在祖国大陆无所作为转而想为台湾教育的发展尽点力。尽管存在着现实的诸多困难,庄长恭仍对台湾大学进行了锐意整顿与改造,辞退一部分与权贵有裙带关系而不合格的教师,聘用丁西林、许寿裳等具有真才实学而思想进步的学者,极力保护受到迫害的爱国学生等。这些举动招致当局不满,他被迫辞职返回上海,临行前许多台湾大学师生到机场挽留,有的甚至痛哭流涕,使他深为感动。谢真在主持台东接管工作时,认为"要彻底肃清'皇民化'遗毒,就要发展教育事业,因这是根本之计"。[2] 由此,他和同事们采取了一系列调整举措。台东原有两所中学,接管后,一所校名不变,仍称台东中学,另一所则改称台东女子中学。两所学校招收的几乎都是汉族学生。1946 年秋季另在卑南增设台东农业职业学校,招收原住民各部族的小学毕业生。鉴于阿美族青少年喜好从事海上渔业生产,另在新港设台东水产学校,招收他们入学。为了发展水产事业,在县建设科设立水产股,任用当地水产专业人员主其事,由他们对台东原有的沿海渔网定置渔业、水产加工业等进行有计划的领导,并担负台东水产学校的轮机、捕捞学科的教学。罗文祥深入台中东部山地的高山族聚居区,废除了日据时期歧视高山族儿童的"教育所",改设国民学校,普及教育,提倡讲国语。台中民政局还专设山地课,由福州人林子贤任课长,主办山地事务,从事普及教育,指导发展农业生产。他们的努力,在一定程度上促进了闽台教育关系的发展。

随着闽台教育往来的密切,福建各高校在台湾的校友互相联络,成立了校友会组织,共同提携,为开发和建设台湾出力。1946 年 5 月,协和大学台湾校友会在台北成立,共有 45 名成员,其中林炳垣、张澄水和钟天爵系台湾本地人。在成立大会上,时任台湾财政处处长的张延哲校友报告了日据时期台籍

---

① 苏秋涛:《我所知道的庄长恭博士》,政协泉州文史资料委员会编《泉州文史资料》1982 年第 11 辑。

② 福建省政协文史资料委员会编:《福建文史资料》1995 年第 34 辑。

校友潜渡祖国入学母校的经过,继述母校的三大特色:家庭化、民主化、学术研究空气浓厚。由于措辞生动,尤重例证,引发了与会者的强烈共鸣。与会者选举张延哲、叶明勋等 7 人为干事。厦门大学校友也在台湾设立校友会,定期召开校友大会和干事会议。1948 年 6 月 2 日下午,在台北市中山堂召开全体校友大会,有 82 名校友参加。会议推举韩振声、黄玉齐等 7 人为干事。此外,还在台南等地设立了厦门大学校友分会。1948 年 12 月,旅台闽南同学会在台北交响乐团驻地召开成立大会,到会的有台湾大学和师范学院的闽南同学百余人。与会者选举蔡继琨为名誉会长,知名人士李友邦等 9 人为理事。该会成立不久,即聘请台湾省交响乐团举办音乐演奏会,为贫穷同学劝募助学金。这些校友会为沟通闽台教育界的联系,增进相互了解,发挥了积极作用。

闽台教育关系的发展,使得闽台两地社会和教育界更多地关注彼岸教育方面的动态,并适时给予相应的支持。1949 年年初,厦门大学一部分贫苦学生为生活所迫,于寒假期间展开救饥活动,分别举办了卖水、卖烟、卖旧衣、打石子和垦荒等各项活动。消息传开,引起闽台两地许多人士的极度震惊。台北的《成功日报》特发起援助厦门大学穷苦学生运动,呼吁台北的父老和各界人士伸出援助之手,避免学生沦落街头,靠义卖度日,影响学业。同时,该报发行人陈冷和社长高中明致函汪德耀校长,指出国家多事,环境所使,致令厦门大学经费中断,学生的生活陷于极度困难之中。"现在,我们正向闽台各界人士伸出救援之手,相信闽台父老必能念及厦大之光荣与福建之光荣,慷慨解囊。我们相信闽台人士亦必能继承陈嘉庚先生创办厦大的精神与勇气,共同解救厦大当前的危机。"[①] 该报从 3 月 7 日开始募捐以来,仅 3 天便收到捐款 1000 万元台币,连同此后的捐款,分批汇给厦门大学学生自治会,以解燃眉之急。汪德耀校长在复函中表示:"由于先生等发起援助运动,以及闽台父老人士的热心同情,更可以使学生们了解人类崇高的德性,这在教育上的意义,真是更胜于物质上的功效。"[②] 两岸亲情之深厚,由此可见一斑。

在台湾光复后的短短数年间,闽台的教育交流有了长足的发展,呈现出鲜

---

① 厦门大学校史编委会:《厦门大学校史》第二卷,厦门大学出版社 1988 年版,第 387 页。
② 同上书,第 390 页。

明的特点。双向交流频繁,符合两岸社会发展和进步的需要,反映了历史演变的必然趋势。当然,闽台教育关系之所以能在抗战胜利后有较快的发展,与台湾回归、国家统一的大格局密不可分。在统一的国家里,各个区域的教育既能保持自己的特性,又具有共同性;既便于取长补短,也便于教育界人员的往来和交流。这已为上述事实所验证。

第九章　新时期的闽台教育交流和 福建学者对台湾教育的审视

　　20 世纪 50 年代以来,由于人为的因素,祖国大陆与台湾的交往中断了,闽台间的教育联系也被迫停止。整整 30 年后,隔绝的樊篱才开始被打破。20 世纪 80 年代初期,随着祖国大陆改革开放步伐的加快和"和平统一,一国两制"方针的确立,海峡两岸的关系有了很大的改善和发展,中断已久的闽台教育交流也得以恢复。1987 年以来,台湾民众来福建投资、经商、旅游的人数与日俱增。经济与社会的广泛交流,促进了闽台教育交流的蓬勃发展,两地的教育关系愈益密切。

第一节　福建高校招收台湾学生就读

　　20 世纪 80 年代末以来,越来越多的台湾学生选择祖国大陆的高校就读。自 1987 年至 1999 年,先后有近三千名台湾学生在祖国大陆高校就读,其中大部分台湾学生选择了福建的高校。福建有一批高校学术水平较高,教学质量好,学费较台湾和国外院校低,学科结构与台湾高校有一定的互补性。加之两地的地理位置相近,气候相似,生活习俗相同,福建的一些高校切合台湾学生的实际需求,这使得福建成为祖国大陆招收台湾学生数量最多的省份。早在 1985 年,设在泉州的华侨大学便率先招收了第一名台湾学生。自 1995 年以来,福建省的对台招生工作发展较快。1995 年至 1997 年,全省共招收台湾学生 768 人,其中本科生 288 人,硕士研究生以上学历者 62 人,预科生、补习生、旁听生和短期进修生共 378 人。1999 年,在全省各高校就读的台湾学生达 400 余人。全省累计历年招收台湾学生人数已达 1735 人。至 2000 年年底,全省接纳台湾学生就读的高校有:厦门大学、华侨大学、福州大学、福建师范大学、福建中医学院、福建医科大学、福建农业大学、仰恩大学等 8 所。学习的专业主要有:中医基础、中医骨伤、中西医结合临床、口腔医学、临床医学、美术、经济管理等。

　　随着闽台之间各项交流的扩展,要求来闽就读的台湾学生日益增多。为适应这一趋势,1998 年教育部特批福建省教育行政部门组织福建师范大学和福建中医学院实行单独考试,单独招收台湾学生。之所以选择这两所高校,是因为其教学科研条件好,具有丰富的教学和生活管理经验。福建师范大学是一所文、理、艺术学科门类齐全的高等院校,拥有 3 个国家级人才培养和科学研究基地,以及 1 个经济学博士后流动站,形成包括学士—硕士—博士在内的完整的培养体系。高级职称人员占专任教师的 48.6%,具有一定的综合办学实力。福建中医学院则是祖国大陆创办最早的中医药高等院校之一,也是福建省最早招收台湾学生的院校之一。长期以来,福建中医学院形成多学科、多层次的办学格局,汇集了一大批知名的专家学者,具有丰富的教学与管理经验。中医用药讲究“因时、因人、因地制宜”,闽台地理环境和气候相似,临床多发病和常见病也相似,台湾学生在福建学中医可以更好地学以致用。

　　与教育部在全国范围内对港澳台侨子弟实行的“联招联考”相比,福建省的单独招生工作具有以下几个特点:一是简化报名手续。全年均受理符合条件的台湾青年报考,考生可以自己到福建高校报名,也可以委托亲戚朋友等前往报名,还可以通过互联网或以函报形式报名,且不必缴纳报名费。二是增加应考机会。这两所高校每年举行两次考试,时间分别定在 1 月 5 日和 8 月 6 日至 7 日,允许考生多次应考。三是改革考试科目。率先采用“3 + X”的方式进行考试,即文史经类、理工类均统考中国语文、英语和数学,然后根据报考专业,在历史、地理、物理、化学、生物中任选一门加试(报考中医学院者加试生物)。对考试成绩未达到本科录取线的台湾学生,两所高校采取补习、辅导或入预科班的形式,为他们提供更多的学习机会。四是允许从多途径入学。台湾学生不但可以通过参加单独招生考试进入这两所院校,还可以通过“联招联考”来报考包括这两所院校在内的福建高校。原国家教育委员会规定的台湾大专(含大专)以上学历人员可以免试进入福建高等院校插班就读的决定依然有效。

　　除福建师范大学和福建中医学院单独招收台湾学生入学外,为了进一步吸引和便利更多的台湾学生来福建就学,1999年6月1日,福建省第九届人民代表大会常务委员会第十次会议通过《福建省招收台湾学生若干规定》,强调保护台湾学生的合法权益,台湾学生应当遵守祖国大陆的法律、法规,尊重社会公德。同时指出:台湾学生来福建就学,可以按国家规定接受学历教育,也可以接受非学历教育;经县级以上教育行政主管部门批准,台湾学生可在当地的中小学就学,并享受与当地学生同等的待遇;参加招生考试未被录取的台湾学生,符合条件的可以进入有关学校开设的预科班学习;在高等学校就学的台湾学生可以申请免修政治理论和军训课程;培养台湾学生所需的经费,福建省各级政府比照所在学校的学生经费标准予以安排。上述规定给予在福建就学的台湾学生以许多便利和优待,有利于营造闽台间教育交往的良好氛围。

　　招收台湾学生的福建各高校注重建立和健全规章制度,切实做好各项管理工作,力求从管理中求效益。本着"保证质量、一视同仁、适当照顾"的原则,在教学管理上采取动态学分制管理方式,注重贯彻因材施教原则,要求台湾学生扎扎实实地学好基础知识和基本技能。在规定的学习时限内,若不能修完规定课程和不能修满规定毕业学分者,允许其延长学习时间。同时,注意配好专职辅导员,为每位台湾学生安排导师认真辅导,把好学习质量关,争取大多数台湾学生学有所成。华侨大学提出"一个模式、统一要求、求同存异、区别对待"的原则,凡台湾学生在规定时间内不能修完指定课程和修满毕业学分者,允许延长学习时间,一般可延长两年。福建师范大学对台湾学生实行动态学分制管理,凡在6年时间里取得130个学分可获得本科毕业证书,取得95个学分可获得三年制专科毕业证书,取得65个学分可获得二年制专科毕业证书。此外,该校还为每位台湾学生配备指导教师,安排品学兼优的学生与台湾学生交朋友。福建中医学院在运用学分制管理、把好质量关的同时,注意以激励的方法提高学习的积极性。为此,设置了数额较大的奖学金,每年都有一些台湾学生获得奖学金。为了适应学生毕业后返台就业的需要,该校在原有教学大纲的基础上,还开设了《本草备要》、《医宗金鉴》等课程。

　　台湾学生在福建省高校普遍受到友好接待。大部分台湾学生家庭条件较优越,他们到福建来生活难免有些不适应,各高校积极创造条件,在生活上多方关心,让他们感受到同胞的真情和亲情。各高校每年都利用假期组织部分台湾学生进行社会考察。近年来,先后组织了"爱我中华"、"丝绸之路"、"民族风情"、"特区经济"、"黄河文化寻根"、"台胞夏令营"、"江南好"、"中华大地行"等活动。通过这些活动,台湾学生普遍对祖国山河留下美好印象,对中华民族优秀的传统文化产生强烈的认同感。一些高校还利用重要节日、历史事件和重大社会活动,积极开展"青春理想"、"救灾赈灾"、"青年志愿者"等主题活动,倡导健康活泼、整洁有序、文明高雅、崇尚科学的良好风气。

　　当台湾学生遇到困难时,福建省有关方面给予极大的关注。1999 年 9 月21 日凌晨 1 时 47 分,台湾南投地区发生 7.6 级地震,给台湾同胞的生命和财产造成巨大损失。地震发生后,福建省教育行政部门迅即要求接收台湾学生的高校挂电话到台湾了解受灾情况,并致慰问;要求各高校向来自受灾地区或家庭受灾的台湾学生提供帮助,对拟返台探视者,在办理出境手续及通讯联络方面提供方便;要求有关高校注意在闽的台湾学生人身安全,防止发生意外;各高校应安排好台湾学生的中秋节活动。福建中医学院等高校想方设法与毕业的台湾校友取得联系,并向他们致以慰问。由于及时采取了措施,使在福建学习的台湾学生情绪稳定,学习正常进行。厦门大学为了给台湾学生创造一个良好的生活和学习环境,多方筹集资金,扩建学生宿舍楼,添置餐厅设备,完善教学设施,配备师资力量较强的教学队伍,从各方面重视软环境和硬环境建设,既解除学生家长的后顾之忧,又有利于学校的管理。

　　至 1999 年年底,福建省在对台招生方面,已形成包括进修生、预科生、函授生、本科生、硕士生、博士生在内的完整的招生系列。在福建各高校就读的台湾学生,在教师的指导下大都努力学习,并且学有所成。他们毕业回到台湾后,尽管面临着在福建获得的学历不被承认的尴尬境地,仍然通过自身进取,在竞争激烈的台湾社会里逐渐站住了脚。从祖国大陆中医药院校毕业的台湾学生若要获得在台行医的执照,必须通过苛刻的"检考"和"特考",通过率很低(通常只有 40% 的参加者可以通过)。从福建中医学院毕业的相当一部分台湾学生通过了"检考"和"特考"的全部科目,在台湾产生强烈反响。九五级硕士研究生陈俊明返台后当选为台北市中医师公会

的理事长。随着越来越多的台湾学生到福建和祖国大陆的其他高校就读,
他们所获得的学历能否在台湾得到承认便成为一个重要的问题。有识之士
认为,在坚持学业标准的前提下通过适当的评估,他们的学历应当尽快在台
湾地区得到承认。这将有助于推动闽台教育的交流,进而对两岸的各项交
往产生好的影响。

表 9-1　在闽台湾学生一览(至 1999 年年底) [①]

学　校	数　量	类　别					
		博士	硕士	本科	预科	插班生	进修
厦门大学	798	5	4	23	7		759
华侨大学	47		2	40	5		
福州大学	3			2	1		
福建师范大学	15			13	2		
福建医科大学	14			12	2		
福建中医学院	157		6	104	27	13	
仰恩大学	1			1			

新世纪以来,福建省教育部门严格把握政策尺度,坚持以中华文化为纽
带,在开展闽台教育交流与合作方面取得一定的成效。厦门大学等八所高校
对台湾学生实行单独考试,单独招生,对台招生规模逐年扩大。至 2006 年,
全省高校累计招收台生达 3247 人,在学台生共 634 人,比 2005 年同期增加
200 多人,实现了对台招生数的较大突破。招收的台生主要攻读工商管理、企
业管理、金融学、会计学、市场营销、国际经贸、贸易、法学、外语、艺术设计、中
医学、针灸推拿学、临床医学、口腔医学等专业。同时,开辟了对台招生的新
途径,如指导和帮助福建农林大学以函授方式为台湾农业协会会员举办专门
的大专学历教育。全省中小学及幼儿园招收台生累计约一千多人,其中大部
分是在大陆的台商子女。

---

①　福建省教育委员会:《关于我省有关院校招收培养港澳台学生的情况汇报》,1999 年 12 月
21 日。

与此同时,福建方面选派部分高校学生赴台学习。2009 年至今,共选派近 3000 名高校学生赴台进行为期半年或一年的学习。专业涉及电子信息、先进制造、现代农业、媒体动漫、旅游管理和海洋科技等 6 大行业。2009 年成批次选派 200 人赴台湾学习一年,2010 年选派 300 人,2011 年选派 300 人,受到台湾有关高校的欢迎,得到社会各界的高度关注与好评。

第二节 多层次、全方位的闽台教育交流

改革开放以来至 2000 年,福建省教育界共接待了数百批台湾教育界人士前来参观访问。他们中有各级各类学校的师生、校长、"中研院"院士、"教育部长"和"副部长"等。仅 1999 年,福建省有关院校便接待前来参观访问的台湾学者 848 人。

各种形式的夏令营活动是闽台师生进行交流的重要途径。1999 年 8 月,由厦门大学主办、台湾东海大学协办的海峡两岸大学生"闽南文化研习"夏令营在闽南地区举行。闽台 12 所大学(台湾大学、中山大学、淡江大学、东海大学、逢甲大学、暨南国际大学、厦门大学、集美大学、华侨大学、福州大学、福建中医学院、福建师范大学)的 105 位学生,对闽南地区的经济、文化、历史进行历时 10 天的全面考察和研习。两岸学子在一起考察了厦门、泉州、漳州的经济开发区和学校,听取关于闽南文化的学术讲座,探寻"海上丝绸之路",观看闽南地方戏曲表演,参观台资企业,游览名胜古迹,寻根访祖,进行闽南文化学术研讨,举行联欢娱乐活动。通过这些活动,加深了学生对祖国大陆政治、经济、社会、教育的了解,增进了亲情和友情。

中医药对台湾同胞的治病和保健有着重要作用,闽台中医界之间的交流十分频繁。早在 20 世纪 80 年代中期,在福建召开了首届海峡两岸中医药学术研讨会,有 11 位台湾代表专程赴会。台湾"中国医药学院"董事长陈立夫先生还寄来贺信和亲自撰写的论文《中医理论基础》。此后,海峡两岸又相继举办多届研讨会。两地中医界以教育为媒介,进行了多种形式的研讨和交流,对于弘扬祖国医学、提高医学医术起到积极促进作用。此外,台湾"中国医药学院"还大力搜集台湾中医学信息,于 1987 年 4 月成立台湾"中医药

信息中心"，为祖国大陆同行了解台湾中医药发展概况，以及加强海峡两岸中医药界同仁的交流与合作，发挥了桥梁作用。

　　福建医科大学是一所综合性的现代医学高等学府，担负着培养高级医药卫生人才的任务。长期以来，该校坚持邀请台湾学者前来进行学术研讨，聘请台湾有关专家担任客座教授，举办学术讲座，开展科技合作，互赠学术资料。1998年10月，与台湾长庚大学医学院联合举办"首届闽台地区心脏心血管学研讨会"，来自台湾各大医院的34位心血管专家参加盛会。该校还根据自身特点，积极利用交流的机会，认真探索闽台两地医学教育和医疗科技上存在的异同点，寻找差距，取长补短。

　　厦门大学大力促进与台湾教育界的交流，仅1998年，便召开了5场两岸学术研讨会。1998年年初，厦门大学受原国家教委的委托，举办了"两岸大学教育学术研讨会"，邀请台湾十余所大学的校长、学者与会，"教育部长"林清江、"教育部次长"杨国锡等莅会参加研讨。1998年年末，厦门大学又与福建省社科联联合召开"哲学与现代化"学术研讨会，与会者大多是海峡两岸著名的哲学家。在两天的时间里，两岸学人就哲学本身的现代化，以及哲学与社会现代化等问题进行充分研讨与交流。同时，厦门大学哲学系还与台湾辅仁大学哲学系同仁就学术交流、学者互访等达成合作意向。

　　交流范围广泛，参与人数多，讨论内容深入，是闽台教育界交流的一个重要标志。自1990年以来，福建省教育界结合办学实际和地方建设需要，举办各种研讨会，内容涉及经贸、科技、海洋、环保、管理、人文、城市规划建设、文化习俗、教育、法学法规等领域。这些研讨会都邀请台湾教育界人士参加。如福建省教育交流协会、福建省中小学幼儿教师奖励基金会与台湾民生文教基金会联合举办了两岸"园丁之家"活动，至2000年年底已举办5届。每次研讨的主题都是与会的两岸教育界人士共同关心的问题。一些高校还与台湾教育界同仁联合举办"海峡两岸经贸与科技学术研讨会"、"闽港台沿海环境科技与管理研讨会"、"海峡两岸闽台方言研讨会"、"海峡两岸城市规划与建设学术会议"等。闽台两地的学者还就"台湾海峡海洋环境"、"闽南话起源及演进"、"闽台文化习俗比较研究"、"海峡两岸法学法规比较研究"等进行合作探讨。

　　与此同时，福建省教育界积极组团，克服重重困难，派出各种专业代表团赴台湾访问交流。赴台者包括了各方面的人士。

1998年4月,福建省派遣以中国工程院院士魏可镁为首的代表团赴台湾考察高校管理。在10天的时间里,代表团成员先后访问了台湾体育学院、台湾师范大学、台湾大学、新竹师范学院、"中央"研究院、淡江大学、成功大学等单位。重点考察了台湾高校的机构和人员管理、经费预算、大学图书馆的设定、学生管理,以及科技园区建设。代表团成员认为,尽管两岸政治制度不同,但台湾教育界为适应经济发展,在教育改革和发展过程中的某些做法和经验教训值得参考和研究。强调:"经过20年的改革开放,海峡两岸经济发展水平的差距已明显缩小,然而,目前两岸高等教育间的差距仍然较大,为建设海峡两岸的经济繁荣带,我们需要进一步加大对高校的经费投入,每年保持较大幅度的、稳定的递增比例。同时,加快高校的改革和发展。"[①]

1999年5月,福建师范大学附属中学组团赴台湾访问。代表团成员先后参观访问了台湾师范大学及其附属中学、台中第一中学、台南女子高级中学、高雄师范大学附属中学和附属小学。听取了各校校长的情况介绍,与各校中层干部和部分教师、学生进行广泛的座谈交流,旁听了数学、物理等课堂授课,参观了各校的教室、实验室、图书室、体育艺术活动场馆等教学设施,以及部分学校的课外社团活动情况,对台湾中等教育的现状有了初步的认识和了解。代表团成员认为,台湾已基本普及高中阶段的教育,社会的文化水准较高,教育的投入较多,学校的教育经费较充裕,教学设施完善。教师的学历大多为本科以上,其中不少是硕士,还有少量博士。与祖国大陆相比,在课程设置上人文学科的比重较大,选修课多,学校行政人员较精干。通过访问,代表团成员认为,两岸的教育有许多经验可以相互交流、借鉴。同时,也有一些共同关心的问题,如学生学业负担过重,升学压力大,竞争激烈,以及如何进一步弘扬中华民族的传统文化和美德等,值得共同研究和探讨。因此,进一步加强两岸教育界的交流互访很有必要。

2000年3月,福州大学师生交流团赴台湾进行为期九天的参观和交流,这是祖国大陆第一次由一所高校单独组织师生赴台。代表团成员先后访问了中原大学、台湾大学、中央大学、元智大学、世新大学和东海大学。本着广

----

① 邱彬:《从考察台湾高校管理引发出的几点思考》。

交朋友、增进友谊的方针,介绍本校的建设、管理和发展情况。师生们深入到台湾高校的课堂,参加学生社团活动,体验台湾高校的生活。两岸学子还就中华民族的传统文化价值观、高校面临的社会问题、高校改革、如何培养全面发展的人才等进行交流和探讨。台湾高校重视教育与生产实践的结合,重视学生素质的培养,重视学生心理辅导,学生社团活动丰富多彩,以及校园普遍整洁优美,为学生服务周到细致等,都给福州大学师生留下深刻印象。他们认为:"加强两岸高校间的交流与互访对双方都有益处,可以增进了解,互相借鉴对方的经验,在道德理念上也可以毫无隔阂地交流融合,相互学习,取长补短。"[1]

除普教界和高教界积极组团赴台交流外,福建省的教育研究团体也积极派人员前往考察。近年来,福建省教育学会的多位干部抱着相互学习、增进友谊的愿望,分别赴台访问。他们在参观考察台湾有关学校的同时,还与台湾教育会的同行们进行了广泛交流。通过接触,台湾教育会的地位、职能、作用给他们留下了较深的印象。他们认为,这是一个有为的民间组织,与祖国大陆地区的教育学会有共同点,也有不同之处。其功能是研究教育、推动教育发展、增进教师的待遇和福利。其中第一、第二项功能与祖国大陆的教育学会相同,第三项功能则属于祖国大陆地区的教育工会工作的范畴。台湾地区各级教育会的组织健全,有完整的章程和会务管理办法,在发挥上述三个功能方面起到了较大作用,在教师中有较大影响,在海峡两岸教育的民间交流方面也做了很多工作。福建省教育学会的一些下属分会也单独组团赴台访问。2000 年 1 月,其所属电化教育研究会组织由 12 位从事电教事业的人员组成的交流考察团赴台湾,对台湾学校应用现代教育技术、开展网络教育和广播电视教育的情况进行考察和交流,对现代教育技术在台湾学校教学中的应用情况有了较为全面的认识。代表团成员认为,台湾在现代教育设施和设备建设方面有较大的投入,形成良好的应用环境。台湾重视教师对现代教育技术的应用培训,重视继续教育和远程教育,给代表团成员留下深刻的印象。

1995 年至 2000 年,福建省教育界组织近 90 个团、250 余人次赴台访问,

---

[1] 《闽台高校交流》2000 年第 3 期(总第 87 期)。

开展学术交流。仅厦门大学,1992年至1998年,便有89批156人次赴台考察,占整个厦门市赴台人数的1/5还多。赴台人员的构成多样化,既有中学教师、大学师生,也有教育专业人员、教育学会干部等。其中,副教授以上人员占2/3以上,大学副校长以上人员近40名。截至2000年上半年,福建师范大学的8位校级领导中有6位访问过台湾。赴台人员中还有在福建省高校工作的中国科学院院士和中国工程院院士。规格高、层次高、范围广,是福建各类赴台教育参访团的特点。由于两地习俗相近,语言相通,从事的业务相同,彼此间有着许多共同语言。参访团成员来自改革开放前沿的福建,具有较强的开放意识和包容性,对台湾教育的考察视角较为客观,故两地教育界人士的教育交流易收到良好成效。

在充分肯定台湾教育对经济社会的发展起重要推动作用的同时,福建省教育界赴台参访的成员们普遍感到,台湾教育也存在着一些明显的弊端。如初中在校生辍学严重,学生学业负担重,升学压力大,工商社会的负面影响对学校教育形成一定程度的冲击等。这些弊端有的具有共同性,需要两岸同仁携手探讨解决,有的则是台湾社会所特有的。台湾教育界的不少有识之士对此亦有深刻认识,并积极谋求变革之策。

福建省教育界赴台访问考察的人员均受到台湾教育界同行的热情欢迎与接待。所参访的学校贴出欢迎标语,组织学生在门口夹道欢迎,参观访问安排周到,所到之处接触的台湾民众十分热情友好。通过访问,交流信息,增进了解,广交朋友,开阔了视野。两岸媒体对福建省教育界历次赴台参访团的活动均有充分报道。

20世纪80年代以来,闽台两地教育界展开较为频繁的交流,人员往来络绎不绝,各个领域的交流不断发展,教育交流初见成效,这些都是在两地教育界人士认同自己是中华民族子孙的前提下进行的。随着交流的深入,有关方面也认识到,对台教育交流工作在组织领导方面,应突出重点,在人力、物力、财力方面重点支持和重点保证。根据福建的特殊地理位置,制定特殊政策,在两岸教育交流与合作中发挥特殊作用。应进一步组织教育界人士赴台与台湾高层知识界、思想界、舆论界人士沟通,在科研、教学方面进行深层次的对口交流。通过交流,逐步引进台湾的高新科学技术,促进福建省企业的转型和提高产品的高技术含量。同时,灵活多样地、有选择地、有计划地举办闽台间的教育联谊活动,以扩大教育交流层面,增进同胞亲情。

　　进入新世纪,福建教育界人士普遍认识到,福建作为海峡西岸的核心省份,加强与台湾的多渠道、多层次、全方位的交流与合作,是建设海峡西岸经济区的特色内容。通过拓展交流渠道,可以扩大交流合作,密切闽台关系,提升福建在台湾的知名度和形象,让更多的台湾民众了解、认识福建。可吸引更多台湾同胞前来投资、求学、创业,为福建的建设提供相关的资源。教育作为区域社会、经济、文化发展的标杆,在闽台交流合作中起着不可或缺的作用,闽台教育交流与合作对实现海西建设的基本目标有着积极的影响。

　　在这种认识引领下,闽台教育交流的形式不断丰富,福建省教育部门积极寻找项目,促进两岸教育的互动交流。全省教育系统有 120 批 383 人次赴台进行访问,接待了 1400 余名台湾学者来闽交流。"十五"以来,举办海峡两岸大学生辩论赛、海峡两岸中学生演讲比赛、福建高校港澳台学生普通话大赛,以及形式多样的学生夏令营活动。两岸高校教师互访交流和跨海讲学频繁,促进了双向交流。2006 年,由地(市)教育局长组成的教育访问团考察了台湾的基础教育和高等教育;高等教育学者访问团参访了台湾多所高校;由职业学校和中小学校长组成的省中小学幼儿教师基金会赴台参访团走访了台湾职业院校和中小学;继续选拔品学兼优的大学生组成交流团赴台湾开展交流活动;接待了台湾"建国科技大学"代表团,接待 15 名台湾中高等学校董事长组成的教育考察团;台湾嘉义大学交响乐团师生来闽进行巡回演出;省中小学幼儿教师基金会举办海峡两岸基础教育经验交流暨园丁之家活动;举办第五届海峡两岸大学生辩论赛;组织在闽台生参加首届两岸青年联欢节;邀请台湾高校参加"6.18"福建项目对接会;举办两岸四地中医药学术论坛;举办海峡两岸大学校长论坛等。同时,闽台教育合作的机制初步建立。通过福建省教育交流协会、福建省闽台高校交流促进会、福建省大学校长联谊会等组织,以及"6.18"福建项目对接会、两岸四地中医药学术论坛和海峡两岸大学校长论坛等活动,闽台初步建立起了教育合作的机制。通过合作与交流,因应和把握全球化浪潮冲击带来的挑战和机遇,共谋提升两岸高校的改革与发展。

　　在闽台合作办学方面,全面开放职业教育办学的试点,推广闽台院校合办模式,促进福建高等教育和职业教育的改革与发展。"院校合办"是台湾高等教育机构、技职教育机构与大陆高职教育机构合作办学的一种模式,主要合作方式有:开课、办班、合办专业、合办院校等。主要特点是:能充分利用大陆高职院校的现有条件及配套资源优势,起步快,受经费投入等因素制约少,较容易达成合办协议,教学的计划性、系统性较强。两岸教师共同授课,有利于教师业务水平的提高,促进教学内容、课程设置和教学方法的改革。通过省、市两级台资企业协会、台资企业法人代表,及在闽参与办学的台湾职教界人士的参与,积极引进一批有意向转移到岛外发展的台湾中等职业技术学校在闽合作办学、合资办学或独资办学。部分台资企业在福建投资办职业教育,如灿坤集团在漳州自办"灿坤技术学院","茶叶大王"李银河自办"茶叶学院",在榕台资企业"冠捷电子"筹建"冠捷工业学院",厦门等地也有一批台资企业有自办职业技术院校的意向。漳州市教育部门与台资企业灿坤集团联合实施"二元制"办学模式。这些都有助于福建省一批职业技术院校加强与在闽台资企业的联系与沟通,推动产学结合,培养适应企业需要的应用型人才,提升福建省职业教育的整体办学水平。同时,通过学分互认的方式,鼓励两岸学生根据需要到对岸学校学习。在促进两岸交流、友好学校结对子的基础上,推动闽台大、中学生到对方学校学习。厦门等地发动各大中小学开展各种对台交流活动,实施安排台湾学生到厦门市优质小学就读的政策。从 2007 年起,在厦门一中、双十中学、外国语学校初中部开设台生班,规定每年6 月由教育行政部门根据当年初招政策予以统筹安排。在高中就读的台湾学生,中考可免考政治,高中招生实行台湾学生加分照顾、单独录取。

在闽台青少年交流方面,继续以弘扬中华文化为主线,组织丰富多彩的活动。继续组织高校台生开展侨乡社会调查实践、黄河文化寻根活动等,邀请台湾中学生来闽与中学生一起进行"闽南文化"研修活动;开展夏令营活动,两岸学生在一起考察经济和社会,听取关于闽南文化的学术讲座,观看闽南戏曲表演,参观台资企业,游览名胜古迹,寻根问祖,举行联欢活动;举办两岸中小学生音乐、舞蹈、书画、演讲等各类活动;举办两岸中小学生数学、物理、化学、信息等各学科竞赛,加深台生对"两岸一家亲"的民族认同感。继续举办海峡两岸大中学生辩论赛、演讲赛、海峡两岸青年联欢节、闽台少儿夏令营等。通过加强闽台学生在科技、教育、文化等方面的交流,鼓励近距离接触和沟通,培养感情,增进共识。进一步组织福建青少年赴台开展文化交流活动。

如组织优秀青少年学生赴台交流,使之有机会直接认识和感受台湾的社会现实、人文环境、文化状况等,使更多的台湾同胞有机会了解和感受大陆青少年的言行举止、文化素养、精神面貌,从而增进对大陆的认识和认同。2009年以来,福建省教育部门通过组织各项活动与赛事,着力搭建两岸青少年交流平台。比较有影响的有:"海峡两岸中学生演讲大赛"、"福建省高校港澳台学生普通话大赛"、"海峡两岸大学生辩论赛","闽台学生夏令营活动"、"闽南文化系列活动"、"闽台青少年文体交流活动"。这些活动在闽台之间定期举办,其中,两岸大学生辩论赛每年在闽台两地轮流举办。

目前,闽台教育交流与合作正向深层次发展。福建师范大学与台湾世新大学合作创办"海峡学院"、福建中医药大学与台湾元培科技大学、台湾嘉南药理科技大学合作创办"健康学院",福州大学与东吴大学、东海大学、铭传大学合作创办"海峡理工学院"、福建工程学院与台湾逢甲大学合作创办"海峡工程学院"已先行启动,平潭海洋大学正在筹办中。福建农林大学与台湾高校的联合办学项目,将进驻福州地区大学新校区两岸教育合作实验园区。福建省在福州地区大学新校区和平潭综合试验区设立两岸教育合作实验园区,吸引两岸高水平大学在实验园区联合办学、合作科研,支持台湾知名院校在园区内设立招生点,探索两岸高校联合培养高层次应用型、技能型人才和联合开展高水平科技研究的新模式、新机制。福建省依托福建信息职业技术学院等7所高职院校成立福建省高职管理干部培训中心,以及设立福建省机械制造类、土建类、园林技术类、农业技术类、旅游类、电子信息类师资培训中心等7个高职师资培训中心,并于2009年暑期启动两岸高职院校联合培训师资工程。2010年5月,福建省启动两岸合作编写教材工作,用2~3年时间,在电子信息业、先进制造业、现代农业、生物及医药、现代服务业等专业领域,遴选部分闽台高职院校和台资企业联合编写60门高质量课程教材,努力提高闽台高职院校办学合作水平和人才培养质量。福建省还实施"校校企"闽台高校联合培养人才项目。遴选福建师范大学等4批27所福建高校与世新大学等37所台湾高校和75家台资企业,在产业发展急需的机械设计与制造、光电技术、园艺技术等97个专业联合培养人才,办学规模达14000余人。近年来,闽台两地还共同举办学术研讨会、论坛达100多场次。影响较大的有"海峡两岸大学校长论坛"、"海峡两岸职业院校校长论坛"、"海峡两岸中小学校长论坛"。其中,海峡两岸大学校长论坛,得到了两岸大学校长的高度认同,第一届和第二届论坛在福建举办,第三届在台湾举办(由台湾政治大学主办)。台湾排名前 20 名的高校均派校领导参加。通过举办研讨会、论坛,搭建两岸校际交流平台,有效促进两岸校际间的交流与合作。

第三节　福建学者对台湾教育的审视

20 世纪 80 年代以来,随着海峡两岸局势的缓和,各方面的交流较为频繁,对台湾问题的研究日益成为热点。福建学者具有得天独厚的条件,在研究条件、研究手段和研究氛围方面形成明显的优势,经不断努力,涌现出一批优秀的学术成果。台湾教育的历史与现实问题是福建学者关注的一个重要方面。他们从各个侧面进行探讨与审视,获得不少有益的成果。

一、对台湾教育史的审视

福建学者对台湾教育的审视首先是从对台湾教育史的研究开始的,福建社会科学院、厦门大学、福建师范大学等单位的一些学者为此作出了积极的努力。这方面的代表性成果有:汪毅夫关于台湾科举考试与学校教育的系列研究,庄明水、谢作栩、黄鸿鸿、许明对台湾教育简史的探讨等。

汪毅夫在其公开出版的十余部闽台文化研究方面的专著中,辟出不少篇幅专门探讨台湾科举考试与学校教育问题。在《台湾的科举和台湾的文学》中,介绍了台湾科举史上的师生同榜和父子进士、壬午乡榜与台湾文学、海东书院的"教学改革"、福建举人林琴南和台湾举人林鹤年的交谊、台湾近代史上的两个半"会魁"及三个同年出生的进士、台湾举人的公车上书、台湾举子不忘台土与不忘中原的依依情怀、台湾历史上的最后一位进士汪春源等。汪毅夫从科举的角度来探讨台湾近代文学的若干情况:作家的遭际、诗人的交往、文坛的风气、科举对文学的影响,以及台湾士子在日据前后的爱国事迹,等等。"虽仅一鳞半爪,或可以知其概也。"[①] 在《〈清代乡会朱卷齿录汇存〉

---

① 汪毅夫:《台湾近代文学丛稿》,海峡文艺出版社 1990 年版,第 51 页。

里的台湾史料》一文中,汪毅夫对这份文献中所记台湾举人、进士,以及曾经游台之举人和进士的生年、科年和名次、经历、社会关系等进行细致考订,既弥补志乘之缺失,又帮助读者从中窥见台湾科举和教育的种种情况。《清代台湾教育科举若干史实考》一文,对清代台湾的数位教育行政官员、儒学与书院的关系、台湾进士的确切名录,以及清代台湾出现过的四位翰林进行深入探讨。在《文化:闽江流域与台湾地区》和《清代福州对台文化交流的若干情况》两篇文章中,汪毅夫对科第人物各自在闽台两地任教职的情况、台湾文化人在福建的游学情况、台湾士子参加福州乡试的情况,以及两地在教育方面的紧密联系进行深入探讨。汪毅夫对台湾科举考试与学校教育的研究具有鲜明的特点:研究视角独特,背景开阔;为学精细,善于考证。

由庄明水、谢作栩、黄鸿鸿、许明等福建学者撰写的《台湾教育简史》(福建教育出版社 1994 年版),是祖国大陆地区首部公开出版的关于台湾教育史的专著。该书依次探讨了荷西占据时期的台湾教育、明郑时期的台湾教育、清代的台湾教育、日据时期的台湾教育。同时,分三个时期(初步发展时期、快速发展时期、稳步发展时期)论述了 20 世纪下半叶台湾教育的历史演变。在研究手法上,既从横的角度,以专题的方式来论述台湾教育,又注重从整体的角度对不同历史时期的台湾教育进行探讨。全书脉络清晰,时间跨度大。作者在书中以大量史实告诉人们:台湾是中国的一个组成部分,祖国大陆教育与台湾教育均继承了中华民族悠久的历史传统,具有许多共同的特色。但是,台湾教育在历史的发展过程中(尤其近 50 年来),为适应社会和经济的发展,逐步形成一套较为独特和完整的体系。研究中华民族教育发展历史不可不了解台湾教育,了解台湾教育有助于全面了解台湾社会的经济和文化。显而易见,作者的努力是有益的。

在台湾教育史的研究方面,福建学者林仁川、黄福才、林庆元等人也都作出自己的努力。林仁川、黄福才在所撰《闽台文化交融史》(福建教育出版社1997 年版)一书中,论述了闽台间各方面的交融,如移民与文化传播、共同抵抗外来侵略的爱国主义行动和思想、科学技术的交流、语言文字的交融、文学的交融、风俗习惯的交融。同时,还以一定的篇幅,从教育制度的交融、教育思想的交融、选官制度的交融等方面,论述了闽台在教育方面的交融情况。作者将福建与台湾的教育联系起来进行探讨,揭示了两地教育之间深刻的内在联系,这种尝试为人们开启了新的认识视角。林庆元在所撰写的《清政府对台湾东部原住民的文化教育》一文中,通过对清政府重视台湾东部原住民的文化教育、东部原住民"义学"的设立、教学内容和方法、成效和问题等方面的研究,认为经过沈葆桢、丁日昌等福建主要官员的努力,作为台湾封建文化教育组成部分的东部新开发地区的原住民儿童教育取得成效,从而在原住民中播下了儒家文化的种子。[①] 文章题材新颖,论证充分,史料翔实。

值得一提的是,在台湾教育史的研究行列中,既有专门的教育研究工作者,也有不少文化与历史方面的专家。他们介入这个领域,带来了新的研究视角和研究手段,促进了研究的深入。

新世纪以来,随着史料的增多,研究手段的丰富,两岸学术交流的频繁开展,福建学者在台湾教育史研究方面也取得新的进展。

吴仁华于 2008 年 12 月在福建教育出版社出版《台湾光复初期教育转型研究》一书,全书共分八个部分,分别是绪论、台湾光复初期教育转型的基础、台湾光复初期教育转型面临的政治生态、台湾光复初期教育方针的确立与教育转型、台湾光复初期教育制度的变革与教育转型、台湾光复初期师资结构的变化与教育转型、台湾光复初期教育语言及内容的转换与教育转型、台湾光复初期教育转型的分析与思考。作者在全面论述台湾光复初期教育转型的基础上,揭示出台湾光复初期教育转型的实质是总体趋向的"祖国化"和核心主导的"国民党化"结合,认为应当全面认识转型的实质,指出台湾光复初期教育转型的历史局限性。同时,强调要顺利推进教育转型,必须有符合时代发展要求与社会进步方向的指导思想及方针政策,必须正确处理好历史与现实的关系,必须有稳定的政治局面与和谐的社会环境,必须对正式教育制度与非正式教育制度予以同等关注与重视。

黄新宪于 2012 年在上海人民出版社出版《台湾教育:从日据到光复》一书。在这部 33 万字的著作中,作者依次对日据时期教育的发端、皇民化教育、书房教育、公学校、小学校、女子教育、台北帝国大学、职业教育、少数民族教育、籍民教育、音乐教育、体育教育、图画教育、留学教育等 16 个专题进行详细探讨。同时,对学人与光复初期台湾教育事业的推进、光复后台湾教育

---

①　福建省炎黄文化研究会编:《闽台文化研究》,福建人民出版社 1997 年版,第 172 页。

的历史转型进行阐述。全书涉及日据时期台湾教育的主要层面,力图将论述内容置于比较大的背景下展开;具有较强的专题性,对每一个主题都尝试按照其内在的逻辑性展开探讨;在进行整理和分析的基础上,对大量日据时期教育史料加以较为充分的综合运用;将日据时期的台湾教育与光复初期的台湾教育结合起来探讨,体现了作者对台湾教育进行整体性、连续性探讨的一种尝试。

二、对台湾教育转型的审视

近年来,福建的教育研究者还从历史和现实结合的角度,对台湾教育转型问题进行多层次、全方位的探讨,取得一定的进展,完成了教育部相关课题的研究,研究成果已结集公开出版。①

福建的教育研究者认为,台湾教育转型是一个客观的存在,也是一个连续的过程,其内容涉及教育的许多门类,对台湾社会产生重大影响。从多个层面探讨台湾教育的历史转型,分析其产生的成因,探讨其转型的主要特点,总结其中蕴含的经验和教训,有助于从新的视角认识台湾教育的发展进程,这对于丰富海峡两岸社会的教育体验具有深刻意义。

台湾教育转型的起点在哪儿?其初始形态又是如何?以往的研究者对此较少涉及。福建的教育研究者认为,事实上,在近年来人们谈论较多的光复后五年乃至六年间台湾教育的历史发展进程中,便孕育着较多的教育转型的典型特征。正是这些特征逐步被提升和总结,我们才有可能对台湾教育历史转型的初始形态进行某种层面的梳理和再认识。循着光复后台湾历史演变的基本线索,依照台湾社会发展的内在逻辑性及教育发展的客观规律,大致可以判定这一初始形态主要表现为:教育的去殖民化、台湾与大陆教育的迅速整合、自由主义教育初露端倪。"光复初期台湾教育重建担负着铲除殖民教育制度、改造社会奴化心理、培养人才、促进两岸融合的重任,在某种意义上它比政治、经济、文化、军事的重建更为艰巨和紧迫。海峡两岸源远流长的教育交流以台湾光复为契机迅速发展,为战后台湾教育制度的重建,实现台湾文化教育制度祖国化,加快加深台湾与祖国大陆的融合发挥了重要作

---

① 福建省教育科学研究所课题组:《台湾教育的历史转型》,上海人民出版社 2010 年版。

用。"① 将"去殖民化"作为战后台湾基本的教育政策加以实施,在一定程度
上解决了殖民教育遗留下来的各种问题,重建了教育体系,为中国文化在台
湾的传承与弘扬打下基础。短短数年间,通过一系列措施,较为顺利地实现
了台湾教育从日本人时代的"皇民化"向"祖国化"的转变。如果说,去殖
民化教育的推行被视为是除旧的表现,而台湾与大陆教育的迅速整合则是一
种布新,二者相辅相成,紧密衔接。以往的不少研究中,对于布新方面的内容
大都冠之以"台湾教育祖国化"这种具有浓厚感性色彩的提法。这种提法
较为醒目,易于进行动员和号召,也曾出现在台湾教育当局的一些文件,以及
一些知名人士的言论中,反映了试图通过完全移植大陆的教育制度来彻底改
造旧的台湾教育的一种急切情绪,追求的是一种理想状态,对此应予以充分
关注和理解。如果说教育祖国化是一种理念,那么两岸教育的全面整合和接
轨则是一种现实的追求,两者并无质的区别。通过这一过程,可以在更深的
层次上强化民族和血缘的共通性,缩小两岸在价值意识方面存在的差距,消
弭因长期分离而形成的某些隔阂。自由主义教育的初见端倪,则具有十分重
要的教育意义乃至社会意义。在一般人看来,光复后的数年间台湾始终处在
国民党政权的强力管制下,"二·二八"事变后至 50 年代初出现的白色恐怖,
更使整个社会处在惊恐不安的氛围之中。在这种大背景下,自由主义教育怎
么可能出现呢? 但是,自由主义教育确实出现了,而且有着一些清晰的轨迹。
在这一看似矛盾的历史现象中,人们只要抱着客观的态度,进行实事求是的
探寻,不难找到其中的内在逻辑性和必然性。教育去殖民化、与大陆教育全
面接轨、自由主义教育初现端倪,这三个层面的教育发展虽处于不同的时空
状态,有着各自的独特性,但彼此间存在密切的衔接和关联,可视为一种自然
的递进关系。在这一初始形态的形成过程中,台湾的社会发展和教育发展相
互印证,都获得了合乎理性的充分发展,对日后台湾六十余年来所发生的多
次教育转型产生难以估量的影响。所以,不应只是将这些层面进行自然主义
的客观描述,或是加以简单化的解读,而应该深层次地剖析这一时期台湾教
育之所以转型的成因,以及转型的历史走向和客观成效。

　　福建教育研究者指出,台湾教育的转型与台湾社会的转型密切相关,从某

---

① 　史习培:《光复初期台湾教育重建与两岸教育交流刍议》,《台湾研究》2002 年第 1 期。

种程度上说,台湾社会的转型需要教育进行相应的转型,这就使得台湾教育的转型成为台湾社会转型的一个重要方面,其所具有的配合、适应的特性可以从教育观念的转型中得到验证。教育观念的转型是台湾教育历史转型中一个非常重要的层面,以往的研究者很少对此进行探讨。从台湾教育历史转型的实践进程来看,每一次转型都首先伴随着教育观念的重大转型,新的教育观念的确立往往是进行教育转型必须要做的基础性工作,其对台湾教育的转型起着引领和指导作用,是教育转型乃至社会转型的重要风向标。从台湾教育观念的几次大的转型中,我们可以看出其与社会转型之间呈现出一种相辅相成的关系。如光复后,台湾主导的教育观念从日据时期的"殖民奴化"教育观念转型为政治功利主义的教育观念,这与当时整个台湾社会面临的重大转型有密切关系。这一时期,当局认为对教育进行强力干预是正当的和理所当然的,大力强化"政治教育",强调教育为"反共抗俄"服务。由此,在教育决策方面呈现高度集中的态势,"专制"色彩浓厚。稍微对这一时期威权统治有所了解和认识的人,不难看出教育观念的这种转型,完全为国民党政权对台湾社会的改造所左右,是为维护威权统治服务的。随着国民党政权在台湾站稳脚跟,20世纪50年代中期以后,发展经济、维护社会安定成为重要的任务。为此,要求教育观念进行相应改变,即从政治功利主义的教育观念转型为经济功利主义的教育观念。这一时期,经济规划机关主导着重大的教育决策,舒尔茨的人力资本理论被应用于台湾社会的转型中,不但对经济界,甚至对教育界也产生深远影响。在实践层面,主要体现为提高普及义务教育的年限和大力发展职业技术教育和高等专科教育,以及大力开发人力资源。80年代后,更将侧重点置于培养具有开发能力的研发人才方面,而在教育政策的实施方向上重点投资高等教育。60年代中期,台湾开始实现经济起飞,此后,社会发生一系列变革,为适应新的社会转型的需要,促使教育观念从经济功利主义向"以人为本"等现代教育观念转型。这一时期,不少新的、有利于促进社会进步的教育观念,如教育的法制化、教育要为人生服务、教育机会均等、教育要先行、教育的人性化、教育的个性化、教育观念的多元化、教育的科学化、教育的国际化、教育的开放化、终身教育、人才培养的综合化、通识教育、加速推进学习型社会的形成等,在台湾得到进一步发展与强化。教育观念更多地转向尊重人的全面发展、培养人的个性和创造性、凸显人的多样

第九章　新时期的闽台教育交流和福建学者对台湾教育的审视　219

性的价值。通识教育观念成为台湾教育观念,尤其是高等教育观念的主干部分。教育观念的多元化和人文主义教育观念的大力倡导,促进了教育民主化观念的确立,也促成了教育的转型,大大拓展了教育的内涵和外延,为教育事业的充分发展争取到足够的空间。与之相类似的还有道德教育的历史转型。50年代初,社会矛盾突出,民心涣散。当局试图通过制定政策、各级学校开展道德教育,以及社会教育等方式,实现社会整合,重构精神信仰体系。这一时期的德育,呈现出社会整合与民族认同的显著特点。60年代后期,当局发动中华文化复兴运动,试图通过规范民众衣食住行,提倡"四维八德"等道德教化,以使生活"现代化与合理化",德育表现出以传统伦理道德服务于现代社会的特征。由此,传统道德内涵开始向现代转型。80年代后期,国民党政权宣布解除党禁,德育浓厚的政治色彩随之淡化,修订的课程内容开始去政治化。教材体系以及教学手段更加符合青少年成长规律,德育回归服务社会发展与个人成长。90年代以来,在社会转型的大背景下,德育侧重培养学生"新台湾人"意识,以及兼容并蓄的道德认知和胸怀。德育的内容、方法以及目标都有了很大改变,但以内化于人为出发点与落脚点,一定程度上呈现出本土化、多元化以及人本化的特点。从教育理念与道德教育的转型中,我们可以看到,台湾教育转型与社会转型确实是密不可分的。

福建的教育研究者认为,经济的发展水平深刻地影响台湾教育的发展,台湾教育的转型与经济的转型密切相关。经济的发展使台湾当局及私人有可能将大量资金投入教育。据统计,1952年公私立教育经费支出3亿元新台币,占生产总值的1.7%,1986年增至13.87亿元,占生产总值的5.38%。经济的迅速发展,大大加速了第二、第三产业的发展,从而增加就业机会,促进教育发展的良性循环。据统计,1982年,第一产业就业人口由1953年的49.88%降至18.25%,而第二、第三产业分别从12%和20.98%上升到42.62%和39.13%。经济的发展对劳动力素质和技能的要求不断提高,促使教育在层次、结构、规模、内容、方法以及目标方面进行相应调整和改变,从而拓展了教育的经济功能。[①]60年代后期,产业结构由劳动力密集型向技术密集型过渡,对劳动者的文化素养和技术水平有了更高的要求。1968年4月,

---

① 杨晓波:《不同经济发展时期台湾教育改革与发展》,《教育与经济》1995年第1期。

台湾正式颁布《九年国民教育实施条例》,规定停办初级职业学校,专办高级职业学校。到 1970 年年底,所有公私立职业学校的初级部均已停办,实现了从传统农业阶段的初职为主向初级工业阶段的高职为主的转型。70 年代末,职业教育开始出现结构调整和质量提升的发展趋势。"教育部"于 1980 年规划《延长以职业教育为主的国民教育实施计划》,自 1983 学年度开始实施。90 年代,台湾经济进入全面转型和全面寻求产业升级的阶段,高科技产业蓬勃发展。1996 年,台湾"行政院"修正并通过《专科改制技术学院附设专科部设置要点》,以及《遴选专科学校改制技术学院并核准专科部实施办法》,专科学校纷纷改制为技术学院,技职学校的层次结构从以专科为主体向以本科为主体转型。职业教育的这几次转型都与台湾经济发展对人才需求,乃至经济转型本身有着密切关系,一些转型甚至是直接应经济转型的要求而展开的。相类似的例子还有台湾幼儿教育的历史转型。或许有人认为,幼儿教育并不直接为经济发展培养人才,怎么会与经济转型发生关系呢?实际情况是,在幼儿教育的发展过程中,时时受到台湾总体经济发展水平的制约。在经济发展较为顺畅的时期,幼儿教育能够获得更多的经济方面的支持,发展也较为顺利,反之则受到严重影响。从这一意义上可以说,台湾幼儿教育的转型与政治、经济的发展紧密联系,并与社会、文化的变迁密切互动。其中,尤其与经济发展的关系最为密切。就幼儿教育自身的转型来看,早期为适应外部社会环境的不同需要,曾出现不同的幼教观,幼教目标历经数次修订,逐步由社会本位向幼儿本位转型。随着幼儿教育的相关政策、法规逐步完善,促使幼稚园的管理模式由经验式向规范化转型。幼教的发展对师资提出更高要求,1962 年召开第四次"全国教育会议",倡导建立灵活、多层次的幼教师范教育制度,要求拓宽幼教人才培养模式,实现幼教师资建设由保育型向专业化转型。产生这一系列转型的深层次动因,在于台湾经济的发展速度和程度影响着幼儿教育发展的规模与结构,促使幼儿教育历经数次明显转型,并在一定程度上实现现代化,以与经济发展的水平和规模相适应。

福建的教育研究者指出,台湾教育转型大致循着改造、移植、创新的路径展开,每一阶段既独立进行,相互间的衔接又较为严密,这可从中小学教育的转型与师范教育的转型中得到验证。在半个多世纪里,台湾积极推进中小学课程改革,不断调整教育规范体系,逐步从传统教育向现代教育转型。20 世纪 50 年代到 60 年代末期,致力于突出学科中心、加强课程改造,从义务教育强制化、中等教育多元化、劳动教育社会化和教师教育优先化等方面,逐步实现从强调训育向培养适用人才转型。60 年代末期到 70 年代末期,强调"四育并重"、注重课程衔接,从技职教育专业化、义务教育普及化和人本化等方面,逐步实现从培养适用人才向普及提高转型。70 年代末期到 80 年代末期,倡导"五育均衡"、加强学科渗透及合作教学,从受教育权利、受教育条件、受教育品质以及师资培育等方面,逐步实现从普及提高向均衡发展的转型。80 年代末期至今,注重综合能力培养,推进课程整合,从教育管理、教师教育、教育改革等方面,逐步实现从均衡发展向多元整合转型。在这些历史进程中,改造、移植、创新始终贯穿其中。90 年代以前,台湾的师资培育制度是一元化的,以师范院校为主体培养中小学师资。随着社会的快速变迁,一元化的师资培养体制越来越无法适应社会发展的需要,长期沿用的师范教育体制受到严厉挑战与质疑。[①] 这使得在师范教育转型方面,改造、移植、创新的特征十分明显。台湾社会奉行"教育为本、师范为先"的原则,一直将师范教育放在优先发展的地位,进行了一系列重要改革。在内容上呈现出许多新的特点,既有培养规格的提高,也有办学体系的改变;既有养成课程的充实,又有实习制度的改进;既有教师资格审定制的强化,也有职后师范教育的加强。同时,多次颁布较为完备的具有创新性的教育法规,这为师范教育的转型提供了保证。1979 年,正式颁布《师范教育法》,原先长期存在的《师范学校法》被废止。1982 年和 1983 年相继制订《师范教育法施行细则》、《师范大学及师范学院学生教育准则》及《师范专科学校学生教育准则》。1994 年 1 月 18 日,正式通过《师资培育法》。2002 年 6 月,台湾"立法院"几经修改又颁布了《师资培育法修正案》。在此基础上,师范教育逐步实现教育层次从"数量扩展"到"质量提高";教育体系从"封闭定向"到"多元开放";培育理念从"师范教育"到"教师教育";课程体系从"专业化"到"一体化"的转型。可以说,台湾中小学教育转型和师范教育转型,乃至其他类型的教育转型的每个阶段,都是在传承成功经验的基础上,改革发展中存在的问题,走过了一条从改造、移植,再到创新的渐次发展道路,其中的一些经验值得关注。

在探讨台湾教育历史转型时,福建的教育研究者发现不同的教育类别转

---

① 陈笃彬、黄江昆:《台湾师资培养的若干特点》,《教育评论》1999 年第 3 期。

型之间存在着密切的关联性,甚至二者之间存在着显而易见的延续性。如高等教育转型和留学教育转型之间的关联度极高,呈现出的便是一种递进关系。研究表明,台湾原有的高等教育体制非常强调一致性和标准化。在这种体制下,各个大学和学院无论是招生、学籍、课程、师资,还是学校的组织、运作制度等,都必须依据共同的标准与规定。这虽然可以维持大学教育的基本素质,但在一定程度上限制了各个学校的自主发展和办学积极性的发挥。同时,还存在明显的制度过于僵化,无法配合社会发展与变迁需要的缺点。[①] 半个多世纪间,历经多次转型,台湾高等教育的经营理念、政策制度、功能形态、运作模式等均经过明显的变革。这些变革是以一系列办学形式的变化、标志性的文件出台为表征。重要的如,1953 年第一所私立学院开设,实现了高等教育办学主体由一元向多元的转变。私人办学力量的兴起推动了高等教育的发展,为高等教育大众化进程作出贡献。1974 年,第一所技职体系的大学院校设立,确立了一般大学和技职教育双轨发展的政策,推动高等教育由精英走向普及。1994 年修订的《大学法》,确定了大学自治和学术自主的原则,高等教育经营理念由管制逐步趋于开放。2001 年《大学教育政策白皮书》的出台,使得高等教育改革有了实质性的突破,呈现出由数量扩充向追求卓越、品质提升的转型态势。在多元化、自由化、民主化、国际化的趋势下,高等教育逐步由学究型转向兼顾社会服务功效;由精英教育趋向普及教育;办学主体由单一走向多元;经营理念由管制走向开放;办学方式由量的扩张转向追求品质的卓越、提升。以上列举的是高等教育转型的发展轨迹,从中可以看出其成就是明显的。当然,我们不能简单、孤立地看待台湾高等教育的历史转型。从联系、发展的观点来考察,可以发现其与留学教育的历史转型之间存在着紧密的关系。自 20 世纪 60 年代以来的很长一段时间里,台湾高等教育被视为留学教育的必不可少的预备。这就使得高等教育的转型必然地要考虑留学教育转型这一因素,而留学教育的转型也要以高等教育的转型为依托。众所周知,留学教育在台湾教育史上具有重要地位。长期以来,通过留学教育培养了数以万计的人才,对台湾社会的各个领域均产生深远影响。台湾的留学教育在发展过程中经历多次转型,每次转型都与社会政治、经济、文

---

① 包海芹、康健:《20 世纪 90 年代台湾地区高等教育改革概述》,《江苏高教》2002 年第 3 期。

化的转型紧密相连,也与台湾高等教育的现代化与国际化发展相适应。如台湾公费留学由制度化向弹性化转型,自费留学由精英化向普及化转型,留学生辅导工作由单一化向多元化转型,反映了台湾留学教育的整个发展脉络,与台湾社会的发展转型相辅相成。同时,顺应全球化、多元化的时代发展潮流,相应地也促进了高等教育的变革与转型。随着社会的急剧转型及时代的变迁,公费留学作为培养人才的风向标,是对自费留学的必要补充与引导,体现了整个留学教育发展的政策导向。但是,公费留学政策的不稳定性,也对留学生的培养规划工作造成一定弊端。自费留学的普及化,改变了台湾社会的人才结构与层次,但随之出现的"高学历、高失业"和"小留学生"现象值得反思。自费留学的发展,使一部分家长和学生将在台湾接受高等教育视为留学教育的预备,导致高等教育人才培养质量一度滑坡,这也是促使高等教育必须转型的一个重要原因。与此同时,台湾留学教育也在转型过程中,通过不断改革和完善,推动了高等教育的国际化进程,为实现工业、科技的发展以及经济的腾飞积累了长久动力。显然,台湾高等教育转型与留学教育转型之间存在着极大的依存性。

在探讨过程中,福建的教育研究者发现,台湾教育在转型过程中,一些教育层面的转型边界并不是很明晰,两种乃至多种教育层面的教育转型之间存在着相互交叉的状况,很难将之明确区分开来,比较典型的案例是教育制度的历史转型和教育行政的历史转型,其从总体上体现了教育转型的复杂性和相互交融的特征。置于社会转型的大背景中,可将台湾的教育制度转型划分为教育行政制度、学校制度、教育经费保障制度、教科书制度等的转型。光复后的一段时间里,教育行政体制变革是从教育体制、教育管理、教育内容、师资培育的变革开始的,一度存在的"意志权力"在教育制度运作方面产生的"强制力"及主导力呈现缩小态势,教育行政制度还没有完全走上法治化的"规则权力"轨道。此后,随着学校教育规模进一步扩大,表现为义务教育年限进一步延长,学校制度延伸开放,形成贯穿于人的一生的学前教育、学校教育和继续教育连成一体的终身教育体系,这使得对传统学校制度的改造进一步加速,促进了现代学校制度的完善。在教育经费保障制度方面,以往采取统筹统支方式。2000 年出台的《教育经费编列与管理法》,明确各级"政府"对教育经费的分担比例。2002 年,开始由"统筹统支"向"编列审议"转型。

随着民间教育改革运动的兴起，在私人兴学、开放教科书等方面也发生变革，教科书制度开始出现由"统编制"向"审定制"方向转变。几乎与教育制度的转型同步，台湾的教育行政也进行了一系列变革。当然，每次转型的内容不尽相同，各有特点和侧重点。先是教育行政组织由三级向两级转型，接着是教育行政管理模式由集权向分权转型。随着 1995 年《教师法》的颁布，学校资源受管制的局面有所缓和，教育行政管理体制逐步理顺，行政权力逐渐下放，新进教师小范围内采用"自办"模式，教师调任实现解聘制，大学校长任用资格得以放宽。之后，出现教育行政事务处理方式由自办向委办转型，提升了行政事务效率，促进教育行政的多元化发展。最后是教育行政决策运作模式由在地化向全球在地化转型。无论是在教育制度的历史转型中，还是在教育行政的历史转型中，都有着清晰的属于自身的运行轨迹，但彼此的交集也是明显的。如教育行政制度、学校制度的转型都是各自无法绕过的内容，只是相互之间根据现实需要，在不同的历史时期有所侧重罢了。至于教育行政中组织架构的精简与高效，更是与教育制度的转型有关，可视为教育制度转型的具体成果。

福建的教育研究者强调，台湾的教育转型具有普遍性，即具有全面覆盖的特色，而不仅仅限于教育主干部分的转型，这在少数民族教育的转型中表现尤为明显。台湾少数民族在学术分类上属于"南岛民族"。荷兰、西班牙占领台湾时期被称为"福尔摩莎人"。日据时期，泛称为"高砂族"或"番族"。光复后，一度被称为"山胞"。20 世纪 90 年代，随着社会经济、政治的变迁与发展，改称为"原住民"及"原住民族"。近年来，在一些大陆学者的著述中，将这类人群称之为"先住民"，与台湾方面所称的"原住民"进行明显的区隔。从民族发展的历史进程来看，将之统称为台湾的少数民族是适宜的。台湾少数民族人口很少，据统计，截至 2009 年 1 月底，共有 494107 人，其中居住在平地的有 232762 人，居住在山地的有 261345 人。① 一般人认为，人口少，教育体量也小，少数民族教育在整个台湾教育中所占分量不会太重，其转型似乎也不太明显，但事实恰恰相反。台湾光复后，至 20 世纪 80 年代宣布"解严"止，在长达 40 余年的时间里，少数民族教育也经历了多次转型，而这

---

① 陈建樾：《台湾"原住民"历史与政策研究》绪论，社会科学文献出版社 2009 年版。

些转型又是与整个台湾教育的转型相适应,是台湾教育转型的重要方面。不过,少数民族教育的转型既有教育转型的一般性特征,也凸显了鲜明的民族乃至地域特色,是一个渐进的由低层次向高层次转型的历史过程。50年代初,之所以要求少数民族教育转型,在于当局有意针对少数民族采取全方位的同化政策,推广相关措施是为这一政策的施行服务的。在1951年颁布的《山地施政要点》及1953年颁布的《促进山地行政建设计划大纲》这两份有关少数民族的文件中,对"国语"及"生产教育"特别注重,采用"从山地化教育向平地化教育转型"的教育方针,凸显当局"教育统一"的目的。其后,在1963年颁布的《山地行政改进方案》中,明确提出"促使原住民与一般社会融合"。除要求少数民族教育仍需确立平地化目标外,更着重强调加强汉民族意识,意在使少数民族教育纳入台湾基础教育的整体体系之中。随着时间的推移,为配合"教育融合"的实行,又提出"从平地化教育向整体融合教育转型"。虽然由此导致部分少数民族语言消亡、族群认同消失及传统社会结构瓦解,但也在一定层面上提升了少数民族教育的水准,加快了少数民族文明开化的历史进程。20世纪80年代,随着时代的发展、少数民族自身"族群意识觉醒",及强烈的"复振意志"的表达,使得在教育方面要求实现"从融合教育向多元化教育转型",体现了整个社会在少数民族教育理念方面日趋成熟、理性与完备。需要指出的是,虽然少数民族接受教育的人数不多,在教育事业总量中所占的比例不大,但每次少数民族教育的转型都受到台湾社会的极大关注,甚至引发各种激烈论辩。显然,少数民族教育的转型不仅仅是少数民族族群自身的教育诉求使然,更反映了台湾社会对少数民族教育的广泛关注。这表明,台湾教育的转型具有全面性、精致性的特点,变革过后遗留的空白点不多。出现这种状况的原因,除了当局出于倡导所谓本土化考虑之外,还与台湾的政治生态、社会文化生态、经济发展水平密切相关,与整个社会对教育发展具有极高期待有关。

福建的教育研究者指出,在台湾教育转型中,既有宏观形态的转型,也有微观层面的转型,这主要体现在一些重要学科的转型方面,如国文教育和科学教育的转型便属于这种类型。从1945年光复至今,台湾的国文教育不断发展变化,实现了几次卓有成效的转型。早期,由日语教育转变为汉语教育,加强对国语的推行。此后,主要是沿袭传统,承继以往国文教育的标准和要求,出现重经典、重教师、重灌输、重数量等倾向。从 80 年代起,对课程标准作出相应调整,力求吸收国际上新的教育理念,改进教学方式方法,实现从沿袭传统向适应新潮的转型。新世纪以来,力求突破陈规,超越现状,呈现出新的发展趋势。科学教育在台湾具有十分重要的地位,当局在教育发展规划中将之单列出来,制定 12 年长期专项的科学教育发展规划,成立"台湾科学教育委员会"和"科学发展指导委员会",以负责推进科学教育工作。科学教育通过转型,建立了比较完善的组织机构,进行了全面的课程改革。科学教育的目标由培养科学技术和工程专才转变为培养全民基本的科学素养,科学教育的理念由精英教育转向全面的科学教育。中小学科学课程由模仿引进西方国家的教材教法,逐步转向自主制定适合台湾实际的科学教育课程,课程设计和学习内涵的主导权由教育当局转到民间教科书编写小组,体现了科学教育由学科知识导向转向以培养学生的能力为导向。对科学教育师资队伍的培养和培训,逐步由单一的教材教法培训向全面专业化能力的培养转变。需要指出的是,能够实现转型的多是一些大的有影响的学科,这些学科的转型除了自身的内在要求之外,还与社会的期盼有密切关系。国文教育的转型与时代发展、社会需求、教育政策变动、文艺思潮影响等都有关系,不仅仅体现国文教育界为应对挑战所作出的努力和探索。这些学科的转型无一例外地对社会的转型产生较大影响。在科学教育转型的推动下,图书馆、博物馆等社会文化教育机构的功能由单一性的知识传播向综合性的科技信息载体转变,由单纯的展览向多层次的科学教育转变。在人才培养目标上,由培养普通生产者向培养高科技人才转变。同时,促进台湾经济产业结构由传统劳动力密集型产业向高科技产业转变,使科学教育转型与科技、社会经济发展高度结合。

福建的教育研究者强调,台湾教育转型促使教育自身不断发展、完善,对于在全社会提升教育的影响力具有重要作用,这在成人教育转型中表现得较为明显。六十年间,台湾成人教育取得较大发展,从成人教育的内容、形式到地位都发生较大变化。从内容上看,早期成人教育以扫盲性的补偿教育为主,经济起飞和产业升级后开始转向职业培训及进修教育。20 世纪末,随着台湾社会进入成熟社会状态,成人教育又向终身教育转型,以全民教育和终身学习为最终追求。从形式上看,随着现代通讯、传媒技术的发展,成人教育开始摆脱传统的面对面的教育方式,逐渐向以远程教育方式为主过渡。远程教育的兴起,极大地促进成人教育的发展,并为成人教育最终向终身教育转型打下基础。与此同时,成人教育的地位也得到提升,以 20 世纪 90 年代《成人教育法》的出台为标志,台湾的成人教育开始由之前的附属地位提升到与普通小学、中学、高等教育并列的教育模式,在全社会的关注下走向有序的发展之路。

福建的教育研究者指出,受社会诸多因素的影响,在台湾教育转型过程中也存在着许多弊端和矛盾。如道德教育的转型便存在着深层次的问题。"社会转型时期的台湾,政治、经济、社会方面都发生了重大变革,与此相适应,台湾学校道德教育的目标、内容、方法作出了重大调整,具有统整化、本土化、多元化、人本化、弹性化的特色,这对深化德育改革具有深远的影响。然而,道德教育呈现弱化的趋势,人格典范缺乏,德育课程缺乏传统伦理道德的内涵,课程目标趋向价值中立。"[①] 又如,废除实行半个多世纪的联考,实施多元入学方案,触动社会的深层次矛盾。2003 年,100 位大学教授联名发表《终结教改乱象,追求优质教育》万言书,表示十年教改造成政府不负责、教师不支持、家长不放心、学生不快乐、毕业没有出路的"四不一没有"的社会乱象。抨击教改是虚幻的理想,不切实际,终将因失败而付出巨大的社会成本。同年 9 月,台湾召开"教育发展会议",与会的近 400 位专家、学者、教师展开激烈争论。会后,有学者发起"重建教育连线"行动,在短时间内集结上百位学者,几乎全盘否定十年教改成果,引发震撼。批评"教改"在台湾几乎成了全民运动,更有论者用"披着羊皮的狼"和"罪孽深重"来形容教改带来的负面效应。[②] 在台湾,非教育因素严重干扰教改,政治手段操纵教育,使教改和教育本质相脱节,加剧社会价值观的混乱,戕害教育改革。在恶劣的政治生态影响下,因价值观念变异、政治权力介入,使台湾教育的转型付出较高代价。此外,决策不当也使教育转型所获得的不一定都是正面的结果。如1994 年《师范教育法》改为《师资培育法》,促进了台湾师范教育的转型,台湾的中小学师资培育走向多元化。师资培养完全放开,综合性大学也可以

---

① 岑晖:《社会转型时期的台湾学校道德教育》,《当代教育论坛》2008 年第 5 期。
② 张济洲:《近年来台湾中小学教育改革动向及问题》,《教育导刊》2008 年 2 月号上半月。

介入这一领域，最终让市场来抉择。结果像台湾大学、成功大学这样的学校也成立了师资培育中心。十年来，当年师资短缺的局势早已缓解，而新的问题是教师过剩，全台湾共有十万左右的"流浪教师"，不安定因素极大。[①]

台湾教育的转型实践经历了一个漫长的过程，涉及多方面的内容，获得的成果极其丰富，所累积的教育经验是海峡两岸教育工作者共同拥有的重要财富，所存在的教训亦需要共同面对。台湾教育的转型还是一个动态的过程，今后仍将以新的形式出现，进而对台湾社会的转型继续发挥独特的作用。从这个角度看，福建的教育研究者认为，台湾教育的转型与台湾社会的转型存在着密不可分的联系。"时至今日，未必有人再来质疑'转型社会'的提法了，虽然就在差不多五年前，中国社会科学界的某些人还对'转型社会'的提法抱持强烈怀疑态度。但是，如何面对转型社会，如何探讨转型问题，对中国的社会学来说，却还远远不是一个已达到高度自觉、形成集体共识的事业。"[②] 同样，如何看待海峡彼岸的台湾教育的转型，也依然是一个尚未圆满解决的问题，相关的研究仍将继续进行。

三、对当代台湾教育的审视

20 世纪 80 年代以来，随着两岸交流的深入以及研究环境的日益宽松，福建学者开始了对当代台湾教育的较大规模的研究。研究并非刻意组织，而是不约而同的，并且以福建教育界的学者为主，反映了福建教育界对这一问题的学术敏感和浓厚的学术兴趣。在不太长的时间里，福建的有关出版社便出版了一批在国内具有一定影响的著述。现按问世时间顺序，择要介绍其中的几种。

《台湾科技教育与经济发展》，由王宗烘、余松锵编著，厦门大学出版社1992 年出版。作者在书中依次探讨了下列问题：台湾科技教育振兴的历程和特点、台湾科技教育的发展计划及行政体系、台湾学校的科学教育、台湾的大众科学教育及科学教育研究、台湾的技术职业教育、台湾的职业训练及技术补习教育、台湾的对外科技教育合作、台湾的科技教育与经济发展、台湾的

① 林杰：《转型之下的台湾高等教育》，《教育学报》2006 年第 2 期。
② 李友梅、孙立平、沈原：《转型社会的研究立场和方法》，社会科学文献出版社 2009 年版，第 2 页。

"建校合作"、台湾科技教育与人力资源开发、台湾科技教育与科学技术发展、台湾科技教育与经济结构变化、台湾科技教育对经济增长的贡献、台湾科技教育及经济的发展趋势等。作者首次系统地向祖国大陆读者介绍了台湾自1950年以来科技教育的发展状况，深入探讨了台湾科技教育与经济发展的关系，并运用定性和定量相结合的方法进行分析。此书对于人们了解台湾科技教育及其在经济发展中的作用有一定的帮助。

《台湾教育面面观》，叶品樵主编，福建教育出版社1993年出版。厦门大学、原福建省教育委员会和福建省教育科学研究所的十余位研究者参加此书的撰写。作者们把台湾教育的总体情况和各类教育发展的情况，放在战后台湾政治、经济、社会发展的大环境下进行考察，力求从宏观上认识战后台湾教育发展的过程、主要特点、得失经验等。在此基础上，有重点地对某些问题进行较为深入的专题研究。作者们探讨了台湾教育的发展特点与问题、教育法规建设、教育经费、私立学校的管理、中学学制、幼儿教育、国民教育、普及教育、普高办学特色、职业技术教育政策、高中后教育、师范教育、高等教育、成人教育、空中大专教育、华侨教育等二十余个问题。显然，涵盖面广是该书的一个重要特点。

《传统文化影响下的台湾教育》，黄新宪主编，福建教育出版社1993年出版。该书由福建省教育科学研究所、厦门大学、福建社会科学院、原福建省教育委员会、福建教育学院，以及南京大学、湖南大学、东北师范大学、曲阜师范大学的十余位研究者联合撰写。这些作者分别从事教育、哲学、历史、文学等方面的研究，是一次跨学科的合作。全书以宏观和微观相结合的方法，多角度、多层面地对传统文化与台湾教育的内在关系进行理论分析和文化探讨。全书共分13章，依次是：传统文化与台湾教育关系的历史演变、儒学与行的教育、人格主义与伦理教育、传统文化与民族精神教育、当代新儒家与台湾教育、台湾学界对道家教育思想现代转化的探讨、台湾教师群体与传统文化的弘扬、传统文化影响下的台湾国文教育、传统文化与台湾大学联考的改革、传统文化与台湾学界的反"出国主义"思潮、文化扎根与台湾的社会教育、文化变迁与台湾的家庭教育、传统文化负面对台湾教育的影响。作者们认为，由于台湾社会的特殊性，在过去几十年中所发生的中西文化的冲突和交融，要比祖国大陆来得激烈。台湾教育界在维护和发扬传统文化方面所作出的贡献,以及存在的缺陷和教训,无疑是面临改革开放历史进程加快态势的祖国大陆教育界所应该借鉴和研究的。

《战后台湾高等教育与经济发展》,由李泽彧、武毅英等人编著,厦门大学出版社1996年出版。该书由厦门大学的多位研究者共同完成。全书由10篇专题研究报告和数篇相关研究报告构成。专题研究报告的主要内容有:台湾高等教育和台湾经济发展概况、台湾教育与经济关系发展的进程剖析、台湾的教育机制与经济发展、台湾高等教育与经济发展、经济结构的转变与台湾高等教育的多样化发展,以及台湾专科教育、高等职业技术教育、研究生教育、成人高等教育与经济的发展。相关研究报告介绍了祖国大陆的台湾高等教育研究、人力资本与教育投资战略等内容。该书丰富和加深了人们对教育外部关系基本规律的认识,为祖国大陆高等教育的改革与发展,尤其是为沿海地区研究高等教育发展战略提供有益的参考。

进入新世纪以来,福建的教育研究者对当代台湾教育的研究取得大的进展,产生了一批有影响的学术成果。

2010年,曾繁相在海风出版社出版《台湾经济转型与职业教育改革研究》一书。全书以1953年至1989年这一台湾经济发展具有重要意义的时期作为论述的时间段,分别探讨了经济转型与台湾职业教育政策的调整、经济转型与台湾职业教育的发展、经济转型与台湾的工职教育、经济转型与台湾的职业培训、经济转型与台湾的"建教合作"、经济转型与台湾残障人员的职业教育、职业教育与台湾经济转型的互动分析。认为,台湾传统的教育价值观根深蒂固,使得在认识职业教育对经济发展重要性这一问题上走过了较长的曲折路程。随着经济转型、产业升级,职业教育的重要意义逐步得到昭示。在此过程中,适时制定职教发展政策,开展人力发展规划,调整、改革职教发展措施,提高办学层次,优化办学结构,逐步完善职业教育的办学体制,顺应了职业教育与经济发展相互促进的规律。与此同时,职业教育办学体制的改革、办学水平的提升均取得良好成效,为促进台湾经济转型和产业升级奠定了人力资源基础,为台湾迈入发达地区的行列创造了不可或缺的条件。

叶一舵于2011年3月在福建教育出版社出版《台湾学校辅导发展研究》一书。在这部48万字的专著中,作者以历史的脉络,论述了台湾学校辅导自20世纪50年代中期兴起、经历六个阶段的发展进程,并探讨其不同的发展任务与发展特征。作者将台湾学校辅导的发展划分为萌芽期、实验期、建制期、推展期、提升期、转型期,并以此作为全书的主体框架。著名学者林崇德认为,《台湾学校辅导发展研究》固然是一部台湾近现代的教育史,也是台湾近现代的心理学史,更是一部台湾学校辅导发展史,其创新点明显。台湾师范大学教授吴武典认为:"台湾学校辅导工作已有五十余年的历史,论述者多,研究成果不少,实务经验亦堪称丰富,但在历史性探究一块,却甚贫瘠,至于完整的探讨,则尚阙如。如今,这个缺憾由于叶一舵教授的跨海研究获得了弥补。"

　　福建的研究者无论是从历史角度,还是从现实角度对台湾教育进行探讨,都能注意尽可能客观、公正地评价台湾教育,注意从台湾教育的发展中总结出可供祖国大陆教育界借鉴、参考的经验和教训。在研究方法上,侧重于实证研究与理性分析的结合,使用第一手资料进行研究。福建学术界对台湾社会、经济、文化各方面的研究均属于国内领先地位,这对台湾教育的研究产生积极影响。在这样一个良好的研究氛围中,福建学者对台湾教育的研究取得明显的成果。

第十章　闽台教育结缘对
台湾社会的影响

闽台教育结缘由来已久。无论是明郑时期、清代、日据时期、抗战胜利以后，还是 20 世纪 80 年代以来，两地教育联系都十分紧密。从总体上看，这种联系呈双向态势，形式多样，范围广泛，对台湾社会产生的影响显而易见。现以清代为中心，谈谈闽台教育结缘对台湾社会的影响。

第一节　学校教育获得长足发展

闽台教育的结缘，有力地推动了台湾学校教育的发展。

台湾学者李国祁认为，就台湾教育事业的整个发展来看，可发现其现代化的演进最初乃是以内地化为其内涵。[①] 清代，这种内地化的趋向在内涵上以中华文化在台湾的发展和弘扬为重心。在教育制度上则全盘照搬内地的模式（尤其是福建），府县设儒学，各地设书院、义学、社学、书房，皆以制艺为主要课程。所不同的是，由于距所属的福建省过远，故另设学政，负责管理全岛的文教事业。至日据前夕，台湾无论是书院的设立，还是中进士人数，都达到了历史的高峰。作为基础教育机构之一的书房也获得长足发展。仅竹堑地区便有书房 49 所之多。[②] 书房塾师大多具有科举功名，所授内容以经学及

---

① 李国祁：《中国现代化的区域研究闽浙台地区，1860～1916》，台湾"中央"研究院近代史研究所 1985 年印行，第 527 页。

② 转引自黄美娥：《清代台湾竹堑地区传统文学研究》，台湾辅仁大学中文研究所 1999 年博士学位论文。

文艺为主,学生进入书房旨在读书、习字、作文,也为日后博取功名进行准备。当时,台湾教育的发达程度,超过了祖国大陆的不少地区。同时,在台北等地还出现了一批新式学堂。台湾巡抚刘铭传为了全力推行新政,适应筑铁路、设招商局和军械器物局等新兴事业的需要,着力于培养洋务人才。1887年,他借鉴祖国大陆地区洋务教育的经验,在台北大稻埕设立西学堂,聘请曾留学国外的张尔城为总监,以英国人辖治臣和丹麦人布茂林为教习,开设英语、地理、历史、测绘、算学、理化及中文等课程,教学侧重于西学,且注重考课。1890年,他又在台北大稻埕设立电报学堂及番童学堂。前者招收西学堂和福州船政学堂的学生入学,属于提高性质的专业学堂。后者以教化少数民族子弟,开启当地风气为主要任务,教授汉文、算学等,可视为新型的民族学校。上述事实表明,这一时期台湾教育事业的内地化方兴未艾。

在台湾教育内地化的进程中,存在着较大的来自福建方面的影响。这种影响作用的结果,是使台湾社会出现重视兴学育人的浓重社会氛围。台湾著名士绅林维让、林维源兄弟于同治二年(1863)在板桥创建大观义学,聘请泉州名士庄正前往主持。后来,庄正在《大观义学碑记》中记述了这所义学对淡水地方文风教化的贡献。庄正指出,治天下以正风俗、得贤才为本。风俗必本人心,人心观乎士习,从而强调培养"士"的重要性。他认为,化民成俗之源,兴贤育才之道,莫若于建学立教。大观义学所在的淡水地方以往地富庶而人强悍,睚眦之怨,遽刃相仇,连年累岁,亡身破家不休,都应归咎于不学不教的缘故。当地教育设施缺乏,僻壤孤村之士自然无法受教育,出现许多毕生裹足不登书堂者。在林氏兄弟的倡议下,设立了大观义学。创学舍于板桥东北隅,月集诸生考读。教师既砥砺其德业,亦柔和其心性,短期内情况便有明显改观。"迩来民无竞心,士有奋志,薄陋文风,日振月上,而科名亦遂以踵起,则教学之明验大效也。"[①] 由此,他认为:"转移风气,在士不在民。士民为四民之首,一举一动,关系民气;士习端,则民生观感兴起,日趋于善;漓则乡里效尤放纵,日鹜于争。故为士者,望弥重,责亦弥重。"[②] 同时,指出:"诸生既诵法先圣,称号衣冠之士,非徒株守章句,揣摩时尚,以弋取科名而已。

---

① 林再复:《闽南人》,台湾三民书局1985年版,第298页。
② 同上书,第299页。

所当纳身礼让之中,以转移乡俗为己任;修于身而型于家,日与子弟乡人言,出入友助,和亲康乐,共为尧舜之民;与仁与让,且偏国裕。"[①] 这里,庄正强调施行教化、作育人才、改良社会风气的重要性,对台湾社会具有积极意义。

在一些有识之士的引领下,台湾社会逐渐出现了尚文的风气。不少学校积极鼓励生童求学上进,争取日后参加科举考试。对于参加岁试和会试的学子,发给花红或盘缠,以示鼓励。龙门、修文、海东、风仪、雪峰、文石、仰山和英才等书院,皆有类似奖励措施。社会上也常以应举及第多寡来评价一所学校的教学成就。如澎湖的一所书院在乾隆年间的丙戌和丁亥岁科两试中,取得入泮者六名的佳绩。从此,这所书院声名鹊起,受到人们的推崇。这表明,当时的台湾社会存在着学而优则仕的趋向。

闽台教育的结缘,还使得一批受到良好教育的台湾知识分子积极投身于当地的文教事业之中,对社会的进步发挥了重要作用。

台湾南投县的林圯埔于清咸丰以后,在当地有功名的士绅的推动下,文教事业不断发展。据《云林县采访册》记载:林圯埔的张焕文从小聪敏,善读书,其父张天求以重金聘请来自祖国大陆的宿儒黄高辉为之授课。张焕文笃志力学,学业大进,后往福州鳌峰书院进一步深造。返台后家居课授生徒,以砥砺廉隅、兴起斯文为己任,培养了一批人才。其中,"登乡书者二列胶庠者六七子"。张焕文的学生林凤池于咸丰五年(1855)参加福州乡试中举。

张焕文因办私学而获得成功,而郑用锡、李望洋、蔡廷兰、陈维英、丘逢甲等台湾知识分子则长期在书院任教,为当地教育的发展和人才的培养作出了自己的贡献。郑用锡,新竹人,22 岁入泮,曾主明志书院 30 年。著有《静远堂诗文集》、《易经图解》等。李望洋,宜兰人,咸丰己未举人。1872 年至1885 年间在甘肃历任知县、知府等职。返台后曾主教仰山书院,著有《西行吟草》。蔡廷兰,澎湖人,自幼聪慧,道光十年(1830)中举,道光二十四年(1844)中进士,当过知县、同知,后在引心、崇文、文石等书院讲学。陈维英,淡水人,咸丰己未举人。1845 年渡海出任闽县教谕,归台后掌教仰山书院、学海书院。著有《太古巢联集》、《偷闲录》和《乡党质疑》。丘逢甲,1886 年在台湾岁试中以文才受知于唐景崧,被选送入海东书院就读。1888 年,参加

---

① 林再复:《闽南人》,台湾三民书局 1985 年版,第 299 页。

福州乡试中为举人。1889 年,赴京应考中为进士。不久,因厌恶官场的腐败,辞官返归台湾,历任崇文书院、衡文书院、罗山书院教职。此外,郑用锡曾主讲新竹明志书院,蔡廷兰主讲海东书院,杨士芳主讲宜兰仰山书院,蔡德芳主讲鹿港文开书院,施士洁主讲彰化白沙书院和台南海东书院,丁寿泉主讲彰化白沙书院,林启东主讲台南崇文书院和嘉义罗山书院,徐德钦主讲嘉义玉峰书院。他们在台湾的各个历史时期,为文化教育事业的发展发挥了重要作用。如担任明志书院讲席的台湾知识分子孙让、郭成金、郑用锡、郑用鑑、黄学海、陈维英、张金声、陈濬芝、陈朝龙、叶意深等均为一时之硕儒。郭成金以讲学为务,以培养人才和振兴文教为己任。郑用锡教学极为认真,批改学生文章必逐层分析,每逢考课的日子常自拟一篇文章和一首诗以为学生范式。郑用鑑教学以理法为宗,诲人以道德为尚,门下出了举人 8 名、贡生 4 名、廪生8 名、生员 56 名,其中不少是台湾北部的秀异之士。

第二节　形成有影响力的士绅阶层

早期的台湾系移垦社会,当时具有影响力的人物都是以血缘关系为组合率众从福建、广东前来开垦的豪强,如颜思齐、吴沙等。出身于内地的士绅阶层者数量很少。就血缘的社会组合而言,台湾的氏族以陈、林、黄、张、李、王、吴、蔡、刘、杨为大姓,号称"强宗",这些"强宗"大多数来自闽南。这 10 姓于明末清初陆续移入台湾时,已知明确属于士绅阶层的仅两人:陈仕俊,系监生,于康熙五年（1666）迁居台湾;张方高,系教谕,于雍正四年（1726）迁居台湾。由此可以看出,早期士绅阶层人数少,对台湾社会的影响也小。从康熙年间台湾推行科举以后,情况开始发生变化。到 19 世纪 60 年代,士绅已成为台湾社会的主导阶层。以台湾县和淡水厅为例 ①,可看出有高级功名者出现的时间,由此推断士绅阶层演变成为台湾社会中的主导力量大致是 18世纪末至 19 世纪中叶的事。

---

① 李国祁:《中国现代化的区域研究闽浙台地区,1860～1916》,台湾"中央"研究院近代史研究所 1985 年印行,第 95 页。

表 10-1　台湾县和淡水厅有高级功名者资料表

时　期	地　区	姓　氏	人　数		备　注
			进士	举人	
康熙—道光	台湾县	王		7	
		陈		7	
		张		6	全部在乾隆时期
		林		5	全部在乾隆以后
		李		3	全部在乾隆以后
		施	1	1	全部在道光时期
乾隆—同治	淡水厅	郑	3	5	全部在嘉庆以后
		黄	1	6	全部在嘉庆以后
		林		5	全部在道光以后
		陈		8	全部在道光以后
		李		6	全部在道光以后
		杨	1	2	全部在道光以后

同治、光绪以后,台湾的士绅不论有无高级科举功名,均以服务乡梓而取得权力地位,并非因在外任官而见重于乡里。其主要事迹大多是:开垦、抚番、举办团练,如林维源、林朝栋、黄南球等。商绅的比重亦较内地为大,其主要业绩在于经营外贸,兴办新式企业,同时热心公益事业而见重于地方,加之沈葆桢、丁日昌、刘铭传等福建官员重视使用台湾士绅,故绅权在甲午战争爆发前十分发达。

台湾自康熙二十七年（1688）以后已有完整的科举制度存在。直至光绪二十年（1894）,共培养岁贡生 644 人、恩贡生 200 人、拔贡生 90 人、优贡生 6人、副贡生 20 人、举人 251 人、进士 29 人。科举功名是构成士绅阶层的必备条件。同治、光绪年间,台湾的士绅阶层与福建内陆府县的士绅阶层相比,人数已超出许多。据对《台湾省通志·列传篇》所载的包括林平侯、林维朝在内的 66 位这一时期台湾社会的知名人物的分析可知,其中科举及学校出身者 23 人,占总数的 34.85%;武官出身者 10 人,占总数的 15.15%,其他虽非正途出身而因某种原因获得官职者 5 人,占 7.58%。以上 3 种构成士绅阶层主导分子者共占总数的 57.58%。

就家族而言。台湾由早期豪强称雄转变为士绅阶层并负起领导社会之责的事例很多。台湾学者认为这是由武质士绅转为文质士绅，这不无道理。板桥林家在林平侯时代以经商致富，其儿子林国华、林国芳则以募佃开垦致富，进而举办乡团，成为当地的首领。林国华的儿子林维让于咸丰九年（1859）钦赐举人，以助饷授三品衔。林国华的另一个儿子林维源捐助巨款资助丁日昌施行新政、救灾、筑台北府城，又赞助刘铭传抚番开垦，从而一再得到朝廷的授封，成为台湾士绅阶层的重要人物。雾峰林家，在林奠国时代也是以豪强面目出现的。后来，家族中的林文钦于光绪八年（1882）入泮，光绪十九年（1893）中举，遂跻身于有功名的士绅行列。台中的林金裕，早年以豪迈坦率和好为人排难解纷见重于乡里，亦是个豪强人物，晚年耕读教子，儿子林耀亭于光绪十九年（1893）中秀才，其乐善好施，捐资助学。台北大龙峒陈家早先从福建同安移民而来，先是经商致富，从陈维藻开始专攻举业，于道光五年（1825）参加福州乡试得中举人。此后，子孙中有不少人获得科举功名。当然，在台湾也有一些数代皆有功名的家族，如施琼芳、施士洁父子均中进士，林廷璋、林逊贤与林国芳、林维让叔侄同榜举人，以及郑用锡诸兄弟皆有科举功名。

台湾社会发展至同治、光绪年间，已大致转变为以士绅阶层为领导阶层的社会，这一时期，社会上特别看好博取科举功名者。以下一组数字颇能说明问题。整个康熙朝台湾士子乡试中举者仅 9 人，雍正朝 6 人，以后逐渐增多，乾隆朝 56 人，嘉庆朝 33 人，道光朝 41 人，咸丰朝 24 人，同治朝 31 人，光绪朝 51 人。从同治初年（1862）至光绪二十年（1894）的三十余年内，中举人数远远超过整个乾隆朝 60 年的中举人数，也超过道光和咸丰两朝 41 年的中举人数。

有意思的是，台湾士子获得功名后并不热衷于出仕，即便出仕时间也较短。他们大多返回故里，从事乡梓建设，因为台湾作为移垦地区，具有较大的建设乡梓的余地和满足士子成就欲望的可能。

闽台教育深厚的历史渊源，促使一批祖籍福建的台湾望族实现了由早期移民向士绅阶层的转变。这些望族的转型，使得台湾出现了较有影响力和号召力的士绅阶层。台湾作为农垦社会的色彩日益淡化，文治社会的特色开始形成,这应得益于闽台教育一体化格局长期存在所产生的积极影响。

闽台教育深厚的历史渊源,淡化了在台湾的来自各个不同地区移民的畛域观念。各地移民的后代,通过接受教育,参加科举考试,产生了许多有功名的人物,推动了台湾文教事业和社会的发展。有功名的士绅易于接受中华大一统和闽台一体的观念,往往主张摒弃地缘界限。台湾一度械斗较为严重,这是因为不同籍贯的移民存在着明显的畛域观念所致。台湾的闽粤移民一般依乡籍而类聚,当不同乡籍的移民因各种利益发生冲突时,便引发械斗,将同县、同府乃至同省的移民都卷了进去,发展成不同籍贯移民之间的械斗,史称分类械斗。清朝统治台湾213年间,发生大的械斗52次,小的械斗不计其数。在泉州人与漳州人的一次械斗中,仅泉州人便死亡400余人。械斗的起因在于家族意识、狭隘地域观,或因农田水利利益冲突,或因其他事故,形成分类械斗。械斗对社会的发展起了重大的破坏作用。一些祖籍福建的台湾望族中有功名的人士努力化解地缘界限,呼吁放弃械斗,致力于发展文教事业,主张共同发展。开台进士郑用锡于咸丰三年(1853)针对残酷的分类械斗,发表《劝和论》,指出:以闽籍与粤籍、泉州籍与漳州籍为区分进行械斗,实属不该。他认为,人与禽兽各为一类,邪与正各为一类,此不可不分。乃同此血气,同此官骸,同为国家之良民,同为乡闾之善人,无分士无分民,即子夏所言四海皆兄弟是也。他认为,闽粤漳泉之人共同生活在台湾这块土地上,都是兄弟至亲,岂可同室而操戈。他以台湾北部的新竹、艋舺等地为例,指出这一区域是菁华所聚之区,凡游斯土者皆啧啧称羡。自分类械斗以来,元气剥削殆尽,干戈之祸惨烈,村市半成丘墟,实在是孽由自作。他呼吁"愿今以后,父诫其子、兄告其弟,各革面,各洗心,勿怀夙念,勿蹈前愆,既亲其所亲,亦亲其所疏,一体同仁,斯内患不生,外祸不至,漳泉、闽粤之气习,默消于无形。譬如人身血脉,节节相通,自无他病;数年以后,仍成乐土,岂不休哉"[①]。板桥的林维源和林维让兄弟、大龙峒的陈维英也都充分运用自己的影响,在这方面发挥了不少作用,促进了台湾社会的安定和进步。

在经济开发方面,一些在福州乡试中获取过功名的士绅,致力于兴修水利、领导移垦,并取得重要成效。

---

① 林再复:《闽南人》,台湾三民书局1985年版,第164页。

在封建社会里,水利是发展生产的重要条件之一。在兴修和管理水利设施方面,有科举功名的绅士也发挥了很大的作用,这主要得益于他们的身份地位,拥有的与官府的联系及其他种种政治特权。宜兰著名的水利设施——金结安圳,位于兰阳平原,由于地势较低,水患频繁,易被水冲沙压而破坏圳道。士绅林瑞圭、黄缵绪多次予以修复。林瑞圭是当地最早的生员,他于道光二十二年(1842)洪水冲坏圳道后接办圳务,不惜重资,花费 1000 余元在圳道冲塌处建筑大埤一口,蓄积溪水。其在这项工程中的收益也很可观,两年后结算,扣除投资,获利 1200 元。同治年间,有"开兰第一举人"之称的黄缵绪接手金结安圳的圳务,直到日据前夕,拥有 16% 的该圳的所有权,其也屡获巨利。光绪七年(1881),金结安圳被洪水严重损坏,黄缵绪通过宜兰县正堂出示晓谕,要求金结安圳及其上游水源泰山口圳的股伙和佃户按约分担修复圳道的巨大工本。有人认为,如果黄缵绪不具备科举功名,便做不到这一点。确实,平民对于圳务既不熟悉又无能为力,而对于有功名的绅士来说,这却是一个极好的机会,可以利用自己拥有的政治特权为地方上办事,自己又可从中获利。水圳是一项收益丰厚的投资,但圳户、圳长、佃户及圳户内部股伙之间存在着利益冲突,有功名的绅士作为社会领导阶层,较之其他人更有条件和能力去处理和把握。因此,清代仅宜兰一地便有多位有功名的绅士涉足圳务。除林瑞圭、黄缵绪外,进士杨士芳于光绪三年(1877)买进泰山口圳一大股;举人李及西于光绪四年(1878)至光绪十三年(1887)陆续买进金大成圳 1/3 的股权;举人李春波于咸丰十一年(1861)至光绪三年(1877)陆续买进万长春圳的股份,直至最终将整个万长春圳归他个人管理;举人黄缵绪除主持金结安圳外,光绪十年(1884)还出资接掌永安圳。此外,监生黄温和于光绪十九年(1893)接办金顺安圳务。这类例子还有不少。"一般而言,越是圳务繁难的水利,越需要绅士出来处理、领导,同时也给绅士提供了越多的机会。"[①]

在领导移垦方面,台湾士绅也有不俗的表现。光绪年间,林维源曾奉旨帮办台北抚垦事务。自光绪十二年(1886)四月回籍开办以来,垦辟新旧荒

---

① 周翔鹤:《从水利事业看清代宜兰的社会领导阶层与家族兴起》,《台湾研究集刊》1998 年第 1 期。

埔 7 万余亩,仅在淡水县便垦辟 3 万余亩,并升科纳赋,其余的 3 年内也将升科纳赋。鉴于林维源的突出贡献,清政府根据刘铭传的请求,于光绪十四年(1888)十二月二十一日委任其帮办全台的开垦抚番事务。

第三节　爱国思想与反侵略意识日益增强

　　闽台教育结缘,使得参加过福州乡试的台湾科第中人普遍受到忠君爱国思想的熏陶,具有强烈的中华民族的共同意识,这种意识逐渐转化为抗击外来侵略、维护国家统一的强大力量。他们中的大多数人在外敌入侵之时能够挺身而出,奋勇抗击侵略。

　　鸦片战争期间,英国兵舰数次进犯台湾。进士郑用锡于 1842 年 1 月 30 日在"大安破舟擒敌之役"中,亲率家人捉拿侵略者 4 名,因此受到赏戴花翎的奖励。台湾进士施琼芳则赋诗《战舰》一首,赞颂中国水师在这场反侵略斗争中的战绩。

　　中法战争期间,法军占领基隆,武举出身的练董王廷理、周玉谦等人捐资募勇 300 人,在基隆附近的暖暖地区英勇抗敌。"九月二十日后,法攻暖暖三日,周玉谦等严守山隘,挫之,毙法兵十数人,并毙其三画兵酋一人,土勇亦伤亡十数人。练勇见山险可恃,保守益壮,不时宵入敌卡,斩首以归。"[1] 彰化绅士、郎中林朝栋和新竹绅士、郎中林汝梅等,各筹款备粮饷两个月,募集数百人在暖暖和新竹抵抗法军。对于这些士绅的表现,台湾最高地方行政官员刘铭传十分满意,在给朝廷的奏折中称:"臣始渡台,随员甚少,凡在台官绅有可用者,无不广致礼罗。彰化绅士郎中林朝栋,好义急公。新竹绅士郎中林汝梅,任事勇往。二绅皆有才识,物望所归,当令林朝栋带练助防台北,林汝梅带练至新竹协防。其余绅士,知府陈霞林等皆令设局办团,以期联络,官民一气,上下翕然,可纾厪注。"[2] 台湾著名士绅林维源于光绪三年(1877)曾捐款 50 万元给清政府,此后又为地方各项建设及赈灾捐出不少款项。中法战

---

① 《刘铭传文集》,黄山书社 1997 年版,第 107 页。
② 同上书,第 112 页。

争期间,台湾守军的军饷不足,林维源奔走于厦门、广东等地,极力筹措,报效洋银 20 万元,以助饷需。刘铭传在给朝廷的奏折中称:"在该绅屡捐巨款,家计原不如前,今以全台危迫,隔海筹挪,竭力勉输,实属急公好义。"①

1895 年 3 月,清政府签订丧权辱国的《马关条约》,将台湾割让给日本。在京应试的台湾举人汪春源、罗秀蕙、黄宗鼎联合在京任职的台湾进士叶题雁和李清琦上疏都察院,坚决反对割让台湾,表示"与其生为降虏,不如死为义民"。此后,汪春源等人参加了由康有为等人发起的、有千余名举人参加的"公车上书"活动。在反割台斗争中,台湾进士许南英出任统领,领兵两营屯防台南,与进犯的日军展开血战,兵败后被迫内渡厦门。战争爆发时,举人江呈辉正在基隆的崇基书院讲学,目睹国难日亟,愤而投身台湾巡抚唐景崧幕下,受命负责基隆要塞的防务。他组织官兵和义勇队与进犯的日军进行殊死决战,斩获甚多。基隆失守后,又潜往台南,协助好友许南英整训团练,继续抗击日军。台湾全岛沦陷后才内渡,寄籍于漳州。苗栗县秀才吴汤兴组织义军在八卦山地区与日军展开激战,最后壮烈成仁。

台湾被割让给日本后,有功名的台湾绅士,有的内渡祖国大陆,有的退隐,以诗为史,以诗抗敌,保存文化,阐扬民族意识。

进士施士洁于乙未割台后前往厦门,临行前有《别台作》三首,其三云:"百雉高城赤堞西,鹧鸪啼罢子规啼。楼前人去如黄鹤,夜半军来尽水犀。鬼已无头怨罗刹,僧犹有发愧阇黎。逐臣不死悬双眼,再见英雄缚草鸡。"在悲愤中,他仍满怀收复失地的信念。

进士丘逢甲于抗日失败后内渡,其诗风大变,呈现眷怀台湾、批评清廷、关心民情、主张变革的倾向。其《往事》一诗云:"往事何堪说,征衫血泪斑。龙归天外雨,鳌没海中山。银烛尘诗罢,牙旗校猎还。不知成异域,夜夜梦台湾。"在《送颂臣之台湾》中,他发誓:"十年如不死,卷土定重来。"

进士许南英在乙未后写的《丙申九月初三日有感》中云:"汉代衣冠遗族恨,顺昌旗帜老生谈。""今日飘零游绝国,海天东望哭台南。"

诸生林朝崧系台中人,割台后,心系故里,不忘祖国,是他创作的基调。"江山无主盗如毛,此去真惭击楫豪。万里扁舟家百口,只凭忠信涉波涛。"

---

① 《刘铭传文集》,黄山书社 1997 年版,第 279 页。

　　此外，像谢道隆、王松、林幼春、刘育英、陈凤昌等台湾爱国绅士的诗作都富有民族志节。故有人认为："台湾终能光复，诸人与有力焉。"[①]

　　在探讨闽台教育结缘对台湾社会影响的同时，我们认为，这种结缘对福建社会的影响也是深刻的。以教育为例，一些台湾士子在科举入仕后被派往福建任职。如台湾东安坊人刘其灼中式后于雍正年间被选任福建长泰县儒学训导，乾隆九年（1744）又升为长汀县儒学教谕。由于其清修自好、和蔼可亲，很受当地士子的尊重。当他退休回台湾时，士子饯送盈途。台湾淡水的陈维英，于咸丰九年（1859）中举后任福建闽县教谕，任内多有作为。许多台湾科第中人在福建还连续担任了两个以上的教职，除刘其灼外，台湾凤山县的进士庄文进、台湾县的举人李维梓都是如此。其任职范围不仅在沿海，还有的在山区。据不完全统计，整个清代全台湾共有80名科第人物被派往福建任职，其中进士1名、举人18名、贡生61名。由此可以看出，两地教育渊源是十分深厚的。

　　最后还应当指出，闽台文化同属一个统一的文化区域，闽台文化毫无疑问又是中华文化的一部分。闽台一体的文化关系之所以能够长期维持，除了福建不断向台湾移民外，还由于清代两地同属一个行政体系，制度相同，意识形态一致。也就是说，闽台文化的渊源是相同的，在发展的过程中互相影响和浸染，对两岸社会的变革与转型都产生了积极的作用。那种认为台湾文化一直处在福建文化强势影响之下的看法是不能成立的。我们在探讨闽台教育结缘对台湾社会的影响时，对此应予以足够的注意。

　　通过探讨闽台文化教育的历史交融，我们认为当前闽台教育存在差异性，也存在同一性。承认差异，追求有差异性的统一才是"和"。"和而不同"，被认为是典型的中国哲学智慧。"'和而不同'的文化心态反映了一个国家、一个民族甚至一个时代的包容性和开放性，是文化发展和繁荣的必不可少的保证，也是新的历史发展时期处理好各种文化关系的理论依据。"[②] 由此，应当遵循和而不同、求同存异、相互尊重、共同发展的理念，以海纳百川的文化心态，赋予闽台文化教育交融以新的更为深刻的内涵。

---

①　龚显宗：《台湾文学研究》，台湾五南图书出版公司1998年版，第121~131页。

②　修建军：《"和而不同"的文化心态》，《光明日报》2011年12月30日。

附　录

台湾府儒学的教授与训导情况一览表 ①

姓　名	籍　贯	出　身	职　衔	任职情况
林谦光	福建长乐	副贡	教授	康熙二十六年（1687）由延平儒学教授调任，康熙三十年（1691）升任浙江桐乡知县
张士昊	福建福清	岁贡	教授	康熙三十年（1691）由福安儒学教谕升任，后任广东惠来知县
林庆旺	福建福清	副贡	教授	康熙三十四年（1695）由福州儒学教授调任，后升任山西屯留知县
李中素	湖北麻城	不详	教授	以台湾知县身份兼职
蔡登龙	福建同安	举人	教授	康熙三十九年（1700）由建宁儒学教授调任，后升任江苏金坛知县，在赴任途中因舟没遇难
林华昌	福建晋江	举人	教授	康熙四十三年（1704）由漳州儒学教授调任，后升任江苏常熟知县
施德馨	福建晋江	举人	教授	康熙四十八年（1709）由福州儒学教授调任，任满拟升知县，辞不就
曾辉缵	福建闽县	举人	教授	康熙四十五年（1706）由漳浦儒学教谕升任，后调任延平教授
杜成锦	福建侯官	举人	教授	由泉州儒学教授调任，任职时间不详
张应聘	福建晋江	举人	教授	康熙五十年（1711）由汀州儒学教授调任，后升任知县

---

① 　根据刘宁颜总纂的《重修台湾省通志》卷八第一册第 59~66 页有关台湾厅县儒学的内容归纳，台湾省文献委员会 1993 年印行。

姓　名	籍　贯	出　身	职　衔	任职情况
蔡时升	福建晋江	举人	教授	康熙五十年（1711）由福州儒学教授调任
康卓然	福建龙溪	岁贡	教授	康熙五十一年（1712）以台湾府儒学教谕署
丁　莲	福建晋江	进士	教授	由兴化儒学教授调任，后升任江苏仪征知县，未赴任即去世
郑　骍	福建连江	举人	教授	任期情况不详
吴启进	福建晋江	举人	教授	雍正四年（1726）由福州儒学教授调任，后升任湖北光化知县
郑拔进	福建南安	进士	教授	雍正七年（1729）由漳州儒学教授调任，后升任广东仁化知县
薛士中	福建闽县	进士	教授	雍正十年（1732）由漳州儒学教授调任，雍正十二年（1734）因丁忧而离任，乾隆五年（1740）再任
吴开业	福建海澄	进士	教授	雍正十二年（1734）由福州儒学教授调任，乾隆四年（1739）任安徽祁门知县
郭　美	福建闽县	进士	教授	乾隆三年（1738）到任，乾隆四年（1739）因丁忧离任
孙　隆	福建惠安	进士	教授	约乾隆七年（1742）由漳平儒学教谕升任，但未到任即以老告归
吴应造	福建闽县	进士	教授	乾隆九年（1744）到任
黄元宽	福建福清	进士	教授	乾隆十二年（1747）由延平儒学教授调任
朱升元	福建晋江	明通	教授	以台湾府儒学教谕署
张有沁	福建晋江	明通	教授	以凤山儒学教谕署
林兀德	福建福清	进士	教授	乾隆十五年（1750）由建宁儒学教授调任，乾隆十八年（1753）八月病逝于任内
谢家树	福建归化	进士	教授	乾隆十七年（1752）由建宁儒学教授调任，后以丁忧离任。乾隆二十六年（1761）六月由福州儒学教授再任
唐　山	福建莆田	进士	教授	乾隆二十年（1755）七月前由泉州儒学教授调任，乾隆二十二年（1757）在任上病逝

姓　名	籍　贯	出　身	职　衔	任职情况
林清元	福建安溪	举人	教授	乾隆二十二年（1757）七月以台湾府儒学教谕署
郑克容	福建永春	不详	教授	乾隆二十二年（1757）十二月以台湾府儒学训导署
王士鳌	福建惠安	进士	教授	乾隆二十三年（1758）由福州儒学教授调任，后回任福州儒学教授
官　伟	福建建宁	举人	教授	乾隆二十九年（1764）由建宁儒学教授调任
尤垂青	福建晋江	进士	教授	乾隆三十三年（1768）由兴化儒学教授调任，后拟升任湖北松滋知县，辞不就
董文驹	福建闽县	进士	教授	乾隆三十六年（1771）由福宁儒学教授调任
黄世模	福建古田	进士	教授	乾隆三十八年（1773）由漳州儒学教授调任
廖玉麟	福建闽县	进士	教授	乾隆四十二年（1777）由邵武儒学教授调任
黄洪诗	福建罗源	举人	教授	乾隆四十五年（1780）由建宁儒学教授调任
罗前荫	福建侯官	举人	教授	乾隆四十八年（1783）由泉州儒学教授调任，后以军功升任同知
王简良	福建闽县	举人	教授	乾隆五十一年（1786）由泉州儒学教授调任
沈鸿儒	福建永定	进士	教授	乾隆五十五年（1790）由延平儒学教授调任
杨见龙	福建平和	举人	教授	乾隆五十六年（1791）以台湾府儒学训导署
游光缵	福建霞浦	进士	教授	乾隆五十八年（1793）由福州儒学教授调任
陈从龙	福建安溪	廪贡	教授	嘉庆二年（1797）由邵武儒学教授调任
黄耀彰	福建晋江	举人	教授	嘉庆六年（1801）由邵武儒学教授调任
傅渊季	福建南安	恩科会魁	教授	嘉庆十年（1805）由汀州儒学教授调任
骆钟球	福建惠安	拔贡	教授	嘉庆十四年（1809）由漳州儒学教授调任，后任福州儒学教授。嘉庆二十五年（1820）再任台湾府儒学教授
黄大龄	福建晋江	进士	教授	嘉庆十七年（1812）在任，后调任汀州儒学教授

续表

姓　名	籍　贯	出身	职衔	任职情况
叶芳淑	福建顺昌	拔贡	教授	由晋江儒学教谕调任，任期不详
陈赓元	福建闽县	进士	教授	嘉庆二十二年（1817）由汀州儒学教授调任
郑　重	福建安溪	举人	教授	嘉庆二十五年（1820）以台湾府儒学训导兼署
林桂茂	福建霞浦	进士	教授	道光元年（1821）由邵武儒学教授调任
林早春	福建瓯宁	举人	教授	道光五年（1825）以台湾府儒学训导兼署
杨滨海	福建晋江	进士	教授	道光五年（1825）由漳州儒学教授调任
葛凤鸣	福建侯官	举人	教授	道光七年（1827）到任
陈廷焕	福建侯官	进士	教授	道光八年（1828）由漳州儒学教授调任，道光十二年（1832）调任兴化儒学教授
许树德	福建侯官	进士	教授	道光十三年（1833）由漳州儒学教授调任，道光十七年（1837）再任漳州儒学教授
张正元	福建屏南	进士	教授	道光十六年（1836）由泉州儒学教授调任，道光二十二年（1842）任漳州儒学教授
王佐才	福建晋江	廪贡	教授	约道光二十一年（1841）由建宁调任
魏本唐	福建侯官	解元	教授	道光二十三年（1843）以台湾府儒学训导署，道光二十五年（1845）调任上杭儒学教谕
石朝栋	福建侯官	进士	教授	道光二十四年（1844）由延平儒学教授调任
林　柯	福　建	不详	教授	咸丰六年（1856）在任
徐德钊	福建霞浦	不详	教授	任期约在咸丰年间
沈绍九	福建闽县	进士	教授	同治初年在任
杨承藩	福建侯官	附生	教授	同治十一年（1872）在任
马清枢	福建侯官	举人	教授	光绪元年（1875）在任
陈　谟	福建侯官	不详	教授	约光绪元年（1875）在任

续表

姓 名	籍 贯	出 身	职 衔	任职情况
黄而康	福建汀州	拔贡	教授	光绪三年（1877）以前在任，光绪十七年（1891）再次署理
郭鹗翔	台湾澎湖	举人	教授	光绪十五年（1889）署
杨克彰	台湾淡水	恩贡	教授	约光绪十八年（1892）在任
李祖训	台湾新竹	岁贡	教授	光绪十九年（1893）以前以署台湾府儒学训导兼署
袁宏仁	福建建阳	岁贡	训导	雍正十二年（1734）由福州儒学训导调任，乾隆三年（1738）升任山东钜野县丞
李琼林	福建武平	岁贡	训导	乾隆三年（1738），乾隆五年（1740）以病告休
杨友竹	福建连江	岁贡	训导	乾隆五年（1740）由惠安儒学训导调任
李长芳	福建永安	恩贡	训导	乾隆九年（1744）在任
萧国琦	福建惠安	举人	训导	乾隆十一年（1747）由德化儒学训导调任，乾隆十五年（1750）在任上病浙
林起述	福建沙县	岁贡	训导	乾隆十五年（1750）由长泰儒学训导调任
曾应选	福建惠安	岁贡	训导	乾隆十九年（1754）由宁洋儒学训导调任，乾隆二十一年（1756）任浦城儒学教谕
郑克容	福建永春	廪贡	训导	乾隆二十二年（1757）由平和儒学训导调任，后调离，乾隆二十九年（1764）再任
王士鳌	福建惠安	进士	训导	乾隆二十五年（1760）以台湾府儒学教授兼摄
王之玑	福建永定	廪生	训导	乾隆二十五年（1760）在任
谢家树	福建归化	进士	训导	乾隆二十七年（1762）以台湾府儒学教授兼摄
陈鹏程	福建侯官	岁贡	训导	乾隆二十七年（1762）在任
吕天茂	福建顺昌	廪贡	训导	乾隆三十一年（1766）由清流儒学训导调任
唐象言	福建龙溪	廪贡	训导	乾隆三十五年（1770）由福清儒学训导调任

姓　名	籍　贯	出　身	职　衔	任职情况
范应斗	福建大田	廪贡	训导	乾隆三十八年（1773）由延平儒学训导调任
谢德芳	福建建宁	举人	训导	乾隆四十一年（1776）由平和儒学训导调任，后升任山西临县知县
张　锦	福建晋江	举人	训导	乾隆四十三年（1778）由漳浦儒学训导调任，后升任广西阳朔知县
林擎天	福建闽县	廪贡	训导	乾隆四十六年（1781）由诏安儒学训导调任，乾隆五十年（1785）调任浦城儒学训导
陈　鼎	福建长乐	举人	训导	乾隆五十年（1785）由安溪儒学训导调任，乾隆五十二年（1787）升任福宁儒学教授
杨见龙	福建平和	举人	训导	乾隆五十三年（1788）由同安儒学训导调任
柯其晖	福建莆田	举人	训导	乾隆五十七年（1792）由漳浦儒学训导调任，后升任顺昌儒学教谕
杨　梅	福建同安	附生	训导	乾隆六十年（1795）在任
李惟清	福建同安	廪贡	训导	嘉庆三年（1798）在任
林占梅	福建安溪	举人	训导	嘉庆七年（1802）由归化儒学训导调任，嘉庆十一年（1806）七月在任上逝世
陈开运	福建惠安	廪贡	训导	嘉庆十一年（1806）由兴化儒学训导调任
翁怀清	福建闽县	举人	训导	嘉庆年间由晋江儒学训导调任，后病逝于任上
宋天柱	福建霞浦	拔贡	训导	嘉庆十五年（1810）由诏安儒学训导调任
骆钟球	福建惠安	拔贡	训导	嘉庆十五年（1810）以台湾府儒学教授兼摄
魏应规	福建闽县	举人	训导	嘉庆十九年（1814）由龙溪儒学训导调任，嘉庆二十二年（1817）调任凤山训导
郑　重	福建安溪	举人	训导	嘉庆二十三年（1818）由龙溪儒学训导调任，嘉庆二十五年（1820）兼署台湾府儒学教授
陈赓元	福建闽县	进士	训导	嘉庆二十三年（1818）以台湾儒学教授兼摄

续表

姓 名	籍 贯	出 身	职 衔	任职情况
张梦麟	福建闽县	举人	训导	道光元年（1821）由淡水厅儒学训导调任
陈景星	福建侯官	举人	训导	道光元年（1821）由长泰儒学训导调任，后升任上杭儒学教谕
林早春	福建瓯宁	举人	训导	道光三年（1823）在任
杨怀渊	福建连城	举人	训导	道光六年（1826）由屏南儒学训导调任，道光十一年（1831）任建宁儒学教谕
杨 忠	福建同安	举人	训导	道光十年（1830）署
洪占鳌	福建侯官	举人	训导	道光十年（1830）由平和儒学训导调任，道光十四年（1834）升任建宁儒学教授
陈国栋	福建晋江	举人	训导	道光十四年（1834）由闽清儒学训导调任，道光十八年（1838）任瓯宁儒学教谕
黄初泰	福建同安	举人	训导	道光十七年（1837）由侯官儒学训导调任
黄逢龙	福建南安	岁贡	训导	道光二十一年（1841）在任
翁禹年	福建侯官	举人	训导	道光二十五年（1845）由松溪儒学训导调任
杨承藩	福建侯官	附生	训导	道光年间署
曾绍芳	福建同安	举人	训导	道光年间在任
刘家谋	福建侯官	举人	训导	道光三十年（1850）由宁德儒学训导调任，咸丰三年（1853）病逝于任上
邓承修	广东惠阳	举人	训导	咸丰、同治年间在任，同治四年（1865年）任刑部员外郎
魏肇基	不详	不详	训导	同治十一年（1872）在任
王元稚	福建闽县	副贡	训导	光绪十年（1884）署，次年七月离任
李占五	福建汀州	不详	训导	光绪十五年（1889）署
张忠侯	台湾淡水	举人	训导	光绪十六年（1890）署
李轮光	台湾台南	附生	训导	光绪十八年（1892）署
李祖训	台湾新竹	岁贡	训导	光绪十九年（1893）以前署

台湾县级儒学教谕的籍贯表 ①

单　位	总　数	闽　籍	台湾籍	其　他
台湾县儒学	71名	62名	6名	不详3名
安平县儒学	2名		2名	
凤山县儒学	58名	57名		不详1名
诸罗县儒学	31名	31名		
嘉义县儒学	21名	18名		不详3名
彰化县儒学	72名	68名	3名	不详1名
淡水县儒学	4名	2名	1名	不详1名

台湾厅县儒学训导的籍贯表 ②

单　位	总　数	闽　籍	台湾籍	其　他
淡水厅儒学	35名	35名		
噶玛兰厅儒学	3名	3名		
台湾县儒学	58名	50名	4名	不详4名
凤山县儒学	47名	42名	1名	不详4名
诸罗县儒学	17名	17名		
嘉义县儒学	21名	19名		不详2名
彰化县儒学	40名	38名		不详2名
新竹县儒学	9名	5名	4名	
宜兰县儒学	4名	3名	1名	
云林县儒学	5名	1名	1名	广东1名、不详2名
苗栗县儒学	4名	1名	3名	

---

① 根据刘宁颜总纂的《重修台湾省通志》卷八第一册第96～257页有关台湾厅县儒学的内容归纳,台湾省文献委员会1993年印行。

② 同上。

参考文献

1. （清）蒋毓英等撰：《台湾府志三种》，中华书局 1985 年版。

2. 张本政主编：《清实录台湾史资料专辑》，福建人民出版社 1993 年版。

3. 江日升撰：《台湾外记》，福建人民出版社 1983 年版。

4. 方宝璋、方宝川：《闽台文化志》，上海人民出版社 1998 年版。

5. 庄为玑、王连茂编：《闽台关系族谱资料选编》，福建人民出版社 1985 年版。

6. 福建省档案馆等编：《闽台关系档案资料》，鹭江出版社 1992 年版。

7. 福建省地方志编纂委员会编：《福建省志·教育志》，方志出版社 1998 年版。

8. 福州市教育志编纂委员会编：《福州市教育志》，1995 年印行。

9. 泉州市教育志编纂委员会编：《泉州市教育志》，福建教育出版社 1996 年版。

10. 蓝鼎元撰：《鹿洲全集》，厦门大学出版社 1995 年版。

11. 刘铭传撰：《刘铭传文集》，黄山书社 1997 年版。

12. 连横：《台湾通史》，商务印书馆 1996 年版。

13. 陈孔立主编：《台湾历史纲要》，九州图书出版社 1996 年版。

14. 蔡子民：《台湾史志》，台海出版社 1997 年版。

15. 刘登翰等主编：《台湾文学史》，海峡文艺出版社 1991 年版。

16. 刘登翰：《文学薪火的传承与变异——台湾文学论集》，海峡文艺出版社 1994 年版。

17. 汪毅夫：《台湾社会与文化》，海峡文艺出版社 1994 年版。

18. 汪毅夫：《中国文化与闽台社会》，海峡文艺出版社 1997 年版。

19. 陈耕:《台湾文化概述》,海峡文艺出版社 1993 年版。

20. 福建省炎黄文化研究会编:《闽台文化研究》,福建人民出版社 1997 年版。

21. 林仁川、黄福才:《闽台文化交融史》,福建教育出版社 1997 年版。

22. 李国祁:《中国现代化的区域研究闽浙台地区,1860~1916》,台湾"中央"研究院近代史研究所 1985 年印行。

23. 高明士:《中国教育制度史论》,台湾联经出版事业公司 1999 年版。

24. 刘宁颜总纂:《重修台湾省通志》,台湾省文献委员会 1993 年印行。

25. 戚嘉林:《台湾史》,台湾台北自立晚报社 1986 年印行。

26. 黄秀政:《台湾史研究》,台湾学生书局 1995 年版。

27. 龚显宗:《台湾文学研究》,台湾五南图书出版公司 1998 年版。

28. 台湾银行经济研究室编:《台湾教育碑记》,台湾银行 1959 年印行。

29. 王启宗:《台湾的书院》,台湾台北"行政院文化建设委员会"1999 年印行。

30. 林文龙:《台湾的书院与科举》,台湾常民文化事业股份有限公司 1999 年版。

31. 林再复:《闽南人》,台湾三民书局 1985 年版。

32. 蓝博洲编著:《日据时期台湾学生运动》,台湾台北时报文化出版企业有限公司 1993 年版。

33. 杨彦杰:《荷据时代台湾史》,江西人民出版社 1992 年版。

34. 伊能嘉矩:《台湾文化志》,台湾省文献委员会 1991 年版。

35. 王镇华:《书院教育与建筑——台湾书院实例之研究》,台北故乡出版社 1986 年版。

36. 季啸风主编:《中国书院辞典》,浙江教育出版社 1996 年版。

37. 邓洪波主编:《中国书院楹联》,湖南大学出版社 1999 年版。

38.《丘逢甲集》,岳麓书社 2001 年版。

39. 汪毅夫:《台湾近代诗人在福建》,台北中华发展基金管理委员会、幼狮文化事业股份有限公司 1998 年版。

40. 陈进传:《宜兰传统汉人家庭之研究》,台湾宜兰县立文化中心 1995 年印行。

41. 潘英编著:《台湾平埔族史》,台北南天书局 1998 年版。

42. 黄新宪:《台湾的书院与乡学》,九州出版社 2002 年版。

43. 黄新宪:《闽台文化教育史论》,海洋出版社 2010 年版。

44. 黄新宪:《台湾教育:从日据到光复》,上海人民出版社 2012 年版。

后 记

在出版印刷业高度发达的今天,出版一本书固然不那么困难了,但要出版一本有较高学术价值的著作就没有那么容易了,至于要出版一套有鲜明特色、被学界认可的丛书,难度就更大了。凡是当过丛书主编的人应该都有共同的体会,即著书立说是个人的行为,只要自己把自己搞定了就可以,而编纂丛书则是集体的行为,需要诸多作者的齐心协力,除了需要丛书的所有作者对某个学术问题有着共同的学术兴趣、相似的学术理念、深厚的学术积淀外,还需要作者们在某个时段内集中精力撰写书稿,并在规定的时间内提交,这一点往往很难做到步调一致。而本丛书从动议到出版,整个过程环环相扣,非常顺利,首先自然要归功于各位作者的齐心协力,他们在百忙中把丛书的撰稿放在首要位置,按时甚至提前提交了高质量的书稿,从而为丛书的顺利出版奠定了坚实基础。所以我们要特别感谢各位作者为本丛书的出版所付出的辛勤劳动和作出的重要贡献。其次,本丛书的出版得到未署名的诸多学者的帮助,他们或撰写某个重要章节,或提供某些珍贵资料,或审读了某些书稿并提出宝贵的修改意见,或参与修订、录入和校对工作,由于涉及的人很多,恕不一一列出尊姓大名,但我们感铭在心,并在此表示衷心的感谢!再次,要感谢福建师范大学海峡两岸文化发展协同创新中心对丛书的出版给予的大力支持,感谢人民出版社的领导和编辑们付出的辛勤工作。另外,本丛书吸收了学术界许多研究成果,虽然在书后的参考文献中已一一列出,但难免有遗珠之憾,在此请求各位方家谅解,并致以衷心的感谢!

刘登翰 林国平
二〇一三年七月

责任编辑:詹素娟
装帧设计:周涛勇

图书在版编目(CIP)数据

闽台教育的交融与发展/黄新宪 著. -北京:人民出版社,2013.9
ISBN 978－7－01－012608－1

Ⅰ.①闽… Ⅱ.①黄… Ⅲ.①地方教育-教育史-研究-福建省②地方教育-
教育史-研究-台湾省 Ⅳ.①G529

中国版本图书馆 CIP 数据核字(2013)第 227721 号

闽台教育的交融与发展

MINTAI JIAOYU DE JIAORONG YU FAZHAN

黄新宪 著

人 民 出 版 社 出版发行
(100706 北京市东城区隆福寺街 99 号)

北京中科印刷有限公司印刷 新华书店经销

2013 年 9 月第 1 版 2013 年 9 月北京第 1 次印刷
开本:710 毫米×1000 毫米 1/16 印张:16.25
字数:260 千字

ISBN 978－7－01－012608－1 定价:45.00 元

邮购地址 100706 北京市东城区隆福寺街 99 号
人民东方图书销售中心 电话 (010)65250042 65289539